GAOZHONG
YUWEN
高中语文
配套阅读
PEITAO
YUEDU

SHIJI

（西汉）司马迁◎著　张大可◎注评

史记

长江出版传媒　长江文艺出版社

图书在版编目（ＣＩＰ）数据

史记 / （西汉）司马迁著；张大可注评. -- 武汉：
长江文艺出版社，2020.12
ISBN 978-7-5702-1816-5

Ⅰ. ①史… Ⅱ. ①司…②张… Ⅲ. ①中国历史－古
代史－纪传体②《史记》－注释 Ⅳ. ①K204.2

中国版本图书馆 CIP 数据核字(2020)第 172407 号

责任编辑：黄海阔　　　　　　　　　责任校对：毛　娟
封面设计：天行云翼·宋晓亮　　　　责任印制：邱　莉　杨　帆

出版：长江出版传媒　长江文艺出版社
地址：武汉市雄楚大街 268 号　　　邮编：430070
发行：长江文艺出版社
http://www.cjlap.com
印刷：湖北鄂南新华印刷包装股份有限公司

开本：640 毫米×970 毫米　　　1/16　印张：12.75　　　插页：1 页
版次：2020 年 12 月第 1 版　　　　2020 年 12 月第 1 次印刷
字数：160 千字

定价：22.00 元

导　言

　　《史记》是中国历史上一部体大思精的历史著作，同时又是一部优秀的文学传记著作，为司马迁撰写。

　　司马迁，字子长，左冯翊夏阳（今陕西韩城市西南高门村）人，西汉史学家、文学家和思想家，西汉史学家太史令司马谈之子。他幼年耕读于故里，十九岁时家徙茂陵，入京师长安，二十岁时游大江南北，考察风俗，网罗天下佚失旧闻，二十九岁，入仕为郎中。汉武帝元鼎六年（前111年）为郎中将，奉使西南夷设郡置吏。元封三年（前108年）继父职，任太史令，得读史官所藏图书，获得了有利的修史条件。太初元年（前104年），司马迁与唐都、落下闳等共订太初历，并加紧了《史记》的撰述。七年后，即天汉三年（前98年），为李陵降匈奴事辩解而下狱，惨遭腐刑，蒙受了极大的屈辱，痛不欲生。但每当轻生之念萌生，司马迁耳边就回响起父亲临终时的遗教，以及自己发愿完成一代大典的决心；同时眼前展现了一幅幅古人发愤著述的画面。自古以来，权贵富人生时显赫，死而名灭，多到不可胜记，只有那些具有坚强毅力、崇高品格而且做出了一番事业的人才能名垂后世。这就是司马迁在《太史公自序》和《报任安书》中一唱三叹、反复申说的"发愤著书"说。遭李陵之祸，使司马迁的人生立场发生了重大转变。他从个人的悲怨中解脱出来，发愤撰述。出狱后任中书令，虽尊宠任职而心如冷灰。他把自己的愤懑和不平倾注在《史记》中，成为"一家之言"，表达了鲜明的爱憎感情；他同情人民的苦难，揭露专制统治的黑暗，留下了宝贵的实录作品，这一精神体现了中华民族的脊梁。司马迁自题其书曰《太史公书》，东汉末通称《史记》。传见《汉书》卷六十三。

下面评介体大思精的《史记》。

什么叫体大思精？体大，指《史记》的五体结构和系统性；思精，指《史记》内容的全面性、系统性和进步性。《史记》内容丰富，贯通古今，上起黄帝，下迄汉武帝，用五十二万多字，写了三千年历史，文字简练而知识包罗万象，可以说是一部百科全书。鲁迅评价《史记》是"史家之绝唱，无韵之《离骚》"，就是说《史记》的史学和文学价值都达到了高峰，是一部人人必读的奇书。

说到《史记》的结构，它是司马迁精心创作的一个人工系统工程，闪耀着智慧的光芒。《史记》由五体构成：一、《本纪》十二篇；二、《表》十篇；三、《书》八篇；四、《世家》三十篇；五、《列传》七十篇，总计一百三十篇。

五体，名称不同，写作方法也不同，记载的内容各自成为一个独立系统，合起来构成一个大系统。具体说，《本纪》提纲挈领记载国家大事，以王朝和皇帝为中心内容，记事按年月排列。《书》是分门别类的文化专史，按专题内容从古到今叙述源和流，形成贯通的历史。《世家》与本纪一样按年月编年记事，只是对象为列国诸侯。《列传》是人物传记，着重写人的言行或历史事件，生动精彩，最有文学性。《表》是联系纪传的桥梁，把众多的史事与几千个人物，用简明的表格排列起来，勾画历史发展的线索，反映历史阶段的发展，是十分精细的创作。《史记》五体内容，都以人为中心写历史，把从古到今社会各阶级、各阶层的人物活动勾画出来。其中既有帝王将相、公卿贵族，也有士农工商、医卜游侠以及各色市井小民，社会的各色人物与生活都写进去了。经济、政治、军事、文化、民族、宗教，以及天文、地理，无所不包。这样丰富的内容，由于体例完备，即五体的分类记载，十分有条理地反映出来。

《史记》具有丰富的思想性，它要在结构上把古代天人合一的哲学思想反映出来，所以五体以及各体的篇数都包含有哲学义理。

司马迁时代盛行五行哲学，认为天地万物是由金、木、火、水、土五种元素组成的，人类社会历史也表现为五德终始循环。五德终始指改朝换代，金克木、木克土、土克水、水克火、火克金。克，就是战胜的意思。例如周为火德，秦朝得水德，所以秦代周。汉朝得到土德，因此汉朝取代了秦朝。当然，这是一套唯心主义哲学，古代不懂阶级斗争，用这种办法来解释改朝换代。

五行学说的产生，也从人体自身结构获得启示。人有双手，每手五指，双手为十指，十就是满数。诸如五体、五官、五脏，都和"五"挂钩，推而广之，有五味、五色、五音等。"五"是一个神秘数字，连带生成的许多数字都有特定意义。所以《史记》创为五体，与"五"的数目相配。

十二篇《本纪》，"十二"的数目象征一年十二个月。三十篇《世家》，"三十"的数目象征一个月为三十天。十《表》，"十"的数目象征十日为一旬，为数之极，即满数。八《书》，"八"的数目是一年四季的倍数。七十《列传》，"七十"的数目象征五行中一行的数目，是环周天三百六十度的五分之一。"三百六十"这一数目的五分之一是"七十二"，"七十"是省去尾数"二"，举一个整数。

《史记》五体，以及各体的篇数，反映的是五行思想发展的历史，是一种文化运动的象征，是那个时代历史哲学的反映。今天我们可以不去理会这些数目的哲学意义，但它启迪司马迁编织人工系统工程，《史记》内容博大丰富而不紊乱，正是因为它是一个系统工程的缘故。系统理论是现代科学产生的新观念，但司马迁已经将其运用于实践创作中，可见他的智慧是多么的深邃。

司马迁自己评述《史记》，说它所要达到的目的是"究天人之际，通古今之变，成一家之言"。"究天人之际"，研究天与人的关系，它有两个方面的内容。第一是说"天"有意志，冥冥中为君主的保护人，所以君主称天子，是代表天统治人民的。按这一观念就产生了"天人感应""君权神授"学说，这是为秦汉大一统中央集权服务的理论，虽然荒诞，但有一定进步性。君主施政，不能逆天而行。政荒暴虐就是逆天，逆天就要丧失天命，改朝换代。这一理论告诫君主要兢兢业业，爱护人民。第二是说"天"为自然界，讲人类社会历史，要放在天地大环境中，所以天文、地理都纳入了历史。但《史记》的主流是讲"人为"，并不宣扬"畏天"，这是它的进步性。

"通古今之变"，就是讲历史要贯通古今，找出变化的规律，所以《史记》是一部通史。司马迁认为世间一切都在"变"，应该用"变化""发展"的观点去探索事物的发展规律，掌握历史兴衰治乱的规律，所以司马迁不守旧、不循古。他对古今的关系是详今略古，注重当代史和近现代史，认为离当代越近的历史越应当总结，目的是以古为鉴，着眼现世和未来，这些都是进步的思想。

"成一家之言"，即在叙述历史中，阐明自己的思想观点，这是司马迁的一种创新。由于《史记》是一部百科全书式的通史，体大思精，因而熔铸在其中的思想体系，也是宏阔而博大的，例如天人观、政治观、经济观、历史观、战争观、民族观、道德观、人才观等，都体现了司马迁的看法，代表了当时最进步的思想。因为司马迁述史要拿出自己的独到见解来回答历史是怎样变化发展的，所以他不与圣人同是非，突破了旧的思想传统和官方哲学的框架。这种创新思想，集中地表现在赞扬道家以及为商人、游侠立传这几个方面。班固在其所著《汉书·司马迁传》中批评司马迁"是非颇缪于圣人，论大道则先黄老而后六经，序游侠则退处士而进奸雄，述货殖则崇势利而羞贱贫，此其所蔽也"。这就是著名的"史公三失"说。然而，班固所批评的司马迁之"蔽"，恰恰是司马迁思想中光彩夺目之"长"。司马迁"论大道则先黄老而后六经",是肯定文景之治的升平而否定汉武帝的多欲所造成的衰败;述货殖为商人立传,是肯定商人促进生产发展,对社会经济的繁荣所做的贡献;颂游侠,是肯定这一类人能够牺牲自己、救人之急的道德。实际上,司马迁是通过颂黄老、商人、游侠来表达他对开明政治的向往,对人民求利和反强暴的肯定。这些思想正体现了《史记》褒贬人物和历史事件的尺度不是受统治阶级正统思想的约束,而是在一定程度上从被压迫人民的利益来立论的,这无疑是那个时代最进步的思想。

从写人的文学角度看,《史记》创造了各色人物的专传、合传、类传,塑造了典型的人物形象,全面反映了当时的社会生活。阅读《史记》,社会上所有的人都可从中找到对照的镜子,不仅增长知识,增长智慧,还能提高修养,使自己的品德更趋于完善。

《史记》语言,精妙无比,还采用许多俚语俗谚,寄寓平凡的真理,启迪人的智慧。如赞美人才济济,越多越好,说道:"千金之裘,非一狐之腋也;台榭之榱,非一木之枝也;三代之际,非一士之智也。"(《刘敬叔孙通列传》)意思是说,贵重的狐皮袍,不是一张狐皮制成的;高大的亭台楼阁,不是一根木材建成的;夏商周三代太平盛世,不是一个人治理好的。讲条件转化,司马迁说:"尺有所短,寸有所长。"(《白起王翦列传》)讲一个人不要贪利,说:"利令智昏。"(《平原君列传》)讲吸取教训,说:"人视水见形,视民知治不。"(《殷本纪》)意思是说,用水作镜子只能看清自己的面容,要以人为镜子才可以知道吉凶祸福。这些例子,不胜枚举。

总之,《史记》是一部开卷有益的书,从古到今许多大文学家、大历史学家,都通过学习《史记》,得到益处。近现代知名文学家茅盾,据说能背诵《史记》的许多篇章,可见是读得滚瓜烂熟的。

为了普及《史记》,使中等文化程度的人都能读懂,本书节选《史记》名篇中的精彩段落,按其史事内容与故事情节,加以题解、注释、讲评等,希冀通过解读《史记》,指导阅读。选文五体皆备。

计本纪选评八篇，贯通古今，十表序选评二篇，八书选评二篇，以见司马迁史论之长；世家选评六篇、列传选评十一篇，代表《史记》所载各种事件和人物典型形象，内容丰富多彩，合计二十九篇。首篇选自《史记》开篇《五帝本纪》，末篇节自《史记》殿卷，可以说此选本首尾完具。五体分为五块，每体有一简略说明，介绍《史记》五体结构的特色及《史记》一百三十篇目录。书前有"导言"简介《史记》及其作者司马迁。这样，本书浓缩了《史记》全貌，力求反映《史记》的精神风采，并充分体现时代精神。为集中展现《史记》所记载的人物，我们把本纪、世家、列传统一前置。这就是本书的编选目的，选评得失，留给读者去评判吧。

目 录

本 纪

本 纪 / 3

五帝本纪 / 4

夏本纪 / 9

殷本纪 / 15

周本纪 / 20

秦始皇本纪 / 26

项羽本纪 / 33

高祖本纪 / 41

孝文本纪 / 51

世 家

世 家 / 59

吴太伯世家 / 59

鲁周公世家 / 66

齐太公世家 / 67

越王勾践世家 / 70

萧相国世家 / 74

田敬仲完世家 / 78

列 传

列 传 / 85

管晏列传 / 87

司马穰苴列传 / 90

孙子吴起列传 / 93

伍子胥列传 / 97

仲尼弟子列传 / 100

商君列传 / 107

樗里子甘茂列传 / 114

廉颇蔺相如列传 / 119

刺客列传 / 127

司马相如列传 / 139

货殖列传 / 144

书

书 / 151

律书 / 151

天官书 / 158

表

表 / 173

六国年表序 / 173

秦楚之际月表序 / 178

太史公自序 / 183

本 纪

本　纪

《五帝本纪·正义》引裴松之《史目》云："天子称本纪，诸侯曰世家。"张守节发挥说："本者，系其本系，故曰本；纪者，理也，统理众事，系之年月，名之曰纪。"刘知几曰："盖纪者，纲纪庶品，网罗万物，论篇目之大者，其莫过于此乎！"又云："盖纪之为体者，犹《春秋》之经系日月以成岁时，书君上以显国统。"（《史通·本纪》）据此，"本纪"之义有五。

1. "本纪"为法则、纲要之意，它"纲纪庶品"，故为最尊贵之名称。

2. "本纪"为记载天子国君之言事所专用。

3. "本纪"是"网罗万事"的，即国家大事无所不载，不得视为人物传记。

4. "本纪"编年，记正朔，象征天命攸归。从编纂学角度立论，编年记事是我国史法的优秀传统，使叙列的历史事件的兴衰发展线索分明，它创自《春秋》。

5. "本纪"效《春秋》十二公，故为十二篇。《太史公自序》云："著十二本纪。"

十二本纪序列为：（一）五帝本纪、（二）夏本纪、（三）殷本纪、（四）周本纪、（五）秦本纪、（六）秦始皇本纪、（七）项羽本纪、（八）高祖本纪、（九）吕太后本纪、（十）孝文本纪、（十一）孝景本纪、（十二）今上本纪。《今上本纪》缺失，今本《孝武本纪》是补缺者截取《封禅书》所补，为《史记》之重复篇目。本书选评了八篇本纪。

五帝本纪

　　本篇选自《史记》开篇《五帝本纪》。五帝是中国上古父系氏族传说时代的五个圣王。五帝禅让相承，序列为黄帝、颛顼、帝喾、唐尧、虞舜。五帝同姓而非一家，不是一个王朝，司马迁合写一篇本纪，所以题名《五帝本纪》。

　　《五帝本纪》寓含司马迁的历史观，是《史记》全书的一个缩影。儒家经典《尚书》记事起于尧，宣扬让德。司马迁将历史开端向上推移至黄帝，宣扬天下一统。五帝时代约当公元前24至前23世纪之间，距今四千多年，正当原始社会末期军事民主部落联盟时代，司马迁的记载大致符合历史进程。五帝禅让相承，典礼制度一步步完善，黄帝草创国家，虞帝时制度大备，鲜明地体现了司马迁进化论的历史观。黄帝用战争统一诸侯，表明平乱世要用暴力。尧、舜二帝举贤任能，天下大治，表明治国要用德。故篇末总括说："自黄帝至舜、禹皆同姓而异其国号，以率其德。"司马迁在《太史公自序·律书序目》中说："非兵不强，非德不昌"，表述了治理天下要德与力并重的历史观点。《五帝本纪》生动地体现了这一思想。司马迁寓史论于叙事之中，可以说《五帝本纪》既是述史之端，也是《史记》全书的一篇序论。

　　黄帝者①，少典之子②，姓公孙，名曰轩辕③。生而神灵，弱而能言④，幼而徇齐⑤，长而敦敏⑥，成而聪明⑦。

　　轩辕之时，神农氏世衰⑧。诸侯相侵伐⑨，暴虐百姓，而神农氏弗能征。于是轩辕乃习用干戈⑩，以征不享⑪，诸侯咸来宾从⑫。而蚩尤最为暴⑬，莫能伐。炎帝欲侵陵诸侯，诸侯咸归轩辕。轩辕乃修德振兵⑭，治五气⑮，艺五种⑯，抚万民，度四方⑰，教熊罴貔貅䝙虎⑱，以与炎帝战于阪泉之野⑲。三战，然后得其志⑳。蚩尤作乱，不用帝命㉑。于是黄帝乃征师诸侯，与蚩尤战于涿鹿之野㉒，遂禽杀蚩尤㉓。而诸侯咸尊轩辕为天子㉔，代神农氏，是为黄帝。天下有不顺者，黄帝从而征之，平者去之㉕，披山通道㉖，未尝宁居。

东至于海，登丸山㉗，及岱宗㉘。西至于空桐㉙，登鸡头㉚。南至于江㉛，登熊、湘㉜。北逐荤粥㉝，合符釜山㉞，而邑于涿鹿之阿㉟。迁徙往来无常处，以师兵为营卫㊱。官名皆以云命㊲，为云师。置左右大监，监于万国。万国和，而鬼神山川封禅与为多焉㊳。获宝鼎，迎日推筴㊴。举风后、力牧、常先、大鸿以治民㊵。顺天地之纪㊶，幽明之占㊷，死生之说㊸，存亡之难㊹。时播百谷草木㊺，淳化鸟兽虫蛾㊻，旁罗日月星辰水波土石金玉㊼，劳动心力耳目，节用水火材物㊽。有土德之瑞，故号黄帝㊾。

黄帝二十五子，其得姓者十四人㊿。

黄帝居轩辕之丘，而娶于西陵之女(51)，是为嫘祖。嫘祖为黄帝正妃，生二子，其后皆有天下：其一曰玄嚣(52)，是为青阳，青阳降居江水(53)；其二曰昌意，降居若水(54)。昌意娶蜀山氏女(55)，曰昌仆，生高阳，高阳有圣德焉。黄帝崩，葬桥山(56)。其孙，昌意之子高阳立，是为帝颛顼也(57)。

【注释】　①黄帝：姬姓，号轩辕氏，又号有熊氏。传说中的部落联盟首领，被认为是中原各族的共同祖先。②少典：传说中的有熊氏部落首领。③姓公孙，名曰轩辕：黄帝本姓公孙，因生于轩辕之丘，故以地为姓氏，称轩辕氏。轩辕，在今河南省新郑西北。④弱而能言：生下几十天就会说话。弱，七十天以内的小孩称弱。⑤幼而徇齐：少年时思虑敏捷。幼，不满十岁曰幼。徇齐，通“迅疾”，即思想敏锐。⑥敦敏：敦厚懂事。⑦成：到成年人时候。⑧神农氏：又称炎帝，与轩辕氏黄帝并称“炎黄”。传说神农氏是农业耕作和医药的发明者。⑨诸侯：这里是指当时中原地区的各部落首领。⑩习用干戈：积极使用战争手段。干，盾。戈，矛。此处代指战争。⑪不享：不交纳贡物，即抗命不服。

⑫宾从：如宾从主，即归服。⑬蚩（chī）尤：黄帝时部落酋长之一。⑭修德振兵：兴德教，整武备。⑮治五气：推算历法节气，旧说指东南中西北方之气，东气主春，南气主夏，西气主秋，北气主冬之类。⑯艺五种：种植黍稷菽麦稻五种谷物。艺，栽植。⑰度（duó）四方：考虑四方诸侯情况，定出措施。度，虑度。⑱教熊罴（pí）貔（pí）貅（xiū）䝙（chū）虎：意谓教练士卒像熊罴貔貅䝙虎一样去勇猛作战。⑲阪泉之野：阪泉，地名，在今河北省涿鹿县东。野，原野。⑳得其志：达到了目的，指打败了炎帝。㉑不用帝命：不听从黄帝的命令。㉒涿鹿：涿鹿山，今河北省涿鹿县东南。㉓禽：通"擒"。㉔天子：代天行事之人，有无上权威。实指当时的部落联盟领袖。㉕平者去之：平服者舍而不征。去，通"弃"，舍弃。㉖披山通道：辟山开路。㉗丸山：山名，又名凡山、丹山、纪山，在今山东省临朐县境。一说在昌乐东南五十里。㉘岱宗：即泰山。㉙空桐：山名，在今甘肃平凉境内。㉚鸡头：即大陇山，在今甘肃平凉西。㉛江：指长江。㉜熊、湘：二山名。熊山，即今湖南省益阳西之熊耳山。湘山，又名君山、洞庭山，在今湖南洞庭湖中。㉝荤（xūn）粥（yù）：当时的匈奴族名。㉞合符釜山：黄帝在釜山和各部落首领规定符节（交往信物），正式确定黄帝的首领地位。釜山，地名，在今河北省怀来县北。㉟邑于涿鹿之阿：建都于涿鹿山下。邑，城，此处意为筑城。阿，依山平地。㊱以师兵为营卫：把军队分营环绕驻地周围，用以警卫。㊲官名皆以云命：据传黄帝有景云的祥瑞，因而他以云彩命名各官，如春官为青云，夏官为缙云，秋官为白云，冬官为黑云，中官为黄云之类。㊳而鬼神山川封禅与为多焉：此释"万国和"的原因。意谓黄帝以天子身份把名山大川神秘化，到处筑坛祭告。鬼神，用作动词，即鬼神之。与，通"许"，认可。㊴迎日推筴：用蓍草作筹码，推算日历，指导农业生产。筴，同"策"，用蓍草做的筹策。相传黄帝得神策，能迎日，实指黄帝时已掌握了运用筹策推算日月运行、四时八节的方法。迎，逆推而知。㊵举：任用。风后、力牧、常先、大鸿：都是黄帝的助手。㊶顺天地之纪：顺应天地阴阳四时变化规律。纪，纲纪。㊷幽明之占：关于阴阳变化的预告。幽，阴。

明，阳。占，依数预测，占数。㊸死生之说：死和生的自然道理。㊹存亡之难：对于安不忘危、存不忘亡的辩难。难，辩论。㊺时：及时，顺应时令。㊻淳化鸟兽虫蛾（yǐ）：指淳厚的教化遍及各种动物昆虫。蛾，同“蚁”，即蚂蚁。㊼旁罗日月星辰水波石土金玉：广泛阅历各方面的自然现象，如日月星辰水波土石金玉等，对之进行考查研究。这就是所谓“法天则地”。旁，广泛，不限一方。罗，通“历”，阅历。㊽节用水火材物：教育众民有节制地利用自然产物。节，节制。㊾有土德之瑞，故号黄帝：这里是依后世五行相生之说，炎帝为火德，黄帝代炎帝，火生土，土色黄，故号黄帝。土德之瑞，象征土德的祥瑞，所谓“黄龙地见”之类。㊿得姓者十四人：黄帝以二十五个儿子中十四人为有德行的人，依其出生之地赐给了姓。传说上古有德之人才有姓，故黄帝其余十一子不得姓。得姓之人十四人，《索隐》记载共十二姓，即：姬、酉、祁、己、滕、葴（zhēn）、任、荀、僖、姞（jí）、儇（xuān）、衣。据后人考订，“荀”当作“苟”，“儇”当作“嬛”。(51)西陵之女：即嫘（léi）祖。西陵，古部落名。(52)玄嚣（xiāo）：黄帝长子。(53)降居江水：降为诸侯，住在长江边。江水，即长江，与下文若水相对。(54)若水：古水名，即今四川省境的雅砻江。(55)蜀山氏：居住在今四川省境内的一个部落名。(56)桥山：又名子午山，在今陕西省黄陵县城北。(57)颛（zhuān）顼（xū）：高阳氏之名。

【评析】　黄帝是中华民族的始祖，今陕西黄陵县西北桥山上有黄帝陵。在先秦时代，黄河流域，大江南北，到处流传着黄帝的故事，百家书籍中也记载着黄帝的事迹。有的说黄帝是神，有的说黄帝是人，司马迁排除神秘色彩，把黄帝写成一个与人民打成一片、同甘共苦的创业帝王形象。黄帝擒灭蚩尤，兼并炎帝，统一天下，草创国家，中华文明社会就从这里开始。在司马迁笔下，五帝承传，夏、商、周三代天子，秦汉王朝以及春秋以来的列国诸侯，都是黄帝子孙。中华民族皆黄帝子孙，这一民族一统观念就奠基于《史记》。司马迁的这一伟大思想成为历代以来进行爱国主义传统教育的宝贵历史资料，数千年来激励了无数的仁人志士为中华民族的生存、繁荣和进步而斗争。"黄帝子孙"，至今仍是一个神圣名词，具有无限凝聚力。黄帝是中华民族的人文始祖，是中华文化的民族魂。与黄帝齐名的炎帝号"神农氏"，教民耕种，也是传说中的圣王。所以"黄帝子孙"又称"炎黄子孙"。

先秦古籍记载我国历史，有着不同的开端。孔子删订《尚书》，断自唐尧、虞舜，而《易》又起于伏羲、神农，《礼记》则笼统地说"昔者先王"。这是儒家经典的情况。诸子著作论及上古之事，有的始于有巢氏，有的起自神农氏。

司马迁记载中华民族的开端，既不从"经"，又不从"子"，而是自立新例，起自黄帝。这一新例，司马迁在篇末赞语中作了交代，他漫游全国各地，考察四方风俗，到处都有黄帝的传说。古代的传说有两类。一类是原始社会的人们通过幻想编织的一些神奇故事，叫神话故事。神话故事都有超人的力量。其实神话是人们劳动斗争与对自然及社会认识的折光反映。神话中的黄帝活了三百年，最后乘龙升天。另一类是传说故事，其人物有血有肉，食的是人间烟火，他们之间的关系也比较复杂，或辩论，或打仗，或通婚，等等。这后一类传说中有许多真实的记录，反映了原始社会的缩影。《五帝本纪》即根据后一类传说编次而成的，因而具有很高的史料价值，大体反映了我国原始社会末期的真实情况。中国原始社会部落之间由分离而开始联盟，走向合并和融合，最后形成统一的华夏民族，黄帝作出了卓越的贡献。

按照马克思主义理论，一个民族的形成是伴随着国家的出现而完成的。国家的胚胎形式，在《五帝本纪》中得到了生动的反映。黄帝所训练的熊罴貔貅䝙虎，就是由他率领，专事征战的军队。而"师兵为营卫"，并且"命以云师"则更是职业武装的设施了，这是暴力机器的主要成分。黄帝时还设"左右大监"，尧时有"四岳"，"十二牧"，舜时则百官齐备。尧时有象征性的刑罚，舜则制五刑、流四凶，具备了法典，掌管刑法的皋陶也成为著名的人物。这些都说明国家机器的胚胎已在产生和形成的过程中，并不断完善，私有财产观念的加强和贵族与平民的分化也可以从中看出来。黄帝"黄收纯衣"，很是朴素，并且"劳勤心力耳目""未尝宁居"。到了舜时,就"载天子旗"夫朝拜父亲了。而且尧可以赐仓廪牛羊,从这些传说故事来看,国家的正式出现已是相当迫近的了。总之,马克思主义所论述的关于民族形成过程的必然现象,在《五帝本纪》中大体都得到了反映,而这些现象在黄帝以前的传说中是没有的。

司马迁对黄帝以前和黄帝以后的传说是作过比较的。现代考古已发现夏代的文化遗存。夏朝正式创立国家。五帝禅让是原始社会的军事民主时期,司马迁将它作为国家萌芽的雏形来写,表彰黄帝统一各部落,具有深意。他至少已认识到黄帝时代是一个新的历史阶段的开端。他说:"维昔黄帝,法天则地,四圣遵序,各成法度,唐尧逊位,虞舜不台;厥美帝功,万世载之。作《五帝本纪》第一。"(《太史公自序》)。在司马迁的心目中,黄帝就是一位开辟新时代的英雄人物,黄帝统一了各部族,草创制度,立下了万世效法的准则,从而打开了中国文明历史的大门。黄帝被中华民族儿女尊为共同的祖先,成为这一伟大民族向心力的象征,首先应归功于司马迁《五帝本纪》的创作。

夏本纪

本篇选自《夏本纪》。中国家天下的开端是从夏朝开始的。《夏本纪》系统地记载了夏王朝的帝系及大事,有材料根据的就多写,没有材料根据的就少写。全篇三分之二篇幅是依据《尚书·禹贡》写禹治水和受禅。本篇即节选有关大禹治水的故事。

黄河是中华民族的摇篮,但她也给人们带来了水患。历史上她曾多次决口横流泛滥成灾。提起黄河水祸,人们就不寒而栗。历代王朝在治水上所耗费人力、物力之大,亦莫过于治河。征服自然,变害为利,是勤劳勇敢的中华民族的悠久传统。早在唐虞时代,我们的祖先就以勤劳的双手和无穷的智慧治理黄河,兴修水利,发展生产。大禹就是一个当时的治水英雄。当然大禹是传说中的历史人物，是我们中华民族祖先集体智慧的象征。因而他的功绩、才智，代代流传，家喻户晓，是中华民族精神文明的宝贵遗产。

大禹，姓姒，名文命，又称夏禹、戎禹，鲧的儿子。禹部落生活在黄河之南，以农业发达著称，必然要与黄河水患作斗争。禹的父亲鲧，因为治水方法不当，用堵塞的办法造成了更大的水患，被舜处了死刑。禹继承父业，改用疏导的办法，治水成功。父子两代治水的不同效果，正是人与自然作斗争，不断总结经验，不断开发智慧的过程和结果。

夏禹，名曰文命①。禹之父曰鲧，鲧之父曰帝颛顼，颛顼之父曰昌意，昌意之父曰黄帝。禹者，黄帝之玄孙而帝颛顼之孙也。禹之曾大父昌意及父鲧皆不得在帝位，为人臣。

当帝尧之时，洪水滔天，浩浩怀山襄陵，下民其忧。尧求能治水者，群臣四岳皆曰鲧可。尧曰："鲧为人负命毁族，不可。"四岳曰："等之未有贤于鲧者，愿帝试之。"于是尧听四岳，用鲧治水。九年而水不息，功用不成。于是帝尧乃求人，更得舜。舜登用②，摄行天子之政，巡狩。行视鲧之治水无状，乃殛鲧于羽山以死③。天下皆以舜之诛为是。于是舜举鲧子禹，而使续鲧之业。

尧崩，帝舜问四岳曰："有能成美尧之事者使居官？"皆曰："伯禹为司空，可成美尧之功。"舜曰："嗟，然！"命禹："女平水土，维是勉之。"禹拜稽首，让于契、后稷、皋陶。舜曰："女其往视尔事矣。"

禹乃遂与益、后稷奉帝命，命诸侯百姓兴人徒以傅土④，行山表木⑤，定高山大川⑥。禹伤先人父鲧功之不成受诛，乃劳身焦思⑦，居外十三年，过家门不敢入。薄衣食，致孝于鬼神。卑宫室，致费于沟淢⑧。陆行乘车，水行乘船，泥行乘橇⑨，山行乘桴⑩。准绳，右规矩⑪，载四时⑫，以开九州，通九道，陂九泽，度九山。令益予众庶稻，可种卑湿。命后稷予众庶难得之食⑬。食少，调有余相给，以均诸侯，禹乃行相地宜所有以贡⑭，及山川之便利。

道九山⑮：汧及岐至于荆山⑯，逾于河；壶口、雷首至于太岳；砥柱、析城至于王屋⑰；太行、常山至于碣石⑱，入于海；西倾朱圉、鸟鼠至于太华⑲；熊耳、外方、桐柏至于负尾⑳；道番冢，至于荆山㉑；内方至于大别㉒；汶山之阳至衡山，过九江㉓，至于敷浅原㉔。

道九川㉕：弱水至于合黎㉖，余波入于流沙㉗。道黑水㉘，至于三危㉙，入于南海。道河积石，至于龙门，南至华阴，东至砥柱，又东至于盟津㉚，东过雒汭，至于大邳㉛，北过降水㉜，至于大陆，北播为九河㉝，同为逆河㉞，入于海。番冢道 漾㉟，东流为汉，又东为苍浪之水㊱，过三澨㊲，入于大别，南入于江，东汇泽为彭蠡㊳，东为北江㊴，入于海。汶山道江，东别为沱，又东至于醴㊵，过九江，至于东陵㊶，东迤北会于汇㊷，东为中江，入于海。道沇水㊸，东为济，入于河，泆为荥㊹，东出陶丘北㊺，又东至于荷，又东北会于汶，又东北入于海。道淮自桐柏，东会于泗、沂，东入于海。道渭自鸟鼠同穴，东会于沣，又东北至于泾，东过漆、沮，入于河。道雒自熊耳，东北会于涧、瀍，又东会于伊，东北入于河。

于是九州攸同㊻，四奥既居㊼，九山刊旅㊽，九川涤原㊾，九泽既陂㊿，四海会同(51)。

东渐于海(52)，西被于流沙(53)，朔、南暨(54)：声教讫于四海。于是帝锡禹玄圭(55)，以告成功于天下。天下于是太平治。

【注释】 ①夏：禹所封地，在今河南禹县。文命：司马迁以禹为谥，文命为名，因夏代无谥，禹亦是名。②登用：提升，重用。③殛：流放。④兴人徒：动员大批人力劳作。傅土：划分施工的地域。⑤行山表木：循山勘测线路，立木以为表记。⑥定：指命名。⑦焦思：苦苦地动脑筋。⑧薄衣食四句：指禹节衣缩食而尽力孝敬鬼神，居处简陋而把财力全用于开沟挖渠的水利上。沟淢：渠道深广四尺叫沟，深广八尺叫淢。淢，通洫。⑨橇（qiāo）：行于冰雪或泥路上的滑行工具。⑩檋（jú）：鞋底下有锥齿的登山鞋。⑪左准绳，右规矩：随身带着测量工具。⑫载四时：四季工作不违时宜。⑬难得之食：指五谷。古代农作单一，后稷推广五谷，故称难得。⑭相：考察。⑮九山：指汧山、壶口、砥柱、太行、西倾、熊耳、番冢、内方、岷山。⑯汧：山名。在今陕西陇县南七十里。荆山：此指陕西富平之荆山。⑰砥柱：山名，在河南陕县东北黄河中流。砥柱将奔腾东下的河水劈成三股激流，故又称"三门峡"。析城：山名，在今山西阳城县西南七十里。王屋：山名，在今山西垣曲县。⑱太行：山名，横跨河南、山西、河北的大山。常山：即垣山，主峰在今河北曲阳县西北。⑲朱圉：山名，在今甘肃甘谷县南。太华：即陕西华阴境之华山。⑳熊耳、外方、桐柏、负尾：均山名。熊耳山在今河南省卢氏县（非指湖南益阳之熊耳山）。外方山在今河南登封北，即中岳嵩山。桐柏山在今河南桐柏县北。负尾山在今山东泗水县东五十里。㉑荆山：此指荆州之荆山。㉒内方、大别：山名。内方山今名章山，又名马良山，在湖北钟祥西南。大别山今称龟山，在今湖北汉阳东北。㉓九江：指沅、渐、元、辰、叙、酉、澧、资、湘诸江。㉔敷浅原：山名，即今江西之庐山。㉕九川：指弱水、黑水、黄河、漾水（汉水）、长江、沇水（济水）、淮水、渭水、洛水。㉖合黎：山名，在今甘肃张掖、酒泉等北。㉗流沙：即沙漠，此指内蒙额济纳旗之居延海。㉘黑水：此指云南省之澜沧江。㉙三危：此指云南省云龙县西之三崇山，又名三危山（非指甘肃敦煌之三危山），澜沧江流经其山麓，有黑水祠。㉚盟津：河津名，在今河南孟州市境。㉛大邳：山名，在今河南浚县东南。㉜降水：即绛水，原出今山西屯留县内漳水之上游。㉝九河：指黄河在冀州分开的若干支流的总称。㉞逆河：分岔的黄河支流，到河北沧县以东又合为一大河，称逆河。㉟漾：汉水上游称漾水。㊱苍浪：又作沧浪，汉水在今湖北均县的一段称苍浪水，因水中有苍浪洲而得名。㊲三澨：又名三参水，源出湖北京山县，东流至汉川入江水。㊳汇：回复宛转。彭蠡：泽名，即今江西鄱阳湖。㊴北江：长江从彭蠡分三道入震泽（太湖），故有北江、中江、南江之称。㊵醴：通澧，即今湖北入洞庭湖之澧水。㊶东陵：即巴陵，今湖南岳阳市。㊷东迤北会于汇：再往东又斜流往北汇入鄱阳湖。迤，斜流。㊸沇水：济水上流称沇水。㊹泆：泛滥。㊺陶丘：丘名，在今山东定陶西南。㊻攸：语助词。㊼四奥：四方之内。㊽刊旅：削木为记以利通行。㊾涤原：疏浚了源泉。㊿陂：堤防。(51)会同：诸侯集会。单独会见叫会，多人会见叫同。(52)渐：濒临。(53)被：覆及。(54)朔、南：北方与南方。(55)帝：指帝舜。锡：颁赐。

【评析】　大禹勇敢有智慧，任何困难和挫折都不能使他低头。他治水考虑周密，方法正确，表现了超人的智慧。总的来说，大禹治水分三个步骤，每一个步骤，他都克服了困难，充满了智慧之光。

第一步，调查研究，摸清情况。如何疏导洪水？大禹和他的同伴，在茫茫水泽中发明了指南针指示方向，长途跋涉，走遍了黄河流域。当时遍地洪水。行路十分不便，禹还发明了各种各样的交通工具。陆上行走乘车子；水上行走坐木船；泥滩上行走乘橇车。橇车像畚箕的样子，用木板做成，两头微微翘起，人坐在橇里，一只脚微微弯曲踏在橇外泥滩上，用力蹬地，乘泥沙滑行，速度很快。这种交通工具至今在江浙乡村沙滩上还能看到。山上行走便坐轿子。这种轿子极其简单，用三块木板挂在两根长竹竿上，中间一块木板坐人，左边一块搁脚、右边一块作靠背，山再陡，也能抬过去。冬天，北风凛冽，天寒地冻，禹的两脚冻裂，鲜血淋漓，他仍咬紧牙关，测量地势；夏天，赤日炎炎，如火如燎，他两脚起泡，便用泥土涂抹，继续踏勘水势。虽然大禹小腿上的毛脱落得精光，身子累得疲劳不堪。但为了人民利益，早日治好洪水，他顾不得坐一坐，歇一歇，抓紧时间工作。有一次，他考察经过涂山，路过自己的家门口听到小孩子的哭声，还隐隐约约听到妻子在哄着孩子："乖孩子，不要哭，你爸爸治水去了，一去三年，没有回家来看看宝宝。"禹听了心中非常辛酸，只要向前一步，一抬腿，就可跨进家门，看到爱妻和没有见过面的孩子。他的同伴都劝他回家看一看再走。但禹为了治水，心一横，未进家门就走了。这样的情况在禹治水的十三年中一共有三次。"三过家门而不入"，历史上传为美谈。这是一种公而忘私的崇高精神。禹经过长期的调查考察，发现我国的地势西北高、东南低、要治平洪水，一定要根据地形，因势利导，把洪水疏导到海里去。

第二步，凿开龙门，导河入海。大禹经过调查研究，掌握了黄河流向的第一手资料。在今青海境内的小积石山，是黄河的一个河源，大禹要让那里的水顺东北流下，经过灵州、胜州，让河水由北向南流动，然后凿开龙门山，让河水进入河南平缓地带，使之在下游分流，一支让它从山东博兴附近的清河入海；另一支让它从河南的浚县西南经山东范县、临邑、滨县等地入海。这样黄河的主干河道便疏通了。

而要完成疏通黄河主干河道的关键工程，则须凿开龙门山。龙门山在同州韩城县北五十里，形势十分险峻。重崖叠嶂，像一座石壁屏风挡住黄河去路，河水无处宣泄，便在黄河上游泛滥成灾。只有凿开龙门山，才能把上游积水向下游疏导。所以大禹集中全部力量，投入到凿开龙门山的战斗中去。那么如何凿开龙门山呢，当时只有石斧、石刀、木棍等简单的生产工具，要凿开万丈高山其艰难程度可想而知。大禹便召集契、稷、皋陶以及治河工匠一起商议，大家想出了两个方法。一个是"夹击凿山法"，一个是"束水冲山法"。夹击凿山法就是把凿山的人分成两半，一半在西面，从西向东开凿，一半在东面，从东向西开凿。开凿方法，先用柴火烧烤岩石，然后趁热用冷醋水浇泼岩石，使坚硬的岩石在热胀冷缩与醋酸水的作用下疏裂，再用凿钻缓缓地将岩石凿松。战国时秦国李冰在蜀郡修都江堰，凿宝瓶山，就是用这种凿法。束水冲山法就是在龙门山上游砌造堤坝，将水位提高，等开挖大军将岩石开凿松动后，利用湍急的河水冲开龙门山。大禹和工匠团结一心，叮叮当当，日以继夜凿山不止，经过几年的努力，硬是用蚂蚁啃骨头的方法一点一点地凿开了龙门山。龙门既是山名，又是津渡之名。津渡之龙门又名禹门，人们为了纪念大禹，在龙门黄河东岸修了禹王庙，让他世代代享受人们祭奠的香火。禹王庙已毁于抗日战争的炮火，但大禹却永远活在人们心中。

龙门凿开了，第三步就是疏通黄河水系。大禹疏通黄河干流，只完成治理洪水的主干工作，为了整治黄河，他还把黄河支流上的山山水水加以疏理。在冀州，他治理慈州壶口山、左冯翊的梁山、右扶风的岐山，引清漳水出上党至阜城县进入黄河，引浊漳水出上党长子县东到邺郡进入清漳水，一起流入黄河。他引恒山的恒水、灵寿的卫水以及巨鹿县大陆泽水进入黄河，然后通过碣石山导之入海。在山东，他疏导汶水流入济水，又导济水、漯河流入黄河。在徐州，他导淮河、沂水、泗水流入黄河。在豫州，他导伊水、洛水、涧水进入黄河。总之，把黄河支流逐一疏通，使黄河形成一个畅通的水系网络。

大禹与契、稷、皋陶以及劳动人民，经过十三年的英勇搏斗，终于治平了洪水。在此基础上他划分全国为九州，根据不同土地条件和自然资源，制定了贡赋标准，使人民群众安居乐业，促进了生产力的极大发展，天下太平。由于禹建立了不朽的功勋，舜便指定他为自己的接班人。十七年后，舜将天子之位禅让给禹。禹历尽艰辛，运用自己的智慧和才能治平洪水，造福人类，他受到历代人们崇高的赞扬。中国古代的圣人孔子对大禹治水的伟大功绩作了高度评价。《论语·泰伯》载孔子之言说："禹，卑宫室而尽力乎沟洫。禹，吾无间然矣。"意思是说："大禹啊，居住环境很坏，却把全副精力用于沟渠水利。大禹啊，我对他没什么说的。"《左传》昭公元年也记载说："美哉禹功，明德远矣。微禹，吾其鱼乎！"（译文：大禹的功绩太辉煌了，他伟大的德行流传千古。要是没有禹，我们都要成为鱼鳖了吧！）就这样，大禹治水的故事，一代又一代被传颂着，大禹治水的精神，已成为中华民族勤劳勇敢、战胜困难的一种美德的象征。

殷本纪

本篇选自《殷本纪》。殷朝最初称商朝，盘庚迁殷，始称殷朝。《殷本纪》系统地记载了殷王朝兴起、发展和灭亡的整个历史过程，并为出土的甲骨卜辞所证实，因此是研究商代历史的重要文献。商代帝系从成汤建国到殷纣之灭，历十七世三十一王，王位继承多兄终弟及。商代存在时间，《三统历》记载为 629 年，《殷历》记载为

458 年，《竹书纪年》记载为 471 年。夏商周断代工程考实为公元前 1600 年至前 1046 年，历时 554 年。本篇节选商汤王是怎样争取人心，建立商朝的故事。商汤王是殷朝的开国之君，名天乙。公元前 17 世纪的历史人物。

殷契①，母曰简狄，有娀氏之女②，为帝喾次妃。三人行浴，见玄鸟堕其卵③，简狄取吞之，因孕生契。契长而佐禹治水有功。封于商，赐姓子氏。

契兴于唐、虞、大禹之际，功业著于百姓，百姓以平④。契卒，子昭明立。昭明卒，子相土立。相土卒，子昌若立。昌若卒，子曹圉立。曹圉卒，子冥立。冥卒，子振立⑤。振卒，子微立⑥。微卒，子报丁立。报丁卒，子报乙立。报乙卒，子报丙立。报丙卒，子主壬立。主壬卒，子主癸立。主癸卒，子天乙立⑦，是为成汤。

成汤，自契至汤八迁。汤始居亳，从先王居⑧，作《帝诰》⑨。

汤征诸侯。葛伯不祀⑩，汤始伐之，汤曰："予有言：人视水见形，视民知治不⑪。"伊尹曰："明哉！言能听，道乃进。君国子民⑫，为善者皆在王官⑬。勉哉，勉哉！"汤曰："汝不能敬命，予大罚殛之，无有攸赦。⑭"作《汤征》⑮。

汤出，见野张网四面，祝曰："自天下四方皆入吾网。"汤曰："嘻，尽之矣！"乃去其三面，祝曰："欲左，左。欲右，右。不用命，乃入吾网。"诸侯闻之，曰："汤德至矣，及禽兽。"

当是时，夏桀为虐政淫荒，而诸侯昆吾氏为乱⑯。汤乃兴师率诸侯，伊尹从汤，汤自把钺以伐昆吾⑰，遂伐桀。汤曰："格女众庶，来，女悉听朕言⑱。匪台小子敢行举乱，有夏多罪⑲，予维闻女众言，夏氏有罪。予畏上帝，不敢不正⑳。今夏多罪，天命殛之㉑。今女有众，女曰：'我君不恤我众，舍我穑事而割政㉒'，女其曰：'有罪，其奈何㉓？'夏王率止众力，率夺夏国。有众率怠不和，曰：'是日何时丧？予与女皆亡！'夏德若兹，今朕必往㉔。尔尚及予一人致天之罚，予其大理女。女毋不信，朕不食言。女不从誓言，予则拏僇女，无有攸赦㉕。"以告令师，作《汤誓》㉖。于是汤曰："吾甚武！"号曰武王。

桀败于有娀之虚㉗，桀奔于鸣条㉘，夏师败绩。于是诸侯毕服，汤乃践天子位，平定海内。

【注释】 ①殷契：契是商朝始祖，舜封契于商。古商邑在今陕西商县。契十四传至汤，汤建商朝，迁于南亳。南亳在今河南商丘市东南。汤二十世后至盘庚，迁都西亳称殷，故史又称商为殷朝、殷契。②有娀（sōng）氏：古部族名，地当今山西永济县。③玄鸟：黑色燕子。④平：平服。⑤振：即卜辞中的王亥。《索隐》云：《世本》作"核"。⑥微：字上甲，因其母以甲日生故名。商王从微起以日为名。⑦天乙：据罗振玉《殷商贞卜文字考》，"天乙"是"大乙"之误。天乙名履，即汤王。⑧先王：指帝喾，相传帝喾都亳。⑨《帝诰》：古文《尚书》中有《汤诰》。汤作诰，告示天下，与民更始。⑩葛伯：汤的邻国，其地在今河南睢县北。⑪人视水二句：人们照一照水可以看到自己的形貌；人君听一听人民的议论可以知道政治是否清明。不，即否字。⑫子民：视民如子，即爱民。⑬为善句：要把为善的人安排在朝廷中做官。⑭汝不三句：你们要是不敬慎天命，我就要用重刑惩治，决不宽恕。⑮《汤征》：已佚，言征伐葛伯之事。⑯昆吾氏：夏的同盟部落，在今河南濮阳西南。⑰钺：古代斧类兵器。⑱格女二句意：你们大家到跟前来，再靠近一些，你们全都听我说。⑲匪台（yí）二句：不是我敢于兴兵作乱，夏桀确实作恶多端。台，汤王自称，我。小子，谦词。⑳正：同征。㉑殄：诛杀。㉒今女有众三句：现在你们大家兴许会说："我们的君王不体恤我们，让我们放弃正忙的农活去征伐夏。"此为汤王揣度将士之言。割，通害，即曷。政，通征。㉓女其曰句：你们还会说："夏桀有罪，究竟是怎样的罪？"㉔夏王率止众力三句：夏王君臣相率竭尽了民力，又刻薄夏邑人民。夏民则相率怠于奉上，不与夏桀相协作，他们说："你这太阳何时消亡，我情愿与你同归于尽。"夏桀丧失人

17

心已到这地步，现在我非去讨灭他不可。率，相率。日，夏桀自比太阳。㉕尔尚及予三句：你们一心辅助我，奉行上天对夏桀的惩罚，我将大大地赏赐你们。你们不要不信，我决不食言。如果你们不听命，我就罚你们为奴隶甚至杀死你们，概不赦免。理，通厘，赏赐。孥，通奴，孥作本字解，就是把妻儿沦为奴婢。僇，通戮。㉖《汤誓》：《尚书》中篇名，即汤王在鸣条发布的誓师之辞。以上文字就采自《汤誓》。㉗虚：山丘。㉘鸣条：古地名，在今山西运城市安邑镇北。

【评析】　商汤王是商朝的开国之君，夏桀王是夏朝的亡国之主。这对一盛一衰的君主是中国历史上有名的开国之君与亡国之主。商汤励精图治而兴邦，夏桀荒淫暴虐而亡国，成为中国历代君王中一正一反的典型。商汤王与尧、舜、禹、周文王、周武王并列，人们称赞他为圣王。夏桀王与后来的商纣王、周厉王、周幽王等为伍，是著名的暴虐之君，也是亡国君王的代名词。成语有"殷鉴不远，在夏后之世"，说的就是夏桀王与商纣王这两个暴君和亡国之主。成语又有"助桀为虐""桀犬吠尧""桀纣之主"，就是从夏、商两个亡国之主的历史演化而来的。

　　商朝远古的始祖名叫契，传说契的母亲简狄因吞下燕卵生下了他。契长大后帮助禹治水有功，被舜任命为司徒，掌管教化，封地在商，即今河南商丘，这就是商朝的发祥地，也是商朝族名国名的来历。契传了十四代到汤。汤又称成汤、天乙、大乙、高祖乙。成汤身高九尺，合今1.98米，是个大高个子，英俊魁伟，仪表堂堂，才干出众。这时商族已经从氏族社会过渡到奴隶社会，农业、手工业都很发达，是夏朝的属国。有一次，成汤冒犯了桀王，被囚禁在夏台，差点被杀，很久才被释放出来。

　　成汤经过这次磨难，更加成熟，很有韬略。他有计谋地争取人心。有一天他到野外散步，看到有人四面张起网来捕鸟兽，还祷告说，从天上下来的，从四面八方来的，所有的鸟兽统统进入网内，成汤听了十分感叹："不能竭泽而渔啊！哪能把鸟兽都打光啊！"于是成汤也张了网，他去掉三面，只张了一面的网，也祷告说："想往左跑的，就往左飞，想往右跑的，就往右飞，不听话的，就向网里钻吧。"四方诸侯听了，大为震动，一传十，十传百，纷纷议论说："成汤的恩德到了顶点了，鸟兽都蒙受恩德，我们去投奔他吧！"于是，成汤的势力日益壮大。

　　成汤喜欢听人提意见，他鼓励大家说："用水可以照人的影子，听了人民的反映，才知道治理得是好还是坏。"辅佐成汤的伊尹听了非常高兴。他说："圣明啊，我们的汤王。善于听意见的人才能进步，治理国家，要爱民如子，才能选拔好人当官。要努力再努力，坚持不断。"汤王牢记在心。

　　再来说一说夏桀王。传说他也是个美男子，力大无比，为"百人之敌"，但长着一颗虎狼之心。有一年，他讨伐有施氏，有施氏投其所好，把美貌妇人妺喜献给他，桀王喜笑颜开，整日淫乐，不理朝政，让奸邪小人把持政权。关龙逄等几个大臣劝谏他，桀王听不进去，反而发怒杀了关龙逄等人，这样，没有人敢说话了。桀王很高兴，自比为红太阳。老百姓咒骂说："桀王这太阳什么时候完蛋，我们宁愿与他一同灭亡。"人们的怨声到了同归于尽的分上，桀王不灭，才是怪事。

　　成汤见桀王如此昏庸残暴，就要兴兵推翻他，深谋远虑的伊尹对汤王说："讨伐夏桀，是否到了火候，我们尚不得而知，不妨暂停进贡来试探一下，看看他的反应。"成汤接受意见照办，桀王见成汤不进贡，勃然大怒，下令全国总动员征伐成汤。各属国心里痛恨桀王，可行动不敢怠慢，纷纷做出师的准备。伊尹对汤王说："赶快转舵，桀王还能动员九夷之师，讨伐不是时候。"成汤赶快认错，还加倍进贡，向桀王表示立功补过。桀王被蒙骗了，也就不追究。又过了一年，桀王仍然花天酒地，四方怨言不绝。汤王又一次试探不进贡，桀王再下令九夷之师出兵，大家都不行动。伊尹说："时机成熟了。"汤王抓住机会，不管农忙季节，立即动员，发布命令。汤王说："大家振作起来，要听从我的命令，不是我斗胆发动战争，实在是桀王无道，犯了滔天大罪。我听从上天的命令讨伐他。不允许有不听从天命的人，不勇敢作战，我就惩罚他做奴隶，甚至处死。你们不要只顾农忙，错过了机会。"经过誓师动员，

19

大家摩拳擦掌，齐声高呼："听从汤王命令！"

汤王率师进发，在有娀地方打败了桀王，桀王逃到了鸣条。商汤王紧追不舍，又在鸣条打败桀王，夏军瓦解溃散。桀王一直逃到南巢，后来死在那里。桀王临死时说："我后悔没有把成汤杀死在夏台，才落得今天的下场。"他至死仍执迷不悟。

汤王灭了夏朝，诸侯都来归附，领土越来越大。商朝的版图，东边到大海，南边过了长江，西边到了宁夏、关中，北边到了大漠地方，是当时世界上少有的文明大国。

成汤开国的故事，广为人民传颂，《诗经·商颂·玄鸟》这首诗就是其中的一篇。其中有一段译成今语是这样说的：

> 天命燕子生了汤，受封殷土日益拓广。
> 上帝命令英武的汤王，治理天下管好四方。
> 成汤应时发出号召，九州进入商朝封疆。
> 商朝先君秉承天命，国运长久安然无恙。

周本纪

本篇选自《周本纪》。《周本纪》是《史记》中一篇宏大的史传，记述了周朝一代八百年的兴衰历史，包括西周及春秋、战国时代。《周本纪》重点是写西周史，平王东迁后"政由方伯"，事详各诸侯世家。周朝之兴，是积德累善得天下的典型。周祖先后稷是唐尧时的农师，他改进了农业耕作技术，受到人民的爱戴。周民族一直重视农业，公刘迁豳，古公亶父居岐，都是对发展生产有贡献的革新型人物。古公亶父正式建立了国家，设官分职、广行仁义，周事业方兴未艾。又经过季历、文王的招抚人民，到了武王一举灭纣而有天下。

武王灭殷建周，是周朝历史上的大事。《周本纪》中有一个精彩的大段落，写了周武王灭殷建周的全过程。此处选录，分三大部分：第一部分，写灭殷前的组织、动员和演习；第二部分，写牧野誓师，一战灭殷；第三部分，写收殷遗民，建立周朝，告天称成功。行文鲜活生动，一位开国之君的形象伴随着大场面的描写傲然屹立。

周武王，姓姬，名发，是周文王姬昌的第二子。文王长子被纣王所害，所以姬发继立，终于完成了灭殷建周的大业。据夏商周断代工程，武王灭殷之年在公元前 1046 年，而秦并东周在公元前 249 年，这样，周朝在历史上存在 798 年。

武王即位，太公望为师，周公旦为辅，召公、毕公之徒左右王，师修文王绪业。

九年，武王上祭于毕①。东观兵，至于盟津，为文王木主②，载以车，中军。武王自称太子发，言奉文王以伐，不敢自专。乃告司马、司徒、司空、诸节③："斋栗④，信哉！予无知，以先祖有德臣，小子受先功⑤，毕立赏罚，以定其功。"遂兴师。师尚父号曰⑥："总尔众庶，与尔舟楫，后至者斩。"武王渡河，中流，白鱼跃入王舟中⑦，武王俯取以祭。即渡，有火自上复于下，至于王屋，流为乌⑧，其色赤，其声魄云⑨。是时，诸侯不期而会盟津者八百诸侯。诸侯皆曰："纣可伐矣。"武王曰："女未知天命，未可也。"乃还师归。

居二年，闻纣昏乱暴虐滋甚，杀王子比干，囚箕子。太师疵、少师强抱其乐器而奔周。于是武王遍告诸侯曰："殷有重罪，不可以不毕伐⑩。"乃遵文王，遂率戎车三百乘，虎贲三千人⑪，甲士四万五千人，以东伐纣。十一年十二月戊午，师毕渡盟津，诸侯咸会。曰："孜孜无怠⑫！"武王乃作《太誓》，告于众庶："今殷王纣乃用其妇人之言，自绝于天，毁坏其三正⑬，离逷其王父母弟⑭，乃断弃其先祖之乐，乃为淫声，用变乱正声，怡悦妇人。故今予发维共行天罚⑮，勉哉夫子⑯，不可再，不可三！"

二月甲子昧爽⑰，武王朝至于商郊牧野，乃誓。武王左杖黄钺⑱，右秉白旄⑲，以麾。曰："远矣西土之人！"武王曰："嗟！我有国冢君⑳，司徒、司马、司空，亚旅、师氏，千夫长、百夫长㉑，及庸、蜀、羌、髳、微、纑、彭、濮人㉒，称尔戈㉓，比尔干㉔，立尔矛，予其誓。"王曰："古人有言'牝鸡无晨㉕。牝鸡之晨，惟家之索'㉖。今殷王纣维妇人言是用，自弃其先祖肆祀不答㉗，昏弃其家国㉘，遗其王父母弟不用，乃维四方之多罪逋逃是崇是长㉙，是信是使，俾暴虐于百姓，以奸轨于商国。今予发维共行天之罚。今日之事，不过六步七步，乃止齐焉㉚，夫子勉哉！不过于四伐五伐六伐七伐，乃止齐焉，勉哉夫子！尚桓桓㉛，如虎如罴，如豺如离㉜，于商郊，不御克奔，以役西土㉝。勉哉夫子！尔所不勉，其于尔身有戮。"誓已，诸侯兵会者四千乘，陈师牧野。

帝纣闻武王来，亦发兵七十万人距武王。武王使师尚父与百夫致师㉞，以大卒驰帝纣师㉟。纣师虽众，皆无战之心，心欲武王亟入。纣师皆倒兵以战，以开武王㊱。武王驰之，纣兵皆崩畔纣。纣走，反入登于鹿台之上，蒙衣其殊玉，自燔于火而死。武王持大白旗以麾诸侯，诸侯毕拜武王，武王乃揖诸侯㊲。诸侯毕从。武王至商国，商国百姓咸待于郊。于是武王使群臣告语商百姓曰："上天降休㊳！"商人皆再拜稽首，武王亦答拜。遂入，至纣死所。武王自射之，三发而后下车，以轻剑击之㊴，以黄钺斩纣头㊵，悬大白之旗。已而至纣之嬖妾二女，二女皆经自杀。武王又射三发，击以剑，斩以玄钺㊶，悬其头小白之旗。武王已乃出复军㊷。

其明日，除道，修社及商纣宫㊸。及期，百夫荷罕旗以先驱㊹。武王弟叔振铎奉陈常车㊺，周公旦把大钺，毕公把小钺，以夹武王。散宜生、太颠、闳夭皆执剑以卫武王。既入，立于社南大卒之左，左右毕从。毛叔郑奉明水㊻，卫康叔封布兹㊼，召公奭赞采㊽，师尚父牵牲。尹佚策祝曰㊾："殷之末孙季纣㊿，殄废先王明德，侮蔑神祇不祀，昏暴商邑百姓，其章显闻于天皇上帝㉛。"于是武王再拜稽

22

首，曰："膺更大命⁵²，革殷，受天明命。"武王又再拜稽首，乃出。

【注释】　①毕：文王墓地名，在今陕西西安市长安区西。②木主：木牌神位。③诸节：各位受有符节之官员。④斋栗：即斋慄，敬谨戒惧。⑤小子：武王自称。句意：我小子承受先人的功业。⑥师尚父：即太公望吕尚。师，太师。尚父，尊称。号曰：大声发布命令。⑦白鱼：白色为殷家正色，鱼为鳞甲之物，象征战争。白鱼跃入武王舟中，象征殷当为武王所擒，这是祥瑞之兆。⑧流为乌：天火下降化为一只乌鸦。乌有孝名，象征武王能奉孝完成文王灭殷之事业。乌，赤色，为周家正色。⑨其声魄云：指乌鸟振翅，发出魄魄的声音，十分安定喜悦。⑩毕伐：尽全力以伐。⑪虎贲：如虎之奔，勇士之称。贲，同奔。⑫孜孜无怠：奋发努力，不要懈怠。⑬三正：指三仁，即微子、箕子、比干。⑭离逖其王父母弟：抛弃疏远同祖父母兄弟。指纣不任用微子、箕子、比干等同族之人。王父母：祖父母。⑮共行天罚：恭敬地执行上天的惩罚。共，读恭。⑯勉哉夫子：努力啊，勇士们。夫子，对男子之称。⑰昧爽：天将黎明之时。⑱杖：持。钺：圆形大斧。武王执钺象征具有杀伐的指挥权。⑲白旄：用旄牛尾装饰的白色之旗。⑳冢君：各诸侯之大帅。㉑亚旅：众大夫。师氏：随王出征的守卫官。千夫长：千人之长。百夫长：百人之长。㉒庸、蜀、羌、髳、微、纑、彭、濮：周的八个同盟部族国，当今川、陕、鄂、晋等地区。㉓称：举起。㉔比：比次，排列。㉕牝鸡：母鸡。晨：报晓鸣叫。㉖索：离散，指家庭崩溃。㉗肆祀不答：不祭祀祖先。肆，祭享宗庙。不答，不顾，不祭祀。㉘昏弃：蔑弃。㉙逋逃：逃亡之罪人。㉚不过句：不要以为前进六步、七步，就获得胜利。止齐，获胜收兵。旧说为停止整齐行列，非是。下文四伐、五伐、六伐、七伐句意同。都是训诫将士努力作战，不要以为一冲刺，敌人就垮了。伐，一击一刺之意。㉛桓桓：威猛的样子。㉜离：一种猛兽。㉝不御二句：不要抵制、杀害前来投降的人，以为我西方服劳役。御，抵制。克，杀。奔，来降之人。役，使服役。㉞致师：挑战，诱出敌人。㉟大卒：大队人马战车，指全军出击。㊱以开武王：倒戈的纣卒

23

为武王开路。㊲揖诸侯：回拜诸侯。㊳上天降休：上天赐给大家幸福。㊴轻剑：一名轻吕，剑名。㊵黄钺：铜制大斧。㊶玄钺：铁制大斧。㊷复军：还于军中。㊸修社：整治土地神的祭坛。㊹罕旗：即云罕旗，装饰有九条流苏，古代仪仗前驱。㊺奉陈常车：献上威仪之车。常车，王者专用车。㊻明水：洁净之水，用以为玄酒，供祭祀。月夜用铜镜取得的露水称明水，后世用井水代替。㊼布兹：铺席。兹，草席。㊽赞采：奉献五色的彩帛。㊾尹佚：武王之相，史失其名，故称佚。策祝：读策书祝文祭告土地之神。㊿末孙季纣：末孙与季纣同义。⁵¹章：同彰，指纣王罪恶昭著，上天都知道了。⁵²膺更大命：承受上天所降的命令。膺更，承当。

【评析】　周武王姬发，公元前 11 世纪时人。他是八百年周朝的开国之君，是历史上三代的圣王之一。三代，指夏、商、周三个朝代。三代的开国之君，大禹、商汤王、周武王，都是历史上著名的圣王。周国，原是西方关中兴起于周原地方的一个小国。周原在今陕西岐山西南。周武王的父亲叫姬昌，在纣王时被封为西伯。周武王继位后，追尊为文王。西伯治周，在位五十年，经过其长期经营，周人跨出潼关，势力进入到山西，力量得到很大的发展。史称天下三分，西伯有其二，显然这是夸大了的，商朝仍然有很大的势力，并向徐淮一带发展。西伯还没有来得及伐商就死了，灭商的重任落在了周武王的肩上。

商朝末代君主叫商纣王，又称殷纣王。他穷奢极欲，肉林酒池，荒淫无度。他又实行严刑峻法，人民怨声载道。但商有六百年天下，而且纣王崇尚武力，多才多艺，要打败商朝还不是一件容易的事。周武王继位以后，全力投入灭商工作。他任用文武双全的太公姜尚为军师，用周公姬旦为宰辅，用召公姬奭和毕公姬高为顾问，夜以继日策划灭商大计。

武王运用智慧谋略灭商，计划是非常周密的。

第一步，周武王打着文王的旗号，充分动员军民群众和各诸侯国。西伯在周国和诸侯中有很高的威望。周武王尊西伯为文王，制作了一个木雕神主供奉在大殿上，行军时也用车载着在军中。周武王宣称要发扬光大西伯的事业，灭殷是西伯的遗志。这一着棋很灵，文王的精神把周国人民及诸侯们都团结起来了。

第二步，进行灭商前的实战演习，叫做观兵孟津。孟津，原写作盟津，是黄河的一个渡口。周武王在这里大会诸侯，演习战斗，所以称为盟津。其地在今河南孟津县东北。

会盟孟津在周武王继位的第九年。周武王在行军车上供奉了文王的木牌灵位，表示了继承文王遗志的决心，同时表明讨伐殷纣王是奉先人之命，不是自己擅作主张。他向司马、司徒、司空、其他各级军官，以及来会诸侯发布文告，说："庄敬戒惧，切实努力，发扬祖德。"接着军师宣布渡河的军令，说："集合你们的士兵，开船划桨，动作迟缓的，军法论处。"武王随着大军渡河，船到中流，声称有条白色大鱼跳进了他的坐船，便把这条鱼拾起来祭天。渡河完毕，有一团火从天上下降，落到武王的帐篷顶时，化成一只乌鸦，颜色火红，发出魄魄的声音。白鱼跃舟，天火化成乌鸦，被宣传为祥瑞，是武王得天命的象征。不约而同相会孟津的诸侯有八百之多。诸侯一致拥护周武王伐纣，他们说："我们大家都来了，可以讨伐纣王了。"武王说："你们不了解天命，还不到时候。"便领兵回去了。

第三步，抓紧战机，一举灭纣。周武王大会诸侯过了两年，纣王更加昏暴，杀了贤臣比干，挖出心脏来看；又关押了箕子。纣王内部分崩离析，太师疵和少师强，抱着乐器逃到了周国。周武王决定抓紧这个机会讨伐纣王，不让纣王有调整的机会。周武王十一年，即公元前1046年，武王率领灭纣大军渡河，有兵车三百辆，勇士三千名，甲士四万五千人，浩浩荡荡杀向朝歌，灭纣的战争正式开始。周军前进到离朝歌七十里的牧野地方停止下来，武王作最后的动员令。天蒙蒙亮时，周军集合在阅兵场。武王登上阅兵台，他左手执黄铜大斧，象征刑罚诛杀；右手执白旄指挥旗，象征号令。武王宣布纣王有四大罪：第一，不听大臣意见，专听妇人的话，把国家搞得一团糟；第二，自己断绝天命，不祭天地祖宗，坏乱历法；第三，没有仁德，疏远甚至迫害自己的同胞兄弟；第四，任用一大批坏人执政。还有，纣王不奏正音雅乐，而崇尚靡靡之音。武王发布了攻击令，宣称自己是替天行道讨伐纣王。最后，周武王说："如虎如罴的勇士们，今天要努力冲杀啊！立功有赏，后退者诛杀。殷人来投降，要优待他们，以便灭殷后为周人服务。努力啊，将士们！胆小的，格杀勿论。"武王誓师完毕，就指挥军队前进。

纣王听到周军已打到国门，赶紧武装十七万奴隶来抵抗。这支乌合之众，人人怨恨纣王。他们得知周武王优待俘虏后，在阵前倒戈，为周军作先导，杀回了朝歌。纣王见大势已去，连忙穿上特制的玉衣，然后登上鹿台自焚而死。武王指挥军队顺利进入朝歌，殷朝百姓不但不抵抗周军，而且还夹道欢迎。武王向殷民挥手示意，大声说："上天赐福给你们。"武王来到殷纣王宫中，见纣王已在鹿台自焚，就向纣王尸体射了三箭，并砍下他的头，悬在大白旗上示众。武王在朝歌举行了胜利的告天仪式，表示天命转移，商朝灭亡，周朝建立。

周人从西边偏远地方兴起，以一个小小方国之力灭亡大殷朝，这有多方面的原因。殷朝政治腐败，纣王荒淫，众叛亲离，各种社会矛盾激化，这是根本原因。武王继承文王事业，任用人才，运用了正确的智慧谋略，也是重要的原因。武王以文王作号召，最大限度地团结了军民和同盟诸侯。武王孟津阅兵，进行了规模巨大的实战演习，试探纣王的反应和人心归向，又大力进行得天命的宣传，树立权威。最后，武王抓准时机，挂帅亲征，发布动员令，赏罚分明，优待俘虏，这一切都做得很出色。总起来说，周武王灭殷，是得人心而得天下；纣王与民为敌，只有败家亡国，死路一条。

秦始皇本纪

本篇选自《秦始皇本纪》。这里的秦王，即后来统一六国称帝的秦始皇，姓嬴名政。他是秦庄襄王之子，秦孝公之后第六代秦王，秦王朝的建立者，中国历史上第一个皇帝，故称秦始皇。嬴政公元前 246 年至前 210 年在位。他出生在秦昭王四十八年，即公元前 259 年，到前 210 年病死，享年 50 岁。

《秦始皇本纪》是《史记》中的一篇恢宏大传。本篇以编年体的形式，详尽地记载了秦始皇一生的主要活动，由于秦二世短祚，亦附其事迹于后。故而本篇记事上起公元前 246 年，下讫公元前 207 年秦之灭亡，实际上是秦帝国完整的编年史，首尾完具地记述了秦王朝的兴灭。在司马迁笔下，嬴政在位四十余年的重大政治事件、统一战争的过程、秦建立与巩固中央集权制度的复杂情况，都描述得脉络清楚，层次分明。本篇不仅对秦王朝在政治、经济、文化等各方面所进行的重要改革做了如实反映，而且对秦始皇怎样由一个英明的创业之主转变成一个残酷暴君的过程，也做了详尽的叙述，从而为我们研究秦朝的历史，提供了极为珍贵的资料。

本篇着重描述秦王亲政前后的一场政治斗争：作为一个仅二十二岁的青年，他是怎样从盘根错节、经营多年的权臣手中夺回政权的。这场斗争只不过是秦王的小试牛刀，从中已经显示了这位刚毅有为之君的胆识与魄力，以及他乾纲独断的作为。

秦始皇帝者①，秦庄襄王子也②。庄襄王为秦质子于赵③，见吕不韦姬④，悦而取之，生始皇。以秦昭王四十八年正月生于邯郸。及生，名为政⑤，姓赵氏⑥。年十三岁，庄襄王死，政代立为秦王。当是之时，秦地已并巴、蜀、汉中⑦，越宛有郢⑧，置南郡矣；北收上郡以东⑨，有河东、太原、上党郡⑩；东至荥阳⑪，灭二周⑫，置三川郡⑬。吕不韦为相，封十万户，号曰文信侯。招致宾客游士，欲以并天下。李斯为舍人⑭，蒙骜、王齮、麃公等为将军⑮。王年少，初即位，委国事大臣。

八年⑯，嫪毐封为长信侯⑰。予之山阳地⑱，令毐居之。宫室车马衣服苑囿驰猎恣毐。事无小大皆决于毐，又以河西太原郡更为毐国⑲。

九年，彗星见，或竟天。攻魏垣、蒲阳㉑。四月，上宿雍㉒。己酉，王冠，带剑㉓。长信侯毐作乱而觉，矫王御玺及太后玺以发县卒及卫卒、官骑、戎翟君公、舍人㉓，将欲攻蕲年宫为乱㉔。王知之，令相国、昌平君、昌文君发卒攻击㉕。战咸阳，斩首数百，皆拜爵，及宦者皆在战中，亦拜爵一级。嫪毐等败走。即令国中：有生得毐，赐钱百万；杀之，五十万。尽得毐等。卫尉竭、内史肆、佐弋竭、中大夫令齐等二十八人皆枭首㉖，车裂以徇㉗，灭其宗。及其舍人，轻者为鬼薪㉘。及夺爵迁蜀四千余家，家房陵㉙。

十年，相国吕不韦坐嫪毐免㉚。齐、赵来置酒。齐人茅焦说秦王曰："秦方以天下为事，而大王有迁母太后之名㉛，恐诸侯闻之，由此背秦也㉜"。秦王乃迎太后于雍而入咸阳，复居甘泉宫㉝。

十二年，文信侯不韦死，窃葬㉞。"其舍人，临者㉟，晋人也，逐出之；秦人，六百石以上，夺爵，迁㊱；五百石以下不临，迁，勿夺爵。自今以来，操国事不道如嫪毐、不韦者籍其门㊲，视此㊳。"

【注释】　①秦始皇帝：公元前221年，秦并天下，秦王嬴政议尊号说："朕为始皇帝，后世以数计，二世、三世至于万世。"可见始皇帝原应连读，故司马迁称之为"秦始皇帝"。②秦庄襄王：原名异人，后为孝文王宠姬华阳夫人的继嗣，华阳夫人为楚人，故改名子楚。③质子：春秋战国时，两国相交，为了表示信任，互派国君的儿子、孙子或重臣，居留在对方国内，叫做"人质"。以儿孙为人质的，称为"质子"。秦昭王五十年以前，子楚在赵为质子。④吕不韦：卫国濮阳人。原为阳翟（今河南禹县）大商人，后谋立庄襄王有功，得任秦丞相，封文信侯。嬴政即位后，又被尊为相国。公元前237年，因嫪毐事件被免官，公元前235年饮鸩自杀，事详《吕不韦列传》。姬，本为妇人的美称，周末以后，称妾为姬。《吕不韦列传》载："吕不韦取（同娶）邯郸诸姬绝好善舞者与居，知有身，献姬（于子楚），至大期时，生子政。"⑤名为政：上古正、政相通。嬴政生于正月，故名为政。⑥姓赵氏：上古贵族有氏。姓是族号，氏是姓的分支。秦人为嬴姓。其族人造父被周缪王封于赵邑，故以赵为氏。⑦巴：古国名，故地在今四川东部，秦置巴郡，郡治江州，即今重庆市。蜀：今四川中部及西部，秦置郡，郡治成都，即今四川成都市。汉中：今陕西省秦岭以南地区，秦置郡，郡治南郑，即今陕西汉中市。⑧宛：宛城，即今河南南阳市。郢：战国时楚国都城，即今湖北江陵县。秦于公元前279年攻取宛，次年攻取郢，置南郡，郡治郢城。⑨上郡：战国魏文侯置，秦郡治肤施，在今陕西榆林县东南。⑩河东：秦郡名，郡治安邑，在今山西夏县西北。太原：秦郡名，郡治晋阳，在今山西太原市西南。上党郡：秦郡名，郡治长治，在今山西长治县西。⑪荥阳：秦县名，县治在今河南荥阳市东北。⑫二周：战国时的两个小诸侯国。周朝末期，周考王（前440年—前426年）封其弟揭于王城（洛阳水西）故地，叫河南公，又称西周君，即西周桓公。桓公之孙惠公立，又封其少子班于巩（今河南巩县西南），称东周君。两国先后于公元前256年和前249年为秦所灭。⑬三川郡：秦郡名，郡治洛阳，在今洛阳东。因境内有黄河、洛水、伊水，故称三川郡。⑭舍人：战国时，贵族或显宦之家，均养有门客，上层门客称为舍人。⑮蒙骜（áo）：蒙恬祖父。王齮（qǐ）：又名王龁。麃（liáo）公：旧注谓麃为秦邑，麃公为麃邑公，史失其名。陈直《史记新证》考证认为，麃为鲁人姓氏。⑯八年：指秦王政八年，公元前239年。⑰嫪（lào）毐（ǎi）：吕不韦送进后宫与秦王母赵太后私通的假宦官。⑱山阳：在今河南焦作市东。⑲河西：太原在汾西不在河西。河西当是汾西之讹。⑳垣、蒲阳：均魏邑。垣邑在今山西垣曲县东南。蒲阳在今山西永济市西。㉑雍：秦旧都，在今陕西凤翔县南。此指雍蕲年宫。㉒王冠，带剑：秦俗，男子年满二十岁举行"冠礼"，戴上簪发的帽子，表示成年。秦王行冠礼，依礼"带剑"表示威仪，并意味着亲自掌权。㉓矫王御玺（xǐ）：盗用皇帝印。翟：同狄。㉔蕲年宫：在雍，秦惠公所筑，当时为秦王政住处。蕲，又作祈、祁。㉕相国、昌平君、昌文君：相国指吕不韦，昌平君、昌文君，皆封爵，其人名已佚。㉖内史：掌管京师地区的行政长官。佐弋（yì）：掌管天子射猎的副长官。中大夫令：中大夫的主管官员。枭（xiāo）首：把头砍下来挂在木杆上

29

示众。㉗车裂：即磔刑。徇（xùn）：示众。㉘鬼薪：秦汉徒刑的一种，为宗庙打柴，刑期三年。㉙房陵：秦县名，在今湖北房县。古属蜀郡地，故云"迁蜀"。㉚坐：因事受株连犯罪。㉛置酒：敬酒庆贺。指齐、赵遣使庆贺秦王亲政。㉜大王有迁母太后之名：指秦王嬴政软禁生母于雍地。㉝背：反对。㉞甘泉宫：秦咸阳南宫。㉟窃葬：吕不韦被迫服鸩酒自杀，秦王不举行国葬，吕不韦的门客私葬之于洛阳北芒山。㊱临（lín）者：前来吊丧的人。㊲六百石：令、丞一级的中层官员。迁：流放。㊳操国事不道：此指违背君意操纵国事。籍其门：将他的全家族编入簿册为徒隶。籍，编入徒役簿册。㊴视此：照此法办理。视，比，比照。按：以上"其舍人临者"至"视此"，为史家概括的秦王诏令。

【评析】　这篇故事讲的秦王亲政，就是统一六国的秦始皇在二十二岁时夺权斗争的一幕。

公元前 246 年，秦庄襄王死，秦王政继位，时年十三岁，政事无论大小都由相国吕不韦裁决，秦王实际上是一个傀儡。公元前 240 年，秦王已二十岁，按照古代礼制，男子二十就要举行加冠礼，表示成人，当家作主。国君也有十八岁就行加冠礼的，然后亲政，摄政大臣交权，退归臣子之位，或者太后交权，退归太后之位。但吕不韦与庄襄王后不愿交权，又拖了两年，秦王对此，极为不满。双方僵持，都在暗中做准备，一方不愿还政，一方要夺权。到了公元前 238 年，秦王政九年四月，才勉强举行了加冠礼。但吕不韦仍不肯还政于秦王，他把嫪毐拉来作帮凶推到前台，密谋策划宫廷政变。秦王将计就计，集中力量打击嫪毐集团，然后通过审理牵出吕不韦，分化瓦解，各个击破，保持全局主动，一举夺回政权。秦王的策略十分高明。吕不韦是怎样当政？嫪毐又是何许人，他是如何介入政治的，还得从头说起。

吕不韦原来是卫国的一个大商人，靠正常途径，他无法进入政界。他在赵国经商发现秦国公子子楚为质于赵，十分贫困。于是吕不韦以商人的机敏发现子楚是"奇货可居"，决定在政治上作一次赌博。子楚为何"奇货可居"？因为子楚是秦昭王之孙，太子安国君的庶子。安国君宠爱华阳夫人，由于华阳夫人不生儿子，所以安国君没有立嗣子。吕不韦了解这个情况以后，认为有空子可钻。他主动与子楚交朋友，供他金钱车马。然后带了大宗珍宝到秦国，打通关节见到华阳夫人，劝说华阳夫人收养子楚为儿子，母以子贵，给自己留后路。这样，子楚成了安国君的嗣子。秦昭王死后，安国君继位，只做了三天秦王就死了，于是子楚继位，这就是庄襄王。

吕不韦在赵国娶了一位天姿国色的邯郸歌女为妾，怀了身孕，在一次宴请子楚的酒席上，这位歌女为招待，她的美色逗得子楚神魂颠倒。子楚向吕不韦讨要，吕不韦就把歌女送给了子楚。这是公元前 260 年的事。子楚十分宠爱这位赵国歌女，赐名赵姬，当年正月，赵姬在赵国邯郸生子，因正月生于赵国，所以取名赵政，回秦国后，才叫嬴政。嬴政实际上是吕不韦的儿子。按公历年，嬴政生于公元前 259 年。

秦庄襄王当政，十分感激吕不韦，就用他做了秦国的相国。庄襄王死时，把秦王政托给吕不韦，这样吕不韦做了首席辅政大臣，大权独揽。庄襄王只做了三年秦王就死了，嬴政之母赵太后还非常年轻，她是歌女出身，哪能空守闺房，在寂寞难忍之时，就召吕不韦进宫，两人私通。原来他们就是老相好，自然亲密无比。吕不韦看着嬴政一天天长大，害怕丑事暴露，就多方寻找代理人。后来找到一个名叫嫪毐的人，让他冒充阉人入宫，日夜与太后淫乱，天长日久，生了两个儿子。太后把这两个私生子藏在咸阳西边二百公里远的雍地蕲年宫，就是秦国早期的京都。赵太后与嫪毐也长年居住在蕲年宫。

由于裙带关系，赵太后、吕不韦、嫪毐勾结成为一个政治集团，吕不韦控制外朝，嫪毐控制内朝。吕不韦封文信侯，嫪毐封长信侯。赵太后为秦王之母，临驾宫中，这样满朝文武都倒在相国一边。人人都知的事，只把一个秦王蒙在鼓里。

吕不韦推迟秦王的加冠礼，大力扶植嫪毐势力的发展，大小国事皆决于嫪毐。嫪毐有家僮千人，宾客求为嫪毐舍人的也有一千人。嫪毐甚至公开扬言是秦王的"假父"。这一下纸包不住火了，秦王知道了太后的私生活，以及嫪毐、吕不韦政治集团的底细，但仍不动声色。表面上，秦王更加尊敬相国吕不韦，称他为"仲父"，即"叔父"。

双方都在紧锣密鼓地准备着，秦王决定后发制人。

赵太后的部署是：指令吕不韦给秦王举办加冠礼，表面上还政于秦王。自己住在雍县蕲年宫，秦王加冠后必然到雍县蕲年宫晋见太后。这时嫪毐发兵攻击，在蕲年宫杀死秦王，夺取政权，由赵太后与嫪毐所生之子来做秦王，由于私生子还是小孩，这样太后、嫪毐、吕不韦集团又可大权独揽了。长信侯嫪毐假传秦王命令，又传下太后命令，发动雍县县兵、蕲年宫卫士、官骑以及舍人数千人戒严，只等秦王到来。

秦王已有戒备，知道嫪毐的行动。他暗中令副相昌平君、昌文君调集精锐部队，做好攻击准备。嫪毐在咸阳的府第被监视起来。嫪毐作为宫廷总管，他要在咸阳亲临加冠礼，然后陪同秦王去蕲年宫。秦王的部署做得很机密，嫪毐与吕不韦事前一点也不知道。嫪毐等骄狂自大，没把秦王看在眼里，疏于防范，这一点正好被秦王利用了。

公元前 238 年，秦王政九年四月己酉日，这是中国历史上一个不平凡的日子。秦国向何处去，历史要在这一天作出裁决。双方磨刀霍霍，决战在这一天进行。

清晨，风和日丽，是一个好日子。双方紧张的心提到了嗓子眼，但表面一切平静。秦王似乎自认为稳操胜券，步履行动显得十分安详。嫪毐心怀鬼胎，忐忑不安。吕不韦心事重重，表面平和，显然不像平日颐指气使的模样。今日秦王行加冠礼，他要交还政权，一定要显示出雍容大度来。不知将要发生事变的群臣百官，熙熙攘攘，这是难得的庆典，自然兴高采烈。在礼官导演下，按时庄重肃穆举行加冠礼，礼拜了太庙祖宗，秦王俨然是一国之君了，全体百官都要听从秦王的诏令。这时嫪毐上前，恭请秦王前往雍县蕲年宫晋见太后。秦王一改常态，庄严地发出命令，回宫先上朝理政事，改日上雍县晋见太后。

嫪毐请不动秦王，警觉事情有变，他自然不肯上朝，托故回府。秦王冷笑一声，允嫪毐回府。秦王知道嫪毐回府必发动叛乱，有意让他先动手。嫪毐一走，秦王立刻下令咸阳戒严，四门紧闭，不得放走任何一人出城。

秦王在殿上召集群臣会议，公布嫪毐的罪行，有意不提吕不韦一个字，秦王还要利用吕不韦的声望，用吕不韦之手铲除嫪毐集团，然后顺藤摸瓜牵连吕不韦进行打击。秦王发布讨伐嫪毐的宫廷诏令，由吕不韦挂帅征讨。昌平君、昌文君都做好了攻击准备，吕不韦已经是赤手空拳，不能不听命于秦王了。

秦王军队包围长信侯府第，长信侯嫪毐一伙已经动员起来，两军在咸阳发生大战。秦王发布命令说："无论官兵还是宦官，都有讨灭叛臣的义务，只要杀叛兵一人，拜爵一级。任何人，只要活捉嫪毐，赏钱一百万，杀死嫪毐，赏钱五十万。"结果好一阵厮杀，只杀得天昏地暗，血流成河。最后秦王的军队取得胜利。

嫪毐兵败咸阳，被乱兵杀死。重要成员卫尉竭、内史肆、佐弋竭、中大夫令齐等二十余人都被活捉。卫尉竭，是宫廷警卫长名竭。内史肆，是京都首长名肆。他们成为叛乱集团的骨干，这说明嫪毐集团网罗广泛，使这场宫廷政变显得惊心动魄。由于嫪毐被杀，蕲年宫的叛乱还没有发动起来就被扑灭了。

吕不韦有大功于秦，又是长期掌权的历经两代的丞相，根基很深，非嫪毐可比。秦王成立专案小组，亲自过问，经过一年多的细密审讯与罗织罪状，政变的幕后策划者和罪魁祸首吕不韦才最终浮出水面，秦王一纸诏令就轻易地把吕不韦放逐到蜀地。吕不韦自知秦王的从轻发落是表面文章，他不甘心而又无可奈何地自裁而死，避免了灭族的大祸，也是一个不凡的人。

项羽本纪

本篇选自《项羽本纪》。按《史记》体例，本纪载朝代与帝王，项羽未成帝业，名止霸王，司马迁为之作本纪，是一篇破例的本纪，表现了司马迁卓越的历史观。究其旨趣，要点有三。一曰纪实。项羽灭秦，分封十八王，"政由羽出"，故定名本纪以纪实，用以表彰项羽的灭秦之功。二曰通变。秦楚之际，变化剧烈，项羽是一中心人物。为项羽作本纪，编列在秦始皇、汉高祖之间，既符合"通古今之变"的历史序列，又是"见盛观衰"的一个关节点。因项羽是秦始皇者流，以惨酷并天下，以强力霸诸侯，故人心不附而骤兴骤亡。三代以德治天下，传世久远。汉行功德，卒并天下。始皇、项、刘三人本纪蝉联并编，上承三代，下启刘汉，构成强烈的对照和转折，用以说明残暴政治是不能持久的。三曰刘项对比。楚汉相争大事，项刘两纪，详此略彼，互见互补。项刘两人品格、功业、成败、兴衰，因蝉联并编而成强烈对比是十分鲜明的。

《项羽本纪》记载项羽从公元前209年起兵于吴反秦起，中经楚汉相争，到公元前202年自刎乌江止，前后八年的事迹，详述了项羽与刘邦争天下的全过程。可以说写了一代霸王的骤兴骤灭。项羽演出了中国历史上的一场狂飙，因此司马迁所刻画的项羽形象也是一个叱咤风云的英雄。《项羽本纪》重点写了巨鹿之战、鸿门宴、垓下突围三件大事。本篇节选的是项羽垓下突围一事，又称垓下之战，写英雄的败亡和末路。

汉兵盛食多，项王兵疲食绝。汉遣陆贾说项王，请太公，项王勿听。汉王复使侯公往说项王，项王乃与汉约：中分天下，割鸿沟以西者为汉，鸿沟而东者为楚。项王许之，即归汉王父母妻子，军皆呼万岁。

汉欲西归，张良、陈平说曰："汉有天下太半，而诸侯皆附之。楚兵疲食尽，此天亡楚之时也，不如因其机而遂取之。今释勿击，此所谓'养虎自遗患'也。"汉王听之。汉五年①，汉王乃追项王至阳夏南②，止军③，与淮阴侯韩信、建成侯彭越，期会而击楚军。至固陵④，而信、越之兵不会⑤。楚击汉军，大破之，汉王复入壁，深堑而自守，谓张子房曰："诸侯不从约，为之奈何？"对曰："楚兵且破，信、越未有分地⑥，其不至固宜。君王能与共分天下，今可立致也⑦。即不能，事未可知也。君王能自陈以东傅海⑧，尽与韩信；睢阳以北至谷城⑨，以与彭越。使各自为战，则楚易败也。"汉王曰："善。"于是乃发使者告韩信、彭越曰："并力击楚，楚破，自陈以东傅海与齐王，睢阳以北至谷城与彭相国⑩。"使者至，韩信、彭越皆报曰："请今进兵。"韩信乃从齐往，刘贾军从寿春并行⑪，屠城父，至垓下⑫。大司马周殷叛楚，以舒屠六⑬，举九江兵，随刘贾、彭越，皆会垓下，诣项王⑭。

项王军壁垓下，兵少食尽，汉军及诸侯兵围之数重。夜闻汉军四面皆楚歌⑮，项王乃大惊曰："汉皆已得楚乎？是何楚人之多也？"项王则夜起，饮帐中。有美人名虞，常幸从；骏马名骓⑯，常骑之。于是项王乃悲歌慷慨，自为诗曰："力拔山兮气盖世，时不利兮骓不逝⑰。骓不逝兮可奈何，虞兮虞兮奈若何！"歌数阕⑱，美人和之，项王泣数行下，左右皆泣，莫能仰视。

于是项王乃上马骑，麾下壮士骑从者八百余人⑲，直夜溃围南出⑳，驰走。平明，汉军乃觉之，令骑将灌婴以五千骑追之。项王渡淮，骑能属者百余人耳㉑。项王至阴陵㉒，迷失道，问一田父㉓，田父绐曰㉔："左㉕。"左，乃陷大泽中。以故汉追及之。项王乃复引兵而东，至东城㉖，乃有二十八骑。汉骑追者数千人。项王自度不得脱㉗，谓其骑曰："吾起兵至今八岁矣，身七十余战，所当者破，所击者服，未尝败北，遂霸有天下。然今卒困于此㉘，此天之亡我，非战之罪也。今日固决死，愿为诸君快战㉙，必三胜之㉚，为诸君溃围、斩将、刈旗㉛，令诸君知天亡我，非战之罪也。"乃分其骑以为四队，四向。汉军围之数重，项王谓其骑曰："吾为公取彼一将。"令四面骑驰下㉜，期山东为三处㉝。于是项王大呼驰下，汉军皆披靡㉞，遂斩汉一将。是时，赤泉侯为骑将㉟，追项王，项瞋目而叱之，赤泉侯人马俱惊，辟易数里㊱。与其骑会为三处。汉军不知项王所在，乃分军为三，复围之。项王乃驰，复斩汉一都尉，杀数十百人。复聚其骑，亡其两骑耳。乃谓其骑曰："何如？"骑皆伏曰㊲：

"如大王言!"

于是项王乃欲东渡乌江⑱。乌江亭长柂船待⑲，谓项王曰："江东虽小，地方千里，众数十万人，亦足王也。愿大王急渡。今独臣有船，汉军至，无以渡。"项王笑曰："天之亡我，我何渡为!且籍与江东子弟八千人渡江而西，今无一人还，纵江东父兄怜而王我⑳，我何面目见之?纵彼不言，籍独不愧于心乎?"乃谓亭长曰："吾知公长者，吾骑此马五岁，所当无敌，尝一日行千里，不忍杀之，以赐公。"乃令骑皆下马步行，持短兵接战㉑。独籍所杀汉军数百人。项王身亦被十余创。顾见汉骑司马吕马童曰："若非吾故人乎?"马童面之㉒，指王翳曰："此项王也。"项王乃曰："吾闻汉购我头千金㉓，邑万户㉔，吾为若德㉕。"乃自刎而死。王翳取其头，余骑相蹂践争项王，相杀者数十人。最其后，郎中骑杨喜、骑司马吕马童、郎中吕胜、杨武，各得其一体。五人共会其体，皆是㉖。故分其地为五㉗：封吕马童为中水侯，封王翳为杜衍侯，封杨喜为赤泉侯，封杨武为吴防侯，封吕胜为涅阳侯。

项王已死，楚地皆降汉，独鲁不下，汉乃引天下兵欲屠之，为其守礼义，为主死节，乃持项王头视鲁㉘，鲁父兄乃降。始㉙，楚怀王初封项籍为鲁公，及其死，鲁最后下，故以鲁公礼葬项王谷城。汉王为发哀，泣之而去。

【注释】　①汉五年：公元前 202 年。②阳夏：秦县名，县治即今河南省太康县。③止军：屯驻下来。④固陵：秦县名，县治在今河南省太康县南。⑤信、越之兵不会：汉三年十月韩信破齐，项羽已居劣势，而刘邦相持广武经年不决者，因韩信、彭越观望故也。⑥未有分地：没有明确划界。⑦立致：立即召来。⑧自陈以东傅海：从陈（今河南淮阳）以东至近海一带，即今安徽、江苏两省的淮北地区。⑨睢阳以北至谷城：即今河南东部及山东西部地区。谷城，秦县名，县治在今山东东阿县南。⑩彭相国：彭越曾为魏豹相国。⑪刘贾军从寿春并行：此时刘贾与黥布等已深入楚后方，据有淮南，故可从寿春出发北上与南下的韩

36

信军同时进军合围项羽。寿春，秦县名，即今安徽寿县。⑫屠城父，至垓下：刘贾从寿春北上，先向西北趋固陵，故先至城父，随后追击项羽东至垓下。城父，古邑名，在今安徽亳县东南，位于寿春西北。垓下，古地名，在今安徽灵璧东南的沱河北岸，位于寿春东北。⑬以舒屠六：守淮南的楚将周殷投降了刘贾，带领舒县（今安徽舒城）之众北上，屠灭了城守六县（今安徽六安）的楚军。⑭诣项王：各路汉军都追向项王。⑮四面楚歌：汉军收缩包围，其歌声达于项羽军营，此时汉军多楚人，刘邦令唱楚地民歌，用以瓦解项羽军心。⑯骓（zhuī）：毛色青白相间的马。⑰逝：奔驰。⑱歌数阕：连唱了几遍。阕，曲终，指唱完一遍。⑲麾下：部下。⑳直夜：正夜，即中夜，半夜。㉑骑能属者：能追随他的骑兵。属，跟随。㉒阴陵：秦县名，县治在今安徽定远西北。㉓田父：老农夫。㉔绐（dài）：欺骗。㉕左：向左行。㉖东城：秦县名，县治在今安徽定远东南。㉗自度不能脱：自己估量不能脱险。㉘卒：终于。㉙快战：痛快地打一胜仗，以明天之亡我。㉚三胜：即下文的溃围、斩将、刈旗。㉛刈（yì）旗：砍倒军旗。㉜驰下：冲下去。㉝期山东为三处：约定在山的东面分三处集合。㉞披靡：草木随风倒伏的样子，喻汉军之惊惧四散。㉟赤泉侯：即杨喜，汉骑将，因获项羽尸体封赤泉侯。㊱辟易：四散倒退。㊲伏：同"服"。㊳乌江：指乌江浦，津名，即今安徽和县东北四十里长江西岸渡口。㊴舣（yǐ）船：移船靠岸。㊵纵：即使。㊶短兵：短小轻便的兵器，因步战所用。㊷面之：面对面认出了项王。㊸购：悬赏征求。㊹邑万户：封邑万户侯。㊺吾为若德：我替你做件好事，把头送与你去领赏封侯。㊻五人皆是句：验核五人所得尸体，能合并在一起，确是项王。㊼分其地为五：将悬赏的万户邑分为五份封五人为侯。㊽视鲁：即示鲁，把项王头给鲁人看。㊾始：当初。

【评析】　垓下之战是楚汉相争中最后的一次大战，西楚霸王项羽穷途末路，在四面楚歌声中，自刎而死。

　　垓下之战，韩信用智，项羽逞勇，都表现了精绝的战争艺术。韩信先切割项羽军，而后四面楚歌，涣散楚军斗志。项羽走到绝路，还能为骑士表演突围、斩将、夺旗，真是一位无敌的勇士。宋代词人李清照有诗赞扬项羽，说："生当作人杰，死亦为鬼雄。至今思项羽，不肯过江东。"这是诗人怀着对项羽的崇敬心情留下的绝唱，它表达了千百年来人们对悲剧英雄项羽的肯定。垓下之战，发生在公元前202年1月。这一仗，韩信指挥的汉军有三十二万，项羽率领的楚军十万。无论是人数，还是战略态势，汉军都占了绝对优势，汉胜楚败，大局已定。但是项羽善战，身经七十余战，所向披靡，没有打过败仗，何况还有十万大军，打败他也不是一件容易的事。战争是生与死的搏斗，会打仗的人，总是要用最小的代价，换取最大的收获。韩信在这场战役中的指挥艺术，正体现了这一原则。

项羽打仗，一往无前，冲锋陷阵，有万夫不当之勇，并以此取得了一生大小七十余战的一个又一个胜利。韩信深知项羽的长处，以智胜勇。韩信经过周密部署，引诱项羽脱离阵地，分割包围。韩信分汉军为三层梯队。自己亲统大军正面引诱项羽，另派孔将军、费将军各率精锐骑兵扩张在第二线两翼策应，并在有利地形设伏冲击楚军。汉王刘邦统兵第三线为后援，又派周勃、柴武各率一军夹在汉王两边。交战之日，韩信打起中军大旗，向楚军挑战。项羽果然勇猛出击，战斗一个时辰以后，韩信大军后退，全线溃逃作山崩之状，项羽追击。到了汉军设伏之处，孔将军、费将军从两翼包抄过来，将项羽之军拦腰切为两段。此时，伪做溃逃的韩信又反冲杀上来，团团围住楚军。项羽左冲右突，终于没有杀出重围，被围困在垓下。

垓下之战，项羽失败，成了悲剧英雄。因此《项羽本纪》，只字不提两军大战，司马迁用互见法写于《高祖本纪》，表现刘邦善用人才，韩信如何以智取胜。在《项羽本纪》中，司马迁用"项王军壁下，兵少食尽"，一笔带出，以下所写，已是垓下之战的尾声了，而这个尾声恰好就是项羽的末路，司马迁就要抓住英雄末路这一紧要关头来展示项羽的悲剧终结。司马迁有言，"人固有一死，或轻于鸿毛，或重于泰山"，那就要看你怎样去死了。司马迁擅写一个人盖棺论定的最后一笔。

英雄项羽的末章，司马迁写得酣畅淋漓，活脱脱地展现了霸王风采，项羽不服输，不低头，敢向天公抗争的英雄形象跃然纸上。

司马迁是怎样描写的呢？他抓住霸王别姬、突围决战、乌江自刎这一连串出人意料的惊人举动，采用大场景、大场面的写法烘托霸王。

霸王别姬：夜间，汉军四面唱起楚地歌曲，迷惑项羽。项羽惊惶不解地说："难道汉军把楚地都占领了么？为何有这么多人唱楚歌？"项羽心烦意乱，一个劲地喝闷酒。很快，项羽意识到他已走到了末路。他让人牵来陪他南征北战的乌骓马，面对爱妾虞姬，禁不住唱起了离别的悲歌：

> 力拔山兮气盖世，时不利兮骓不逝。
>
> 骓不逝兮可奈何，虞兮虞兮奈若何！

项羽一遍又一遍地慷慨悲歌，泪流不止，左右的人也一个个泣不成声。英雄陷入了生离死别的窘境，他在痛苦中思索，得出结论："时不利兮骓不逝"，慨叹时运不济，战马跑不快。项羽决定突围。可是，现实是残酷的，不能带着虞姬突围，他唱歌为虞姬话别，他让虞姬看乌骓马，使她明白时运不利，马儿也跑不快。项羽泣数行下，感动伤怀，泪如泉涌。男儿有泪不轻弹，可现在一个力能拔山气能盖世的英雄竟然泪水横流。左右的人一个个泣不成声，抬不起头来。左右的人怎能想到项羽这样的人也会流泪呢？项羽流泪表示他们的末日即将来临，马上就要演出大悲剧。这是怎样的一个场面啊，在生死存亡的军务紧急关头，偏偏项羽还有这样的儿女情长。这一场面拉开了英雄末路的序幕。鲁迅说，悲剧是指将人生有价值的东西毁灭给人看。霸王别姬，再恰当不过了。

突围决战：夜已经很深，项羽跨上乌骓马，率领八百多壮士悄悄地冲出重围。次日清晨，汉军觉察，立即出动五千骑兵追击。项羽过了淮河，只剩一百余骑。且战且退，行经阴陵，迷失道路，被汉兵追了上来。项羽被追到长江边上的乌江浦，身边只有二十八骑了。前面是浩瀚的大江，后面有黑压压的汉兵铺天盖地追来。就在这面临灭顶之灾的场景中，项羽向安排他命运的"天"发出了挑战的怒吼，他向天地抗争，仍要一展雄风。项羽对身边的二十八骑说："我起兵八年，身经七十余战，从没打过败仗，所以能称霸天下。今天走投无路，是上天要我失败，不是我不会打仗，不信我再痛痛快快地决一死战给你们看。我要冲入汉军中杀一汉将，夺取战旗，并替你们解围。"

项羽说毕，把身边二十八骑分为四队，分四个方向。这时汉军四面围了上来，一层又一层。项羽发出号令，四队骑士从四个方向如旋风一样突入汉军阵中，穿出重围，约定在东边山头分为三处集合。项羽一马当先，直奔一汉将，刀起人落，砍下马来。项羽和他的骑士在东山集合成三队，汉军找不到项羽，就分兵为三部，合围三处。此时项羽又驰马冲杀，再斩杀汉军一个都尉，再次集合他的骑士，仅仅少了两骑。项羽对他的骑士说："你们看到了吧？怎么样？"骑士们都佩服地说："完全像大王说的一样。"

乌江自刎：项羽带领二十六位骑士来到乌江西岸，要渡江东归。乌江亭长把船撑好，等待项羽上船。项羽见一只小船，只能渡自己一人一骑，他不忍心把骑士丢在岸上，改变主意决定与骑士同生同死，战死沙场。项羽对亭长说："十分感谢你撑船接待，你是一个有道德的人。我把这匹追随我南征北战的战马送给你作个纪念。我项羽率领八千江东子弟突进中原打仗，现在只有我一个人生还，有何面目见江东父老？"

项羽将乌骓马交与亭长，自己步行作战。他命骑士们都下马步行，用短兵器与围上来的汉军展开肉搏。项羽和他的骑士杀死了几百汉兵，最后只剩项羽一个人，身上受伤十余处。项羽面不改色，挥剑自刎而死。项羽临死还对追击他的汉将吕马童说："你难道不是我的故人吗？"吕马童原来是项羽的旧部，后投靠了刘邦。项羽接着说："汉王用万户侯来收购我的头，现在我送给你吧。"项羽是那样的从容，不仅表现了他的宽仁大度和自我主宰，而且仍在向天抗争，意思是我项羽没有输给任何人，而是战胜了一切的斗士、一往无前的英雄。头是我送给敌人的。

司马迁通过项羽英雄末路的描写，既完成了对项羽人物形象的塑造，同时又表现了项羽人生价值的实现。项羽在失败中超越悲剧，他获得了永生。它的意义在于：告诉人们，不能听命于命运的安排，不能逆来顺受，无所作为，而是要斗争到底，去争取胜利。

高祖本纪

本篇选自《高祖本纪》。汉高祖刘邦，西汉的开国皇帝。他三十九岁起兵参加秦末农民起义，秦亡后，又与项羽争夺天下。前后经历八年征战，终于灭楚称帝。由于刘邦庙号高祖，所以记叙刘邦一生经历与功业的传记，称《高祖本纪》。本篇选取高祖入关一节，讲述刘邦怎样从一个布衣参加秦末起义，与项羽并肩作战，而后西征入关破秦，奠定了创立汉家基业的故事。

刘邦字季，秦泗水郡沛县丰邑中阳里（今属江苏丰县）人，公元前247年出生，至公元前195年病逝，享年53岁。公元前202年称帝，至公元前195年，在位8年。刘邦出身布衣，却不事本业，好逸恶劳，成为市井无赖。但他顺应时势，敢到风口浪尖来表演，不失时机地参加起义，因宽仁好谋，知人善任，从谏如流，竟登上皇帝的宝座，成一统大业。他不愧为中国历史上杰出的政治家。

司马迁记事实录，叙刘邦之初起，则称刘季；及得沛，称沛公；及王汉，称汉王；即皇帝位后，称为上。刘邦既豁达大度，而又十分忌刻，尤其是创业的成功和他的过失，司马迁在本纪中都一一作了生动的记叙，既有歌颂，也有刺讥。高祖入关，是刘邦创业最辉煌的一段历程。他一路西征，赢得民心，入关破秦约法三章，秦人大喜，唯恐沛公不为秦王。得人心者得天下，楚汉相争，刘邦赢得胜利，我们可以从他入关的所作所为中得到很多启示。

高祖，沛丰邑中阳里人①，姓刘氏，字季②。

高祖为人，隆准而龙颜③，美须髯，左股有七十二黑子④。仁而爱人，喜施，意豁如也⑤。常有大度，不事家人生产作业⑥。及壮，试为吏，为泗水亭长⑦。高祖常徭咸阳，纵观⑧，观秦皇帝，喟然太息曰⑨："嗟乎！大丈夫当如此也！"

单父人吕公善沛令⑩，避仇从之客⑪，因家沛焉。沛中豪杰吏闻令有重客，皆往贺。萧何为主吏⑫，主进⑬，令诸大夫曰⑭："进不满千钱，坐之堂下。"高祖为亭长，素易诸吏⑮，乃绐为谒曰⑯："贺钱万！"实不持一钱。谒入，吕公大惊，起，迎之门。吕公者，好相人，见高祖状貌，因重敬之⑰，引入坐。萧何曰："刘季固多大言，少成事。"高祖因狎侮诸客，遂坐上坐，无所诎⑱。酒阑⑲，吕公因目固留高祖⑳。高祖竟酒㉑，后㉒，吕公曰："臣少好相人，相人多矣，无如季相，愿季自爱。臣有息女㉓，愿为季箕帚妾㉔。"酒罢，吕媪怒吕公曰："公始常欲奇此女㉕，与贵人。沛令善公，求之不与，何自妄许与刘季？"吕公曰："此非儿女子所知也。"卒与刘季。吕公女乃吕后也，生孝惠帝、鲁元公主㉖。

高祖以亭长为县送徒郦山㉗，徒多道亡。自度比至皆亡之㉘。到丰西泽中㉙，止饮，夜乃解纵所送徒，曰："公等皆去，吾亦从此逝矣㉚！"徒中壮士愿从者十余人。高祖被酒㉛，夜径泽中㉜，令一人行前。行前者还报曰："前者大蛇当径，愿还。"高祖醉，曰："壮士行，何畏！"乃前，拔剑击斩蛇。蛇遂分为两，径开。行数里，醉，因卧。后人来至蛇所，有一老妪夜哭。人问："何哭？"妪曰："人杀吾子，故哭之。"人曰："妪子何为见杀㉝？"妪曰："吾子，白帝子也㉞，化为蛇，当道㉟。今为赤帝子斩之㊱，故哭。"人乃以妪为不诚㊲，欲告之㊳。妪因忽不见。后人至，高祖觉㊴。后人告高祖，高祖乃心独喜，自负㊵。诸从者日益畏之。

秦始皇帝常曰："东南有天子气。"于是因东游以厌之㊶。高祖即自疑，亡匿，隐于芒、砀山泽岩石之间㊷。吕后与人俱求，常得之。高祖怪问之。吕后曰："季所居上常有云气，故从往，常得季。"高祖心喜。沛中子弟或闻之，多欲附者矣㊸。

秦二世元年秋㊹，陈胜等起蕲㊺，至陈而王㊻，号为"张楚"。诸

42

郡县皆多杀其长吏以应陈涉。沛令恐，欲以沛应涉。掾、主吏萧何、曹参乃曰[47]："君为秦吏，今欲背之，率沛子弟，恐不听。愿君召诸亡在外者，可得数百人，因劫众[48]，众不敢不听。"乃令樊哙召刘季。刘季之众已数十百人矣。

于是樊哙从刘季来。沛令后悔，恐其有变，乃闭城城守，欲诛萧、曹。萧、曹恐，逾城保刘季[49]。刘季乃书帛射城上，谓沛父老曰："天下苦秦久矣，今父老虽为沛令守，诸侯并起，今屠沛，沛今共诛令，择子弟可立者立之，以应诸侯，则家室完。不然，父子俱屠，无为也[50]。"父老乃率子弟共杀沛令，开城门迎刘季，欲以为沛令。刘季曰："天下方扰，诸侯并起，今置将不善，一败涂地[51]。吾非敢自爱，恐能薄，不能完父兄子弟。此大事，愿更相推择可者。"萧、曹等皆文吏，自爱，恐事不就，后秦种族其家[52]，尽让刘季。诸父老皆曰："平生所闻刘季诸珍怪，当贵，且卜筮之，莫如刘季最吉。"于是刘季数让，众莫敢为，乃立季为沛公。祠黄帝，祭蚩尤于沛庭[53]，而衅鼓[54]，旗帜皆赤。由所杀蛇白帝子，杀者赤帝子，故上赤[55]。于是少年豪吏如萧、曹、樊哙等皆为收沛子弟二三千人，攻胡陵、方与[56]，还守丰。

秦二世二年，陈涉之将周章军西至戏而还[57]。燕、赵、齐、魏皆自立为王。项氏起吴[58]。

项梁渡江入薛。沛公闻项梁在薛，从骑百余往见之。项梁益沛公卒五千人、五大夫将十人[59]。沛公还，引兵攻丰。

从项梁月余，项羽已拔襄城还[60]。项梁尽召别将居薛。闻陈王定死[61]，因立楚后怀王孙心为楚王[62]，治盱台[63]。项梁号武信君。居数月，北攻亢父，救东阿[64]，破秦军。齐军归[65]，楚独追北[66]，使沛公、项羽别攻城阳[67]，屠之。军濮阳之东[68]，与秦军战，破之。

秦军复振，守濮阳，环水[69]。楚军去而攻定陶[70]，定陶未下。沛公与项羽西略地至雍丘之下[71]，与秦军战，大破之，斩李由[72]。还攻外黄[73]，外黄未下。

项梁再破秦军，有骄色。宋义谏[74]，不听。秦益章邯兵，夜衔枚击项梁，大破之定陶，项梁死。沛公与项羽方攻陈留[75]，闻项梁死，引兵与吕将军俱东[76]。吕臣军彭城东，项羽军彭城西，沛公军砀。

章邯已破项梁军，则以为楚地兵不足忧，乃渡河，北击赵，大破之。当是之时，赵歇为王[77]，秦将王离围之巨鹿城[78]，此所谓河北之军也。

秦二世三年，楚怀王见项梁军破，恐，徙盱台，都彭城[79]，并吕臣、项羽军自将之。以沛公为砀郡长，封为武安侯，将砀郡兵。封项羽为长安侯，号为鲁公。吕臣为司徒[80]，其父吕青为令尹[81]。

赵数请救，怀王乃以宋义为上将军，项羽为次将，范增为末将[82]，北救赵。令沛公西略地入关。与诸将约，先入定关中者王之。

当是时，秦兵强，常乘胜逐北。诸将莫利先入关。独项羽怨秦破项梁军，奋[83]，愿与沛公西入关。怀王诸老将皆曰[84]："项羽为人僄悍猾贼[85]。项羽尝攻襄城，襄城无遗类[86]，皆坑之，诸所过无不残灭。且楚数进取，前陈王、项梁皆败，不如更遣长者扶义而西[87]，告谕秦父兄。秦父兄苦其主久矣。今诚得长者往，毋侵暴，宜可下。今项羽僄悍，今不可遣。独沛公素宽大长者，可遣。"卒不许项羽，而遣沛公西略地，收陈王、项梁散卒。乃道砀至成阳[88]，与杠里秦军夹壁[89]，破秦二军。楚军出兵击王离[90]，大破之。

沛公引兵西，过高阳[91]。郦食其为监门[92]，曰："诸将过此者多，吾视沛公大人长者。"乃求见说沛公。沛公方踞床[93]，使两女子洗足。郦生不拜，长揖[94]，曰："足下必欲诛无道秦，不宜踞见长者。"于是沛公起，摄衣谢之[95]，延上坐。食其说沛公袭陈留，得秦积粟。乃以郦食其为广野君，郦商为将[96]，将陈留兵，与偕攻开封[97]，开封未拔。西与秦将杨熊战白马[98]，又战曲遇东[99]，大破之。杨熊走之荥阳[100]，二世使使者斩以徇。南攻颍阳[101]，屠之。因张良略韩地辕辕[102]。

是时章邯已以军降项羽于赵矣。

初，项羽与宋义北救赵，及项羽杀宋义，代为上将军，诸将黥

44

布皆属；破秦将王离军，降章邯，诸侯皆附。

及赵高已杀二世，使人来，欲约分王关中。沛公以为诈，乃用张良计，使郦生、陆贾往说秦将[103]，啖以利[104]，因袭攻武关[105]，破之。又与秦军战于蓝田南[106]，益张疑兵旗帜，诸所过毋得掠卤[107]，秦人熹，秦军解[108]，因大破之。又战其北，大破之。乘胜，遂破之。

汉元年十月[109]，沛公兵遂先诸侯至霸上[110]。秦王子婴素车白马，系颈以组[111]，封皇帝玺符节[112]，降轵道旁[113]。诸将或言诛秦王。沛公曰："始怀王遣我，固以能宽容，且人已服降，又杀之，不祥。"乃以秦王属吏[114]，遂西入咸阳。欲止宫休舍，樊哙、张良谏，乃封秦重宝财物府库，还军霸上。召诸县父老豪杰曰："父老苦秦苛法久矣，诽谤者族，偶语者弃市[115]。吾与诸侯约，先入关者王之，吾当王关中。与父老约法三章耳：杀人者死，伤人及盗抵罪[116]。余悉除去秦法。诸吏人皆案堵如故[117]。凡吾所以来，为父老除害，非有所侵暴，无恐！且吾所以还军霸上，待诸侯至而定约束耳[118]。"乃使人与秦吏行县乡邑，告谕之。秦人大喜，争持牛羊酒食献飨军士。沛公又让不受，曰："仓粟多，非乏，不欲费人。"人又益喜，唯恐沛公不为秦王。

【注释】　①沛：秦县名，在今江苏沛县东。丰：沛县所属乡镇，西汉建立置为县。刘邦出生在秦沛县丰邑镇的中阳里村。②季：排行第三，并以此为刘邦之名，即刘老三。刘邦之名是成人后才起的正式名字，于是季成为刘邦的表字。③隆准：高鼻子。龙颜：额骨突出。④七十二黑子：此为传说，表示刘邦有异相。⑤豁如：豁达简易的样子。⑥生产作业：生产劳动。⑦泗水亭：在今江苏省沛县东。亭，秦代基层行政组织。十里为一亭，十亭为一乡。亭长负责徭役、租税和处理民间争讼事件。⑧纵观：允许民众观瞻。⑨喟然太息：感慨地长声叹息。⑩单(shàn)父(fǔ)：秦县名，在今山东单县。⑪从之客：到沛令家客居。⑫萧何：西汉开国功臣，事详《萧相国世家》。主吏：即主吏掾，又称主吏功曹，职掌大事考核。⑬主进：主管接收礼品。⑭诸大夫：泛指来贺的宾客。秦时民爵和军功爵均有大夫的名称。⑮易：看轻。⑯绐(dài)：说谎。⑰重敬：十分敬重。⑱无所诎：毫不客气。诎，同屈，此指谦让。⑲酒阑：酒席上的人逐渐稀少，即不少人已退席。阑，稀少。⑳目固留高祖：用眼色示意高祖一定留下。㉑竟酒：一直留到席散。㉒后：最后一个。㉓息女：亲生女。㉔箕帚妾：打扫清洁的使女。这是许以为妻的谦词。㉕奇：认为不凡。㉖鲁元公主：惠帝姐，食邑鲁，故称鲁元公主。元，长，老大。㉗徒：刑徒。郦山：即骊山，在今陕西临潼东南。当时是秦始皇坟墓所在地。㉘自度：暗自思考。㉙丰西泽中：丰邑西部的一片洼地中。据《汉书》，泽中有亭。㉚逝：逃亡。㉛被酒：带着醉意。㉜径：小路。这里用作动词，即抄小路走。㉝妪子何为见杀：老婆婆的儿子为什么被杀。见，被。㉞白帝：传说中的五天帝之一，位于西方。秦居西方，自以为是白帝的子孙。秦襄公作西畤，祠白帝。白帝成为秦的象征。㉟当道：挡住路。㊱赤帝子：传说中的五天帝之一，位于南方。刘邦自称是赤帝的子孙。西方金，南方火，火克金。赤帝子杀白帝，预示着火克金，汉代秦。㊲不诚：不真实。㊳欲告之：要告发她。告，《汉书》作“苦”，谓欲困苦辱之，责难之，义更长。㊴觉：睡醒。㊵自负：自命不凡。㊶厌：同压，震慑。㊷芒、砀：两山名，在今河南永城县东北。芒山在北，砀山在南。秦时属砀郡。㊸附：追随。㊹秦二世元年：公元前209年。㊺蕲：秦县名，在今安徽宿县南。㊻陈：秦县名，在今河南淮阳县。㊼曹参：汉初功臣，继萧何为相，事详《曹相国世家》。㊽因劫众：趁势挟持县里的民众。㊾保：往依。㊿无为也：没意义，犯不着。(51)一败涂地：一旦失败，就不可收拾。(52)种族：灭种，灭族。(53)祠黄帝，祭蚩尤：古以黄帝、蚩尤为战神，祭祀战神，发动起义。(54)衅鼓：杀牲以血涂鼓。(55)上赤：崇尚赤色。(56)胡陵：秦县名，在今山东鱼台县东南。方与（yù)：秦县名，在今山东鱼台县北。(57)周章：陈涉起义军部将。戏：水名，源于骊山，流经今临潼东入于渭水，已涸。(58)项氏：指项梁、项羽。(59)五大夫将：有五大夫爵位的将领。五大夫，秦爵第九级。(60)襄城：秦县名，县治即今河南襄城县。(61)定死：确实已死。(62)怀王：指战国时楚怀王熊槐，前

328 至前 299 年在位。怀王受骗客死于秦，楚人怜之。故项梁立其孙熊心为楚王，仍假怀王之号以从民望。⑥盱台：秦县名，县治在今江苏盱眙县东南。台，读眙。⑥东阿：秦县名，县治在今山东阳谷县东北。⑥归：回归本国。⑥追北：追击败逃的秦军。⑥城阳：秦县名，县治在今山东鄄城东南。⑥濮阳：秦县名，县治在今河南濮阳县西南。⑥环水：濮阳城四周环水，易守难攻。⑦定陶：秦县名，县治即今山东定陶。⑦雍丘：秦县名，县治在今河南杞县。⑦李由：李斯子，为秦三川郡守。⑦外黄：秦县名，县治在今河南民权县西北。⑦宋义：项梁部将。⑦陈留：秦县名，县治在今河南开封市东南。⑦吕将军：陈胜部将吕臣。⑦赵歇：战国时赵国后裔，秦末为赵王。⑦巨鹿：秦县名，县治在今河北平乡县西南。⑦彭城：即今江苏徐州市。⑧司徒：官名，掌教化。⑧令尹：楚官名，司丞相之职。⑧范增：项梁谋士。⑧奋：愤激。⑧诸老将：指楚旧时遗臣，他们妒忌项羽，怂恿怀王钳制项羽，令项羽北救赵隶属于宋义。⑧僄悍猾贼：勇猛凶残。⑧无遗类：全部灭绝，没留下一人。⑧不如更遣句：不如另派一位忠厚的人仗义向西进军。扶义，仗义。⑧道：取道。成阳：即城阳。⑧杠里：秦县名。县治在今山东鄄城东南。夹壁：对垒。⑨楚军出兵击王离：指项羽的巨鹿之战。⑨高阳：古邑名，在今河南杞县西南。⑨郦食（yì）其（jī）：刘邦的谋士和说客。事详《郦生陆贾列传》。监门：即监门吏，秦代基层役吏。⑨踞床：坐在床上。床，类似板凳一类的坐具。⑨长揖（yī）：深深地拱手行礼。⑨摄衣谢之：整顿一下衣服，向郦生表示歉意。⑨郦商：郦食其之弟。事详《樊郦滕灌列传》。⑨开封：秦县名，县治在今河南开封市南。⑨白马：秦县名，县治在今河南旧滑县城东。⑨曲遇：古邑名，在今河南中牟县境内。⑩荥阳：秦县名，县治在今河南荥阳市东北。⑩颍阳：秦县名，县治在今河南许昌西南。按，《汉书·高帝纪》作"南攻颍川"。颍阳为颍川郡属县。⑩轘辕：关名，在今河南偃师县东南轘辕山中。⑩郦生：即郦食其。陆贾：刘邦谋士，与郦生同传。⑩啖（dàn）以利：诱之以利。啖，以食喂人。⑩武关：关名，在今陕西丹凤县东南。⑩蓝田：秦县名，即今陕西蓝田县。⑩卤：同掳。

⑩解：用懈。⑩汉元年十月：公元前 206 年，刘邦为汉王，为汉纪年之始。十月，阴历十月。⑩霸上：即白鹿原，在今陕西西安东南。⑪系颈以组：用丝带系着脖子。这是亡国的国君向别人投降时表示服罪的样子。组，丝条。⑫玺：天子印。符：铜质虎符，命将时所用。节：竹节状物，上加旄饰，使者持以为信物。⑬轵（zhǐ）道：即轵道亭，在今陕西西安市东北。⑭属吏：交给司法官员看管。⑮偶语者弃市：几个人在一起相对聚谈的，就处死。偶语，相对而语。弃市，斩于市曹。⑯伤人及盗抵罪：伤害人及盗窃财物的要按情节轻重判罪。⑰皆案堵如故：各安其位，一切如故。案堵，即安堵，没有变动。⑱待诸侯至而定约束：等各路诸侯的军队来到，再决定如何处置。

【评析】　古人迷信，总是要神化皇帝。相传刘邦的母亲困于池塘边，梦与神龙会，因而怀孕生下刘邦。刘邦长大，颜貌似龙，长颈而高鼻，须髯很美，左大腿上有七十二颗黑痣。刘邦待人宽厚仁义，乐善好施，豁达大度。

刘邦从小胸怀大志，不事农耕产业。三十岁时，试用补吏，担任了小小的亭长。有次去咸阳服徭役，他看到秦始皇出行时的威武宏大场面，不由得喟然长叹："嗟乎，大丈夫当如此矣！"沛令为客居的朋友吕公设宴请客，刘邦诡称有万钱朝贺，径自坐入上位。刘邦的派头和豪气，深为客居沛令家的吕公所赏识，吕公便主动把女儿吕雉许配给他。

秦二世元年（前 209 年）七月，陈胜、吴广起义，各地苦于秦朝苛政的百姓和六国旧贵族都纷纷响应。刘邦带领数百人回到沛县，与萧何、曹参、樊哙等人里应外合，攻下县城，杀死县令。众人公推刘邦主事，响应陈胜反秦。陈胜当时已为楚王，遵循楚国旧制，县宰称公，因此刘邦被拥立为沛公。刘邦宣誓就任，召集县中少年豪吏，得三千多人，然后率部转战于丰、沛等地，加入了浪涛滚滚的反秦斗争中。转战途中，他得到谋士张良，并在薛县（今山东枣庄）与楚国贵族项梁、项羽叔侄的义军会合。刘邦与项羽结拜为把兄弟，并肩作战。项梁在薛召集各路起义军会商，共立死于秦国的楚怀王之孙熊心为王，仍称楚怀王。

秦二世二年九月，项梁因骄傲轻敌，在定陶被秦将章邯打败，战死。正在围攻陈留的刘邦和项羽立即撤兵至彭城，并迁楚怀王于彭城。章邯打败项梁后，又移军攻打河北义军赵歇。赵歇被困，求救于彭城义军。楚怀王令宋义、项羽率军北上救赵，命刘邦进关中，攻咸阳。部队临行，楚怀王与诸将相约："先入定关中者王之。"

　　当时，秦兵强盛，义军诸将都存畏惧之心，以入关为难。独有项羽，愤恨秦兵杀项梁，愿与刘邦西入关中。而怀王的老将们都说："项羽为人剽悍，好为祸乱，所过无不残灭。宜派一位仁德宽厚之人，扶义而西，方可攻入咸阳。项羽不可遣，只有沛公，素来待人宽厚，可担此任。"因此，项羽的请求未得许可。

　　刘邦奉命后，收编了陈胜、项梁的散卒，他以"扶义而西"为口号，争取秦民支持，团结各种反秦力量，同时广揽人才，听取谋士献策，向西进伐。他联合皇欣、武满，攻克了栗县（今河南夏邑）；得彭越之力，攻昌邑（今山东金乡西北）。他采纳高阳看门小吏郦食其之策，取陈留，得到充足的补给；听从张良之谏，回兵围攻宛城（今河南南阳）；依陈恢之言，招降南阳郡守，并封侯，使秦朝地方官吏纷纷归降。刘邦军队纪律严明，所到之处秋毫无犯，受到沿途百姓拥护。

　　秦二世三年八月，刘邦军攻克武关，打开了关中的东南大门。此时，项羽已杀义军，代为上将军，在巨鹿把章邯、王离所率秦朝关东主力击溃，率40万大军杀向关中。

　　义军逼近，秦王朝内部乱作一团。内部矛盾迅速激化，内讧不断。先是秦丞相李斯与赵高争权，被赵高诬陷谋反罪死于非命，接着赵高又杀了秦二世，派人与刘邦相约，平分关中而王。刘邦不允。赵高想称帝，秦群臣不服，于是只好立秦始皇的孙子子婴为秦王。子婴为王后，杀赵高，发兵守峣关（在今陕西商县西北），负隅顽抗。刘邦用张良计，一面在峣关附近山上多树旗帜作疑兵，一面派郦食其、陆贾以利诱降守将。秦将为利所动，戒备疏忽，刘邦乘虚绕过峣关，在蓝田大破秦军，然后驻军霸上，兵临咸阳。

　　公元前206年十月，秦王子婴素车白马，颈上系着带子，手捧封好的皇帝印玺、兵符、节杖等，率大臣出城向刘邦投降，秦王朝灭亡。是年十月，史称高祖元年，又称汉元年。

子婴降后，有将领请求诛之。刘邦说："楚怀王派我西进，是因我能宽容待人，今子婴已降服，杀之不祥。"于是，将子婴交付狱吏看管。

刘邦入咸阳，本打算占据秦皇宫殿，经樊哙、张良指出，此乃步亡秦之后，他只好封闭宫殿府库，还军霸上。然后召集各县豪杰、父老，做收买人心的工作。刘邦说："父老苦于秦之苛法久矣！怀王与诸侯约定：先入关者王之。吾当称王关中。今与父老约法三章：杀人者死，伤人及盗抵罪。除此之外，秦法全部废除。吏民皆各行其事。吾所以来，是为父兄除害，非有所侵暴，不必害怕。"然后，刘邦派人与秦朝原来的官吏一道，去各地宣布自己的这番话。关中吏民大喜，争先恐后地送酒肉来犒劳将士。刘邦又推让说："仓里粮食多，不必父老费心。"吏民更加高兴，一心拥护刘邦，唯恐他不能当关中王。

此后，刘项相争五年，到公元前 201 年项羽失败，刘邦胜利，建立了汉朝，史称西汉，刘邦成了开国皇帝。

司马迁写高祖入关，在叙述史事的同时，还写出了刘邦获得成功的一些客观和主观原因。客观原因，秦政暴虐，人民起义风起云涌，刘邦审时度势，勇敢地加入了起义军行列。刘邦在西征途中避实击虚，项羽承担了主战场抗击秦军的重任，所以行文中时时插入对项羽的描写。主观原因，司马迁通过大量历史事实告诉读者，刘邦成功有着他个人的性格、才能和主观努力。刘邦秉性"仁而爱人"，在秦末严酷少恩的政治环境中，刘邦的性格很能得到群众的拥护。刘邦押送囚徒去骊山，由于途中有很多囚徒逃亡，他索性全部释放，反而赢得了一批"徒中壮士"的拥护，拉起了起义队伍。刘邦能当西路军统帅，也得益于他"仁而爱人"，楚怀王的诸老将都拥护刘邦。刘邦机敏过人，善于学习，能识人、用人。他当泗水亭长，并无出众的才能。他拉起队伍起义，形势迫使他博采众长，集思广益，这样，他在斗争中迅速地增长才干。善谋的张良，外交才干突出的郦食其等都佩服刘邦。韩信、陈平这样的智能之士，都是从项羽阵营投奔刘邦的。刘邦自己总结成功的经验时也说：

"夫运筹策帷帐之中，决胜于千里之外，吾不如子房；镇国家，抚百姓，给馈饷，不绝粮道，吾不如萧何；连百万之军，战必胜，攻必取，吾不如韩信。此三者，皆人杰也。吾能用之，此吾所以取天下也。项羽有一范增而不能用，此其所以为我擒也。"刘邦特别强调这一点，说明他重视人才、使用人才，这也是他主观努力发挥到极致的表现。总之，司马迁写高祖入关，写刘邦取天下，不是把他作为"神"来写，而是作为一个有雄才大略的政治家来写，如他怎样争取民心、怎样重视人才等。在今日世界经济一体化、高科技日新月异的形势下，无论是国际竞争，还是国内竞争，最重要的竞争是人才的竞争。有了人，特别是才干出众的人，什么奇迹都可以创造出来。朝为田舍郎，暮登天子堂的刘邦，是否给我们带来了有益的启示呢？

孝文本纪

本篇选自《孝文本纪》，讲述汉文帝躬行节俭，遗命不得厚葬的故事。节俭与不厚葬，看似平常，实际意义非常重大，中国历史上还没有第二个像汉文帝那样简朴与移风易俗的。所以司马迁称赞汉文帝是一个仁德之君。汉文帝，名恒，是汉高祖刘邦的第四子，西汉第三代皇帝。刘恒六岁时封为代王，居代十七年，二十三岁即皇帝位，在位二十三年，终年四十六岁。公元前179年至前157年在位。

汉文帝当政没有轰轰烈烈的事业，他对外坚持和亲，睦邻友好，对内不事兴作，休养生息，居安思危，励精图治，严以律己，宽以待人，是汉初黄老无为而治的较好执行者。汉文帝反对好大喜功，提倡扎扎实实办实事。他躬俭仁爱，关心民瘼，约法省禁，除肉刑，废关卡，封赏功臣，问民疾苦，奖励农耕，亲开籍田，减免田租，举贤良选贤才，察纳雅言，看似平平淡淡，却带来了天下太平，在中国历史上出现了国殷民富的文景之治。文景，指文帝、景帝两代皇帝。景帝是文帝之子，继续执行文帝的无为政治，所以历史上文景并称。

汉文帝俭约，超出了俭约本身的意义，因为一个皇帝近于苛刻的节俭，已经是一种精神，是身处高位的一种自律精神，它带给社会的楷模意义是无法估量的。这正是司马迁的写作宗旨所在，也是本篇节选的意义所在。

孝文后元六年①，天下旱，蝗。帝加惠：令诸侯毋入贡，弛山泽②，减诸服御狗马③，损郎吏员④，发仓庾以振贫民，民得卖爵。

孝文帝从代来，即位二十三年，宫室苑囿狗马服御无所增益，有不便，辄弛以利民。尝欲作露台⑤，召匠计之，直百金⑥。上曰："百金中民十家之产，吾奉先帝宫室，常恐羞之，何以台为！"上常衣绨衣⑦，所幸慎夫人，令衣不得曳地⑧，帏帐不得文绣，以示敦朴，为天下先。治霸陵皆以瓦器⑨，不得以金银铜锡为饰，不治坟⑩，欲为省，毋烦民。南越王尉佗自立为武帝，然上召贵尉佗兄弟，以德报之，佗遂去帝称臣。与匈奴和亲，匈奴背约入盗，然令边备守，不发兵深入，恶烦苦百姓。吴王诈病不朝，就赐几丈。群臣如袁盎等称说虽切，常假借用之⑪。群臣如张武等受赂遗金钱，觉，上乃发御府金钱赐之，以愧其心，弗下吏。专务以德化民，是以海内殷富，兴于礼义。

后七年六月己亥，帝崩于未央宫。遗诏曰："朕闻盖天下万物之萌生，靡不有死。死者天地之理，物之自然者，奚可甚哀。当今之时，世咸嘉生而恶死，厚葬以破业，重服以伤生，吾甚不取。且朕既不德，无以佐百姓；今崩，又使重服久临，以离寒暑之数，哀人之父子，伤长幼之志，损其饮食，绝鬼神之祭祀，以重吾不德也，谓天下何⑫！朕获保宗庙，以眇眇之身托于天下君王之上，二十有余年矣，赖天地之灵，社稷之福，方内安宁⑬，靡有兵革⑭。朕既不敏，常畏过行，以羞先帝之遗德；维年之久长，惧于不终。今乃幸以天年，得复供养于高庙，朕之不明与嘉之，其奚哀悲之有⑮！其令天下吏民，令到出临三日，皆释服⑯。毋禁取妇嫁女祠祀饮酒食肉者。自当给丧事服临者，皆无践⑰。絰带无过三寸⑱，毋布车及兵器⑲，毋发民男女哭临宫殿。宫殿中当临者，皆以旦夕各十五举声⑳，礼毕罢㉑。非旦夕临时，禁毋得擅哭。已下，服大红十五日，小红十四日，纤七日，释服㉒。佗不在令中者，皆以此令比率从事㉓。布告天下，使明知朕意。霸陵山川因其故，毋有所改。归夫人以下至少使㉔。"令中尉亚夫为车骑将军，属国悍为将屯将军㉕，郎中令武为复土将军㉖，发近县见卒万六千人㉗，发内史卒万五千人㉘，藏郭穿复土属将军武。

乙巳㉙，群臣皆顿首上尊号曰孝文皇帝。

【注释】　①孝文后元六年：公元前158年。②弛山泽：解除山泽之禁，令民樵、采、渔、猎。③减诸服御狗马：裁减宫中服御狗马等奢玩之物。④损郎吏员：精减郎官。汉郎官无定员，经常千余人。⑤露台：赏景的楼台，在新丰南骊山上。⑥直百金：用费需一百万。金，黄金货币单位，一斤为一金，值铜钱一万。⑦绨衣：黑色的粗丝衣。⑧令衣不得曳地：着短裙以省衣料。古华饰裙装曼长曳地。⑨霸陵：文帝寿陵，在今西安市北。⑩不治坟：因山为冢，不垒坟墓。⑪群臣二句：尽管群臣如袁盎等论说抑制诸侯王很急迫，文帝仍然宽容对待。假借，以他事缓解，即宽容待诸侯。⑫今崩八句：现今死后，又令百姓长久服丧痛哭，经历寒来暑往漫长的时日，使百姓父子哀伤，老幼的身心都受到损伤，减少饮食，断绝祭祀鬼神，这只增我的不德，怎么对得起天下人民呢！重服，长久服丧。临，哭死者为临。⑬方内安宁：国内外太平。方，外。内，中。方内，犹言中外。⑭靡有兵革：没有战争。⑮今乃四句：现在我竟然得享天年，又能在高祖庙中享受供品，以我之不明而得到这样好的结果，还有什么悲哀的呢！乃，竟然。奚，什么。⑯令到二句：遗诏到达后，只哭临三日就都卸去丧服，恢复正常生活。⑰自当二句：应当服丧的亲戚子弟们，也都不要光着脚。践：有两解。孟康曰：

"践，跣也。"古代服丧要哀切。跣，即光着脚，表现十分哀切。服虔训践为靳，谓不要服斩衰。斩衰服，即穿没有剪辑的粗麻衣，丧期三年。⑱绖（dié）带：即披麻戴孝，头上腰间系的麻制带子。⑲毋布车及兵器：不要在车子和兵器上挂上丧布。⑳十五举声：哭喊十五声。㉑礼毕罢：哭丧如仪而止。㉒已下五句：谓已下葬之后，服大功十五天，小功十四天，禫七日，即除去丧服。大红：即大功，如礼应服丧九个月。小红：即小功，应服丧五个月。纤：即禫，缌麻衣，应服丧三十六日。古丧礼，亲戚子弟依亲疏远近服不同等级的丧，文帝遗诏从简。㉓比率从事：类比照办。㉔归夫人以下至少使：把宫中从夫人以下至少使七级嫔妃全部放归回家。皇帝嫔妃夫人以下有美人、良人、八子、七子、长使、少使等七级。㉕属国：官名，掌蛮夷归降者。悍：徐悍。将屯将军：监管各地驻军。皇帝逝世，在易主之际，置将屯将军指挥加强各屯兵警戒。㉖武：张武。复土将军：主持葬礼封坟之事。㉗见卒：服现役的士兵。㉘内史卒：京师警卫队士兵。㉙乙巳：六月七日。

【评析】　汉文帝是中国历史上最有名的节俭皇帝，也是政治上最开明的皇帝之一。生活节俭是政治开明的折光反射。节俭的目的是开社会风气之先，上行下效，减少国家开支，减轻农民负担。

秦末战乱，造成社会生产力的极大破坏。西汉建立，百废待兴，全国经济残破，公私之积都非常贫乏。皇帝出行或举行庆典，没有财力用同一颜色的马拉车，公卿将相大臣，许多要乘牛车，老百姓四壁徒立，没有积蓄，缺吃少穿。物价飞涨，一石米要值一万钱。经过高祖、吕后时期的复苏，老百姓吃的穿的有了一些改善，但经济恢复仍然没有根本好转。汉文帝从代来，以诸侯入承大统，对百姓生活维艰的情况十分了解。汉文帝即位的第二年就下诏举贤良，广开言路，废除诽谤罪的刑律，表示了励精图治的决心。

为了调动农民生产的积极性，汉文帝十分注重减轻百姓的负担。他大力提倡以农为本，亲开籍田，多次发布诏令劝课农桑，时时关心人民疾苦。公元前158年，是一个大旱的年头，蝗虫成灾，粮食减产，百姓生活艰难。文帝看到这种情况，非常痛心，立即下令诸侯不要进贡，取消了山林川泽的禁令，允许百姓到这些地方去渔猎，同时他还减少皇家支出，裁减朝廷官员，发放仓库的粮食以救济贫民。公元前 167 年，汉文帝又"除田之租税"。

　　轻徭薄赋，奖励生产是开源。减少开支，生活节俭是节流。一个社会，一个国家，在重创中复苏，节流与开源同等重要。汉文帝大力提倡节俭，身体力行，从自身做起，从皇宫做起，严于自律，近似苛刻，为史家所称道。国家要修一座"露台"，也就是观星台，相当于现在的气象台，也兼观景之用。经过工匠估算，要花费百斤黄金，相当于中等人家十家的财产。这对于一个大国皇帝，根本不算什么。但汉文帝却说："我现在住在先帝的宫室，还经常害怕对不起先帝，现在为什么要花这么多黄金来建造一座露台呢？"于是他打消了建露台的念头。文帝自己常常穿着粗丝衣服，对后宫妃嫔的要求也很严，从不允许她们有过分的要求，就连他最宠爱的慎夫人，穿的衣服也不许长到拖地，用的帏帐不得用文绣。文帝即位二十三年，他的宫室、园圃几乎没有重新装饰，他的马车、服饰和日常御用器具等，也基本上没有增加。他这样做的目的，就是给天下作出表率。看来文帝非常懂得上行下效、上梁不正下梁歪的道理啊！

　　我国古代王朝的皇帝，在他们刚即位时，就开始修建自己的陵墓，不少帝王将陵墓修得富丽堂皇，为的是死后也能过上舒服的生活。而文帝让人修建自己的陵墓——霸陵时，规定只许用瓦器，不准用金、银、铜、锡等贵重金属装饰，也不修造高大的坟冢，这样也是为了厉行节约，以免烦扰百姓。

　　公元前 157 年，文帝驾崩。他深恐自己死后的丧事会给百姓增加负担，因此在遗诏中明确指出："我听说天下万物出生后，没有不死的，既然死是天地间的常理，生物的自然法则，那么死亡又有什么可怕的呢？现在一般人死后，都讲究厚葬，但这会导致破产，长期服丧也会损害身体，我极不赞成这种做法。"因此，文帝下令天下，从简办丧，只许为他守丧三天。在守丧期间，也不禁止民间的婚嫁祭祀。他甚至对亲戚们服丧的孝带的宽度、宫中哭祭者哭声的次数等都作了具体规定，深恐自己死后再给百姓带来什么烦扰。

汉文帝作为一个富有四海的天子，能够这样勤俭朴实、廉洁自律，且对生死又如此达观，确实可称得上是一位开明仁厚的君主。司马迁称赞汉文帝"专务以德化民"，又说他"德至盛也"，切合实际，并非过誉。所以在汉文帝后期，西汉经济迅速恢复，朝野一心，内外归服，出现了"海内殷富，兴于礼义"的太平盛世。人民没有忧愁，六七十岁的老翁乐游嬉戏，如同小孩子一般。

一个人的力量有限，但作为最高统治者，他的一言一行都有着巨大的表率作用。在上位的人做事，如果都能做到"仰畏天命，俯畏人言"，那他眼中必定不会只有"权"和"钱"二字，办事也决不草率。如果一个君主能做到这一点，那受惠的将是天下苍生了。

世家

世　家

司马贞曰："系家者，记诸侯本系也，其言下及子孙常有国。故孟子曰：'陈仲子，齐之系家。'又董仲舒曰：'王者封诸侯，非官之也，得以代为家也。'"（《吴太伯世家·索隐》）刘知几曰："案世家之为义也，岂不以开国承家，世代相续。"又曰："司马迁之记诸国也，其编次之体与本纪不殊，盖欲抑彼诸侯，异乎天子，故假以他称，名为世家。"（《史通》卷二《世家》）即定名"世家"之义有三：

1. 记诸侯列国史。

2. 载传代家世。

3. 世家与本纪同体，均编年记事，因有别于天子等第而别名"世家"。

三十世家目次如下：（一）吴太伯世家、（二）齐太公世家、（三）鲁周公世家、（四）燕召公世家、（五）管蔡世家、（六）陈杞世家、（七）卫康叔世家、（八）宋微子世家、（九）晋世家、（十）楚世家、（十一）越王勾践世家、（十二）郑世家、（十三）赵世家、（十四）魏世家、（十五）韩世家、（十六）田敬仲完世家、（十七）孔子世家、（十八）陈涉世家、（十九）外戚世家、（二十）楚元王世家、（二十一）荆燕世家、（二十二）齐悼惠王世家、（二十三）萧相国世家、（二十四）曹相国世家、（二十五）留侯世家、（二十六）陈丞相世家、（二十七）绛侯世家、（二十八）梁孝王世家、（二十九）五宗世家、（三十）三王世家。本书选评五篇世家。

吴太伯世家

本篇选自《吴太伯世家》。吴太伯，周代祖先古公亶父的长子，史失其名，传说他因体察古公亶父的心意，决定把王公的继承权让给三弟季历，以便季历传其子周文王姬昌，于是偕二弟仲雍避居勾吴，成为吴国的始祖。周武王追封为吴伯，故史称吴太伯（据《集解》韦昭说）。太伯让国，受到孔子的高度称赞。孔子说："太伯其可谓至德也已矣，三以天下让，民无得而称焉。"（《论语·太伯》）太伯死，无子，由仲雍继立为勾吴主。周武王克殷时，仲雍已卒，武王封其子周章。司马迁为了表彰吴太伯的让德，以及创立吴国之功。以"吴太伯"命名吴世家，并列为世家之首。吴太伯十九传至寿梦而称王，其时在公元前585年。寿梦称王又六传王位至夫差二十三年亡于越，其时在公元前473年。吴称王历史凡113年。

季札是吴王寿梦之第四子，吴太伯第二十代孙，他实实在在三让天下，达到美德的巅峰。季札有三位兄长，依次为长兄诸樊、次兄馀祭，三兄馀眛。兄弟和睦，孝悌有加，季札最贤。寿梦称王，欲光大吴国，要传位季札，季札不受，一让天下。寿梦临终传位长子诸樊，嘱其传位季札。诸樊遵父遗言，丧服期满，让位季札，季札不受，二让天下。公元前548年，诸樊去世，传位二弟馀祭，留下遗言兄弟相继传位季札。公元前531年，馀祭去世，传位三弟馀眛。公元前527年，馀眛去世，传至季札，季札仍辞不受，三让天下。而季札之侄辈诸樊之子与馀眛之子却争夺王位，致使吴国内乱，两相对照，季札让国的美德更显高尚而伟大。

吴王寿梦卒。寿梦有子四人，长曰诸樊，次曰馀祭，次曰馀眛，次曰季札。季札贤，而寿梦欲立之，季札让不可，于是乃立长子诸樊，摄行事当国。

王诸樊元年，诸樊已除丧，让位季札。季札谢曰[①]："曹宣公之卒也，诸侯与曹人不义曹君[②]，将立子臧，子臧去之，以成曹君，君子曰，'能守节矣'。君义嗣[③]，谁敢干君！有国，非吾节也。札虽不材，愿附于子臧之义。"吴人固立季札，季札弃其室而耕，乃舍之。

十三年，王诸樊卒。有命授弟馀祭，欲传以次，必致国于季札而止，以称先王寿梦之意，且嘉季札之义，兄弟皆欲致国，令以渐至焉④。季札封于延陵⑤，故号曰延陵季子。

四年⑥，吴使季札聘于鲁⑦，请观周乐⑧。

去鲁，遂使齐。说晏平仲曰⑨："子速纳邑与政⑩。无邑无政，乃免于难。齐国之政将有所归；未得所归，难未息也。"故晏子因陈桓子以纳政与邑，是以免于栾高之难⑪。

去齐，使于郑。见子产，如旧交。谓子产曰："郑之执政侈⑫，难将至矣，政必及子。子为政，慎以礼⑬。不然，郑国将败。"去郑，适卫。说蘧瑗、史狗、史鰌、公子荆、公叔发、公子朝曰："卫多君子，未有患也。"

自卫如晋，将舍于宿⑭，闻钟声⑮，曰："异哉！吾闻之，辩而不德，必加于戮⑯。夫子获罪于君以在此，惧犹不足，而又可以畔乎⑰？夫子之在此，犹燕之巢于幕也⑱。君在殡而可以乐乎⑲？"遂去之。文子闻之，终身不听琴瑟⑳。

适晋，说赵文子、韩宣子、魏献子曰㉑："晋国其萃三家乎㉒！"将去，谓叔向曰："吾子勉之！君侈而多良，大夫皆富，政将在三家㉓。吾子直，必思自免于难㉔。"

季札之初使，北过徐君。徐君好季札剑，口弗敢言。季札心知之，为使上国，未献。还至徐，徐君已死，于是乃解其宝剑，系之徐君冢树而去。从者曰："徐君已死，尚谁予乎？"季子曰："不然。始吾心已许之，岂以死倍吾心哉㉕！"

十七年，王馀祭卒，弟馀昧立。

四年，王馀昧卒，欲授弟季札。季札让，逃去。于是吴人曰："先王有命，兄卒弟代立，必致季子。季子今逃位，则王馀昧后立。今卒，其子当代。"乃立王馀昧之子僚为王。

公子光者，王诸樊之子也。常以为"吾父兄弟四人，当传至季子。季子即不受国，光父先立。即不传季子，光当立"。阴纳贤士，欲以袭王僚。

十二年冬，楚平王卒。十三年春，吴欲因楚丧而伐之，使公子盖馀、烛庸以兵围楚之六、灊㉖。使季札于晋，以观诸侯之变。楚发兵绝吴兵后，吴兵不得还。于是吴公子光曰："此时不可失也。"告专诸曰："不索何获㉗！我真王嗣，当立，吾欲求之。季子虽至，不吾废也。"专诸曰："王僚可杀也。母老子弱㉘，而两公子将兵攻楚，楚绝其路。方今吴外困于楚，而内空无骨鲠之臣，是无奈我何。"光曰："我身，子之身也。"四月丙子，光伏甲士于窟室㉙，而谒王僚饮㉚。王僚使兵陈于道，自王宫至光之家，门阶户席，皆王僚之亲也，人夹持铍㉛。公子光佯为足疾，入于窟室，使专诸置匕首于炙鱼之中以进食。手匕首刺王僚，铍交于匈㉜，遂弑王僚。公子光竟代立为王，是为吴王阖闾。阖闾乃以专诸子为卿。

季子至，曰："苟先君无废祀，民人无废主，社稷有奉，乃吾君也。吾敢谁怨乎？哀死事生，以待天命㉝。非我生乱，立者从之，先人之道也㉞。"复命㉟，哭僚墓，复位而待㊱。吴公子烛庸、盖馀二人将兵遇围于楚者，闻公子光杀王僚自立，乃以其兵降楚，楚封之于舒㊲。

【注释】　①季札谢曰云云：季札自比于曹公子子臧以让国。曹宣公，即伯庐，于鲁成公十三年会晋侯伐秦，卒于师。宣公庶子负刍杀宣公世子而自立，是为曹成公。鲁成公十五年，晋侯会诸侯讨曹成公，执而归诸京师，晋欲请周王立曹成公弟公子子臧，子臧守节不肯而逃奔宋。季札效仿子臧让国。②曹君：指曹成公。③君义嗣：谓诸樊是嫡长子，嗣位合于礼义。④渐至：逐渐达到。指季札的几位兄长都想传国于季札，于是依次嗣位用渐进的办法达到目的。⑤延陵：邑名，在今江苏武进。⑥四年：吴王馀祭四年，当鲁襄公二十九年，即公元前544年。⑦聘：出使。⑧周乐：杜预曰："鲁以周公故，有天子礼乐。"鲁人依次为季札演奏风、雅、颂各种周乐，季札依次作出评论，表明他的文化修养很高。这些周乐，孔子整理为《诗三百》，即流传至今的《诗经》。⑨晏平仲：齐相晏婴，字仲，平为谥号。⑩纳邑与政：交还封邑与政权。⑪栾高之难：鲁昭公十年（前532），栾施、高强欲灭陈桓子、鲍国二氏，陈、鲍先发难攻栾、高，栾、高二氏兵败奔鲁。晏婴在这场变难中严守中立，安然无恙。⑫郑之执政：指伯有，郑穆公之子、子产之弟。侈：荒淫无度。⑬慎以礼：谨慎小心，以礼治国。⑭宿：卫孙文子的封邑，读"戚"，在今河南濮阳县北。⑮闻钟声：指孙文子击磬作乐。⑯辩而句：辩，指孙文子以臣逐君，既为变乱，而又不德，必遭戮。孙文子在卫献公十三年曾以戚叛，出献公。辩，通变，变乱。⑰畔：通般，乐也。《左传》原文作"惧犹不足，而又何乐？"⑱幕：帐幕，随时可撤，燕巢于幕，喻身处险境。⑲君在殡：指卫献公卒而未葬。⑳琴瑟：乐之小者。孙文子听了季札的批评，从此不作乐，表明他闻义能改。㉑赵文子：赵武之谥。韩宣子：韩起之谥。魏献子：魏荼之谥。㉒萃：集中。㉓君侈三句：晋君奢侈，则人心离，而大夫多良且富，人心归之，故政将移于三家。㉔吾子直二句：谓叔向正直不与恶势力妥协，所以容易受难，要多思避难之计。㉕倍：通背。㉖盖馀、烛庸：两人为吴王僚之弟。六、灊：两邑名。六在今安徽六安之北。灊，即今安徽霍山县。㉗不索何获：不去追求，哪能有收获。㉘母老子弱：谓吴王僚母老子弱，二弟又陷于楚，只要刺死吴王僚，即无人为僚主政，公子光可得王位。㉙窟室：地下室。㉚谒：迎请。㉛人夹持铍：每人左右两手皆持利刃。铍，两刃小刀。㉜铍交于匈：指数把利刃同时刺进专诸之胸。吴王僚被刺，他的侍从亦杀专诸。匈，同"胸"。㉝以待天命：以顺应天命。㉞非我生乱三句：这场祸乱不是我制造的，谁当了国君就服从谁，这是祖宗遗训。㉟复命：向吴王阖闾报告出使之命。㊱复位而待：复居本职以听新君之命。㊲舒：即今安徽舒城县。

【评析】　古往今来，无论中外，许多人为了争权夺利，不惜同室操戈，骨肉相残。春秋之中，弑君三十六，亡国五十二，子弑父，弟杀兄，史不绝书。吴太伯世家，在其历史发展过程中，前有吴太伯，后有季札，一个家族，两次三让天下，特别是在世风相争的春秋时代，季札三让天下，实在是达到了美德的巅峰。

季札封在延陵，世称延陵季子。季札天资聪颖，品德高尚，学识渊博，他不仅具有敏锐的政治头脑，能够见微知著，辨别善恶，而且颇富外交家的才具，多次肩负重任，出访中原，深得各国诸侯和贤臣名相的信赖，是位众望所归的公子。公元前 561 年，寿梦去世。寿梦生前想让季札继承王位，但季札避让坚辞，寿梦只好让长子诸樊执掌国政，但留下遗言，让诸樊来完成传位季札的使命。

公元前 544 年，季札受吴王馀祭之托出访中原各国。季札先到了鲁国，听到鲁国所演奏的乐曲，他一一作出评论，表现了他博学宏物与高度的艺术修养。季札又到了齐国，从齐国大夫的待人接物中，看到齐国即将有动乱，季札就劝齐相晏婴尽快交出封地，辞去官职，避免灾祸。晏婴听了劝告，后来果免于祸。季札离开齐国，到了郑国，见到子产，两人如遇故人，滔滔不绝纵论天下大事。季札对子产语重心长地说："郑国当今执政的人奢华放纵，盛气凌人，大难将要降临。治理郑国的重任一定会落在您的肩上。你执政时要小心谨慎，以礼治国，郑国有救。"子产正襟危坐，神色严肃，点头称是。后来子产果然执政，成为春秋时代最著名的政治家。最后，季札到了晋国，他很欣赏赵文子、韩宣子、魏献子。晋国执政叔向盛礼款待季札，临别时虚心向季札求教，展望晋国政治。季札见叔向诚心，也毫不客气地说："你努力吧。晋君骄奢淫逸，晋良臣众多，大夫豪富，政权将落入韩、赵、魏三家。你为人刚直，定要慎重行事方免于祸，保重啊，保重!"

这次季札出访，路过徐国。徐君盛情接待，他看上了季札的佩剑，请求观赏，爱不释手。季札看出徐君想讨这把宝剑，作出了各种暗示，不忍开口。因为这宝剑是使节的象征，季札心里已经决定送给徐君，但要出访完成，返回时再送，便硬着心肠收回了宝剑。等到季札返回途中，徐君已撒手人寰。季札悔恨不已，来到陵园吊祭。季札悲怆肃穆，行礼之后，解下宝剑，郑重地挂在徐君墓前一株小松树上。随从人员迷惑不解，问道："徐君已死，那宝剑还给谁呀?"季札说："当初，我内心已答应徐君，怎能因为他的去世就违背自己的心愿呢？"这故事史称"季札挂剑"，历代传为美谈。

季札是个全才，他懂政治，懂艺术。吴王寿梦是一个贤君，他传位选贤，打破宗法制，是一个进步。季札太看重宗法礼制，比父亲的观念要落后，但他礼让的精神，不俗的修善，崇高的美德，为世人立楷模，受到历代人们的传颂。江苏丹阳县有季子墓，墓前有块十字碑，文曰："呜呼有吴延陵季子之墓。"一声慨叹，意味深长。清朝前期诗坛领袖王士禛有《丹阳十字碑》绝句一首，曰：

> 延陵风义著勾吴，十字千年映练湖。
>
> 却去阖闾城畔望，可怜麋鹿满姑苏。

诸樊之子公子光不满馀眜之子僚继位为吴王，说："季札叔叔当吴王是祖父留下的遗愿。季札不当吴王，理应长子继承，王位要归还我。"于是他阴养死士，令季札出使，又趁吴王僚兄弟出征的机会，指使专诸刺杀吴王僚，夺了王位，这就是吴王阖闾，又写作阖庐。季札回国，吊祭吴王僚，回到臣子之位，听命于阖庐。阖庐传位儿子夫差，夫差穷兵黩武，与齐、晋争霸，丧了元气，被越王勾践所灭。阖庐争位，二世而亡。故王士禛叹曰：阖庐城头麋鹿跑，哪比得上季子高义传千秋。

但是，季子之让也不是十全十美。太伯让国兴起了吴。季札让国导致了内乱。同一事理，环境不同，效果完全不同。太伯让国，远离是非之地，另辟天地，可以说是内让而外争。季札让国，还置身旋涡之中，只做到了洁身自好，无益于国。如果季札按兄终弟及之序，继馀眜为吴王，或者主持是非，自己让位于公子光或吴王僚，是否可以避免吴国的内争呢？季札完全置身事外，又不离开吴国，只是一味地礼让，为了个人洁身自好而不顾大局，是对国家、对宗庙不负责任的表现，大节不值得称赞。也就是说，无原则的让、无益于国事大局的让，应该批评。政治大事，有时还要以斗争求团结。不过季札的三让天下，在世人无止无休争权夺利的对照下，毕竟是应该受到赞扬的。

鲁周公世家

　　本篇选自《鲁周公世家》。鲁国是周公旦的封国，在今山东泰山之阳，都曲阜，是西周武王所封的大国之一。周公旦留京师辅佐武王，由其子伯禽就封。《鲁周公世家》记载鲁国历史及其世系，对《春秋》十二公记载亦详，突出了礼乐崩坏、伦理堕废的历史过程，揭示历史变迁的轨迹，比《左传》简略而明晰。周公辅政功绩，制礼作乐成就，礼贤待士的气度，在《鲁周公世家》中也是重笔所写的内容。本文所选，是周公告诫伯禽就封于鲁的一段训示，是周公为人处世的真实写照。

　　周公使其子伯禽代就封于鲁。周公戒伯禽曰：“我文王之子，武王之弟，成王之叔父，我于天下亦不贱矣。然我一沐三捉发，一饭三吐哺①，起以待士，犹恐失天下之贤人。子之鲁，慎无以国骄人。”

　　【注释】　①一沐三捉发，一饭三吐哺：洗一次头三次提发，吃一顿饭三次放下饭碗。此言周公不敢怠慢贤士。

　　【评析】　周公姬旦，是西周开国功臣之一，我国历史上著名的贤相。周公辅佐武王灭殷，辅佐成王治国，开创西周一代制度，奠定西周盛世基础。周公谦虚谨慎，思贤若渴，也留下了不少动人的故事。
　　成王即位，封周公于鲁。周公留京辅政，就让他的大儿子姬伯禽到封地上去做鲁侯。伯禽上路，周公送行，谆谆告诫伯禽就是到了封地鲁国，最大的政务即访求贤才，不要以富贵骄人。周公对儿子伯禽说：“我是你祖父文王的儿子，你大伯武王的弟弟，当今国君成王的叔父，可以说地位除天子周王一人外，无人可比。即使这样，我一刻也不肯懈怠，虚心接待士。我洗一次头，要三次中断提发；吃一顿饭，要三次放下碗筷。原因是，有贤士来访，我立即接见，所以中断了洗头，或中断了吃饭，即使这样，我还担心遗漏了贤士。你是我的儿子，得到天子恩典，如今被封鲁国。你就任后要礼贤待士，决不怠慢来访人士。你千万记住，不可富贵骄人，团结了民众，大家安居，才是我的好儿子。"伯禽也没有辜负周公教育，他治理鲁国，讲究礼义，网罗人才，使鲁国成为保存周文化传统最多的国家。

　　成语"捉发吐哺"，就是从周公告诫伯禽的这段话来的。

齐太公世家

　　本篇选自《齐太公世家》。齐国是周初功臣太公吕尚的封国，在今山东北部地区。春秋时齐国逐渐强大，扩展领土，成为东方大国，在桓公时称霸诸侯。齐桓公称霸，得力于管仲辅佐。管仲原是齐桓公的政敌，曾一箭射中齐桓公，幸亏被齐桓公衣服上装饰的带钩挡住了箭头，要不然齐桓公就被管仲射死了。起初，齐桓公恨管仲恨得咬牙切齿，一定要处死管仲。由于管仲朋友鲍叔牙的极力推荐，齐桓公捐弃前嫌，任用管仲为国相，推行改革，使齐国大治，国富兵强，齐桓公称霸。君明臣贤，留下一段历史佳话。

　　管仲，名夷吾，字仲，颍上（今安徽颍上县）人，春秋时齐国著名的政治家和思想家，《史记》卷六十二有传，与齐晏婴合传，称《管晏列传》。管仲相齐四十余年，审时度势，进行一系列政治、经济、军事和外交的改革，使齐国迅速崛起，齐桓公成为春秋五霸中的第一个霸主。史称"齐桓公以霸，九合诸侯，一匡天下，管仲之谋也"。如果说管仲是千里马，鲍叔牙和齐桓公都是伯乐。两人如鱼水，缺少了任何一人，就演绎不出桓公称霸的故事。

　　桓公元年春①，齐君无知游于雍林②。雍林人尝有怨无知，及其往游，雍林人袭杀无知，告齐大夫曰："无知弑襄公自立，臣谨行诛。唯大夫更立公子之当立者，唯命是听。"

初，襄公之醉杀鲁桓公，通其夫人，杀诛数不当，淫于妇人，数欺大臣，群弟恐祸及，故次弟纠奔鲁。其母鲁女也。管仲、召忽傅之。次弟小白奔莒③，鲍叔傅之。小白母，卫女也，有宠于僖公。小白自少好善大夫高傒。及雍林人杀无知，议立君，高、国先阴召小白于莒④。鲁闻无知死，亦发兵送公子纠，而使管仲别将兵遮莒道，射中小白带钩。小白佯死，管仲使人驰报鲁。鲁送纠者行益迟，六日至齐，则小白已入，高傒立之，是为桓公。

桓公之中钩，佯死以误管仲，已而载温车中驰行⑤，亦有高、国内应，故得先入立，发兵距鲁。秋，与鲁战于乾时⑥，鲁兵败走，齐兵掩绝鲁归道。齐遗鲁书曰："子纠兄弟，弗忍诛，请鲁自杀之。召忽、管仲仇也，请得而甘心醢之。不然，将围鲁。"鲁人患之，遂杀子纠于笙渎⑦。召忽自杀，管仲请囚。桓公之立，发兵攻鲁，心欲杀管仲。鲍叔牙曰："臣幸得从君，君竟以立。君之尊，臣无以增君。君将治齐，即高傒与叔牙足也。君且欲霸王，非管夷吾不可。夷吾所居国国重，不可失也。"于是桓公从之。乃佯为召管仲欲甘心，实欲用之。管仲知之，故请往。鲍叔牙迎受管仲，及堂阜而脱桎梏⑧，斋祓而见桓公⑨。桓公厚礼以为大夫，任政。

桓公即得管仲，与鲍叔、隰朋、高傒修齐国政，连五家之兵⑩，设轻重鱼盐之利⑪，以赡贫穷，禄贤能，齐人皆悦。

【注释】　①桓公：齐桓公小白、襄公之弟，公元前 685 至前 643 年在位，是春秋时代第一个霸主。②雍林：邑名，不详。此云雍林人杀无知。《秦本纪》作"齐雍廪杀无知"，与《左传》同。司马迁两传存疑。雍廪，人名，渠丘大夫，渠丘即葵丘。雍林或在葵丘附近。③莒：古国名，在今山东莒县。鲍叔傅之。小白母，卫女也，有宠于僖。④高、国：高国二氏受周天子命，为齐国世卿。⑤温：通辒。温车，即辒车，又名辒凉车，一种封闭严密而又有通风设备的卧车。后世作为丧车的专名。⑥乾时：地名，在临淄西南。⑦笙渎：《左传》作"生窦"，鲁地

名，在今山东菏泽市北。⑧堂阜：齐邑名，在今山东蒙阴县西北。桎
梏：刑具。⑨斋被：沐浴更衣，使身清洁谓之斋；举行祈福的祭祀谓之
被。⑩五家之兵：管仲治齐规定的户籍编制，五家为一轨，十轨为一
里，四里为一连，十连为一乡，并依此编制军队。⑪轻重：国家权衡钱
谷贵贱所采取的均衡经济政策，如调盈济虚、平衡物价、抑制兼并等。

【评析】　　齐桓公是齐襄公的弟弟。齐襄公名姜诸儿，他继位国君
后荒淫无耻，与鲁桓公的夫人，自己的妹妹私通，事情败露，暗中派大
力士杀了鲁桓公，结怨鲁人。齐襄公对身边左右的人也经常施暴，又多
次欺侮大臣，结怨于内。齐襄公还嫉妒两个贤能的弟弟，一个叫公子
纠，其母是鲁国公室之女；一个就是姜小白，其母是卫国公室之女。齐
国大夫召忽是公子纠的师傅，鲍叔牙是公子小白的师傅。小白还与大夫
高傒很好。齐襄公无道，公子纠逃到鲁国母家避难，小白在高傒等人保
护下住在莒国——齐的附属小国。

公元前 685 年，公孙无知怨襄公，与管至父等人谋作乱，杀了齐襄
公，齐国内乱。避难鲁国的公子纠与避难莒国的公子小白，回齐国争
位。这时管仲辅佐公子纠，他率领了一个支队的鲁兵拦阻在莒国通往齐
都临淄的路上。公子小白在鲍叔牙的辅佐下，率兵从莒国往都城赶，高
傒在齐都城作小白的内应。公子纠与公子小白，两人赛跑，谁先进入齐
都，谁就可以捷足先登立为齐君。

鲍叔牙和管仲是好朋友。想不到齐国内乱，鲍叔牙与管仲各为其
主，双方成了你死我活斗争的对头。管仲挡住鲍叔牙等前进的道路。鲍
叔牙请出公子小白出来安抚管仲，劝管仲辅佐自己。管仲不听，弯了一
箭向公子小白射去，一箭射中小白，却被衣带钩挡住箭头，小白没有受
伤，但小白十分机灵，立即倒下装死。管仲趁机指挥鲁军冲杀上去，打
败了公子小白的齐军。鲍叔牙率领残军，带着假死的小白向莒城方向逃
回。管仲十分高兴，他被胜利冲昏了头脑，与公子纠合兵后放慢了进军
速度，走了六天才到达齐都。这时公子小白已赶在前面进了齐都，并被
齐国大夫立为国君，这就是齐桓公。

齐桓公发兵拒鲁，在齐都临淄西南郊的乾时打败了鲁军。鲁军溃退，归路又被齐兵切断。齐桓公发重兵围困鲁兵，定要捉拿管仲，以报一箭之仇。这时鲍叔牙进谏齐桓公说："管仲是个有才干的人，臣等赶不上他。您若只是治理好齐国，用臣和高傒就够了。您若想称霸，干一番大事业，没有管仲就不行。"齐桓公答应赦免管仲，并委托鲍叔牙去与鲁军交涉。鲍叔牙代表齐桓公致辞鲁人说："公子纠是我亲兄弟，请鲁君处置，管仲、召忽是我的仇人，必须把他们交给我亲自处治才甘心。只要贵方答应这些条件，齐军就可以让开大路。"鲁人只好照办，在笙渎这个地方杀死公子纠，召忽自杀，管仲请囚。齐军让开了道路，鲁人交出了管仲。鲍叔牙押着管仲，一进入齐境，就立即释放他。

齐桓公破格任用管仲，管仲感谢齐桓公宽宏大度与知遇之恩，尽心治理齐国。鲍叔牙、隰朋、高傒等齐国大夫也都信服管仲，大家齐心协力治理齐国，又进行了一系列改革，齐国很快就富强起来，齐国人民都非常高兴。

成语"一箭之仇"就出自齐桓公与管仲相知相遇的故事。人际关系，常常是"报一箭之仇"还是"化干戈为玉帛"的两难选择，进一步坠入深渊，退一步天宽地阔，合则双赢，分则两害。道理都好懂，实践却十分困难，"齐桓公捐嫌任管仲"的故事，可以给我们以深刻的警示。

越王勾践世家

本篇选自《越王勾践世家》。越在今浙江境内，在古代是一个偏远的小国，春秋初尚未通于上国，故略无世系。越兴起于春秋战国之交，相传为禹的苗裔。《越王勾践世家》，主要记叙越王勾践报仇雪耻的故事，篇末附记佐勾践灭吴的大臣范蠡的轶事。越王灭吴后，范蠡功成身退，弃政从商，住到齐国的定陶，经商发财，富可敌国，人称陶朱公。朱公有三子。中子在楚国杀人被拘，朱公长男救弟，千金铺路，终究载尸以归，其中充满着人情世故与尔虞我诈，十分有趣。

朱公居陶，生少子。少子及壮，而朱公中男杀人，因于楚。朱公曰："杀人而死，职也。然吾闻千金之子不死于市①。"告其少子往视之。乃装黄金千溢②，置褐器中，载以一牛车③。且遣其少子，朱公长男固请欲行，朱公不听。长男曰："家有长子曰家督，今弟有罪，大人不遣，乃遣少弟，是吾不肖。"欲自杀。其母为言曰："今遣少子，未必能生中子也，而先空亡长男，奈何？"朱公不得已而遣长子，为一封书遗故所善庄生④。曰："至则进千金于庄生所，听其所为，慎无与争事。"长男既行，亦自私赍数百金。

至楚，庄生家负郭⑤，披藜藋到门⑥，居甚贫。然长男发书进千金，如其父言。庄生曰："可疾去矣，慎毋留！即弟出，勿问所以然。"长男既去，不过庄生而私留⑦，以其私赍献遗楚国贵人用事者。

庄生虽居穷阎，然以廉直闻于国，自楚王以下皆师尊之。及朱公进金，非有意受也，欲以成事后复归之以为信耳。故金至，谓其妇曰："此朱公之金。有如病不宿诚，后复归，勿动⑧。"而朱公长男不知其意，以为殊无短长也⑨。

庄生间时入见楚王⑩，言"某星宿某，此则责于楚。"楚王素信庄生，曰："今为奈何？"庄生曰："独以德为可以除之。"楚王曰："生休矣，寡人将行之。"王乃使使者封三钱之府⑪。楚贵人惊告朱公长男曰："王且赦。"曰："何以也？"曰："每王且赦，常封三钱之府。昨暮王使使封之。"朱公长男以为赦，弟固当出也，重千金虚弃庄生，无所为也，乃复见庄生。庄生惊曰："若不去邪？"长男曰："固未也。初为事弟，弟今议自赦，故辞生去。"庄生知其意欲复得其金，曰："若自入室取金。"长男即自入室取金持去，独自欢幸。

庄生羞为儿子所卖⑫，乃入见楚王曰："臣前言某星事，王言欲以修德报之。今臣出，道路皆言陶之富人朱公之子杀人囚楚，其家

71

多持金钱赂王左右，故王非能恤楚国而赦，乃以朱公子故也。"楚王大怒曰："寡人虽不德耳，奈何以朱公之子故而施惠乎！"令论杀朱公子，明日遂下赦令。朱公长男竟持其弟丧归。

至，其母及邑人尽哀之，唯朱公独笑，曰："吾固知必杀其弟也！彼非不爱其弟，顾有所不能忍者也。是少与我俱，见苦，为生难，故重弃财。至如少弟者，生而见我富，乘坚驱良逐狡兔⑬，岂知财所从来，故轻弃之，非所惜吝。前日吾所当欲遣少子，固为其能弃财故也。而长者不能，故卒以杀其弟，事之理也，无足悲者。吾日夜固以望其丧之来也。"

【注释】 ①死于市：行刑于市，谓犯法处死。②溢：通镒，二十四两为镒。③置褐器中二句：放置在黑褐色器皿中，载以牛车，不使人注目。④庄生：姓庄的先生。史失其名。⑤负郭：背靠城墙，即住于城郊。⑥披藜藋到门：披开满地野草才找到庄生家门。形容居住荒凉。⑦不过：不造访。⑧谓其妇曰等句：庄生对其妻说："这是陶朱公的金子，好比病人不接近祭物一样，事后还归原主，不要动。"宿诫：即宿戒，古人在祭祀前进行两次斋戒叫宿戒。病人不洁，不参与祭祀，也就不宿戒。此喻朱公之金不洁，不要靠近它。⑨殊无短长：朱公长男认为庄生对其弟的生死即短长（俗语三长两短），没有什么影响。⑩间时：找机会，得便时。⑪三钱之府：藏钱的金库。古代钱币分赤、白、黄三种。大赦前封三钱之府，即加强戒备，以免走漏赦令消息，亡命徒趁机盗钱。⑫儿子：小儿，小子。卖：欺骗，摆布。⑬乘坚驱良：坐坚固的车，骑良马。

【评析】 朱公有三子。长男一同经商创业，备尝艰苦。少子降世，朱公已富有，因此，小儿子备受父母钟爱，衣来伸手，饭来张口，不知稼穑之艰难，出手大方，一掷千金，毫不吝啬。

朱公中男到楚国经商，争执杀人，被关在楚国监狱。朱公装载千金，打点小儿子去楚国救他哥哥，朱公长男不听从父亲的安排，长男说："当哥哥的是一家主管，弟弟有难，长兄怎能袖手旁观。父亲不让哥哥救弟弟，就是不信任长男，我当兄长，连父亲都不信任，我还有什么脸面活在世上。"朱公长男自尊心受到伤害，就要自杀。他的母亲出来干预。朱公夫人说："犯罪的儿子没救出，白白地死了长兄，不合算，就让长兄去救弟弟吧。"朱公无可奈何，就打发长男上路。他写了一封信，让长男到了楚国，把千金及信交给朱公的好友庄老先生，什么也不要问，只等弟弟出狱，快快回家。长男救弟心切，又私自带了数百金，随处打点。

朱公长男到了楚国，找到庄老先生，如父所言，交了千金和信。庄老头对朱公长男说："你快离开我家，等着和你弟弟见面。至于你弟弟是怎么出狱的，你什么都不要问。"朱公长男半信半疑，他想，这穷老头有什么能耐呢？他庆幸自己私带了几百金，就进了楚国都城，对楚王左右的人进行打点。

庄老头收了朱公长男的千金，对家人说："这是好友朱公送来救他儿子的，你们不要动用，等朱公儿子出狱了，还给他。"庄老头是楚国的隐者，视钱如粪土，压根就不想要好友朱公的钱，他故意收下，试试这后生晚辈的品德。庄老头是楚王的朋友，楚王对庄老头非常敬重，言听计从。称他为庄生，就是庄老先生的意思，于是人们都称庄老头为庄生。

庄生对楚王说："臣夜观天象，楚国将有灾难，大王赶快施行德政来避难。"楚王说："知道了。"立即下令冻结财政。这是楚王下大赦令的先期准备。接受了朱公长男好处的楚国用事大臣，通告了消息，朱公长男非常高兴。他想白白地给庄老头一千金重礼，老头什么事也没做。朱公长男只会做生意，不懂政治，不知楚王下赦令的原委，认为庄老头无功受禄。他越想越不是滋味，于是就去向庄老头辞行，上门之意十分清楚，他要收回千金。

庄生见了朱公长男，惊诧地问："让你离开我家，怎么还没走？你弟弟的事怎么啦？"

朱公长男说："楚王用事大臣告诉我说：'楚王就要下赦令了。'我特来向老先生通告这消息。"庄老头笑了笑说:"你对楚国用事大臣使了钱了吧?祝贺你弟弟就要出狱。你送的千金重礼,就在黑屋放着,自个儿带走吧!"朱公长男来意是取钱的,没想到老头这么痛快,他害怕老头变卦,也不推辞,接话茬说:"庄老伯,你不花钱,那我就带走了。"朱公长男走后,庄生非常生气,感到自己受了小伙子的愚弄。庄生心里说:"你不仁,我不义。载你弟弟的尸体回家去向我的老友交代吧。"庄生随即进都,又对楚王说:"大王下赦令是件好事。不过外面谣传纷纷,说天下富人陶朱公的儿子杀了人,陶朱公贿赂了楚国用事大臣,楚王才下赦令的。"楚王说:"哪有此事。那是大臣们胡作非为,我让他们落空。"楚王下令,立即将陶朱公儿子斩首,然后第二天下达了赦令。

朱公长男白白花了数百金,载着弟弟的尸体回了家。母亲及亲朋都十分悲痛。陶朱公却哈哈大笑。他说:"我早就料到,长男这回非杀了弟弟不成。长男不是不爱弟弟,但他舍不得花钱,所以我安排小儿子去救他二哥,小儿子大手大脚惯了,舍得花钱。中男杀人,也该偿命。人世间是公平的。大家不要哭了,办丧事吧!"

人世沧桑,世事复杂,朱公长男好心办了坏事,"赔了夫人又折兵",朱公小男,花花公子,按朱公安排,还能成事。此中奥妙,谁解其中味。

萧相国世家

本篇选自《萧相国世家》,讲述一代贤相西汉萧何不贪不污,差点丢脑袋的故事,发人深思。

萧相国,就是西汉开国功臣萧何丞相,汉初丞相称相国,所以萧何的传记题称《萧相国世家》。汉高祖论功行赏,萧何功第一,所以《萧相国世家》在西汉五功臣世家中居第一位。西汉立世家的五功臣是萧何、曹参、张良、陈平、周勃。司马迁给五功臣立世家是破例为体、表彰其功。因为世家载诸侯,取义"开国承家,世代相续"。西汉五大功臣，爵止封侯，而高祖功臣封侯者143人，惠帝、景帝封侯93人，汉武帝封侯73人，又封王子侯162人。侯国差小，一般不立世家，有大功者立列传，世系载入年表。由此不难看出五功臣被特立世家，寓有深义。

萧何一生行事可分前后两期。前期佐汉王刘邦取天下，立下盖世之功。后期为西汉相国，明哲保身，用心良苦。萧何传家不治产，生动地揭示了因刘邦猜忌，萧何后期谨畏自保这一微妙的君臣关系。

汉十二年秋，黥布反，上自将击之，数使使问相国何为。相国为上在军，乃拊循勉力百姓①，悉以所有佐军，如陈豨时。客有说相国曰："君灭族不久矣，夫君位为相国，功第一，可复加哉？然君初入关中，得百姓心，十余年矣，皆附君，常复孳孳得民和②，上所为数问君者，畏君倾动关中。今君胡不多买田地，贱贳贷以自污③？上心乃安。"于是相国从其计，上乃大悦。

上罢布军归，民道遮行上书，言相国贱强买民田宅数千万。上至，相国谒。上笑曰："夫相国乃利民④！"民所上书皆以与相国，曰："君自谢民⑤。"相国因为民请曰："长安地狭，上林中多空地，弃，愿令民得入田⑥，毋收稿为禽兽食⑦。"上大怒曰："相国多受贾人财物，乃请吾苑！"乃下相国廷尉⑧，械系之⑨。数日，王卫尉侍⑩，前问曰："相国何大罪，陛下系之暴也⑪？"上曰："吾闻李斯相秦皇帝，有善归主，有恶自与。今相国多受贾竖金而为民而请吾苑，以自媚于民，故系治之。"王卫尉曰："夫职事苟有便于民而请之，真宰相事，陛下奈何乃疑相国受贾人钱乎！且陛下拒楚数岁，陈豨、黥布反，陛下自将而往，当是时，相国守关中，摇足则关以西非陛下有也。相国不以此时为利，今乃利贾人之金乎！且秦以不闻其过亡天下，李斯之分过⑫，又何足法哉。陛下何疑宰相之浅也⑬。"高帝不怿⑭。是日，使使持节赦出相国。相国年老，素恭谨，入，徒跣谢⑮，高帝曰："相国休矣！相国为民请苑，吾不许，我不过为桀纣主，而相国为贤相。吾固系相国，欲令百姓闻吾过也。"

何置田宅必居穷处⑯，为家不治垣屋。曰："后世贤，师吾俭；不贤，毋为势家所夺。"

孝惠二年，相国何卒，谥为文终侯。

【注释】 ①拊循勉力百姓：抚慰勉励百姓努力耕作。②常复句：现在你还努力不倦地去赢得人民的拥护。③贱贾句：指做放债之类的卑贱之事，来败坏自己的名誉。④相国乃利民：那相国的职权是要利民的！意谓你这个相国却在害民。⑤谢：认罪。⑥田（diàn）：耕种。⑦毋收句：不要只让长草来喂养禽兽。稿，草料。⑧廷尉：九卿之一，汉代最高司法官。⑨械系之：给萧何戴上了刑具。⑩卫尉：九卿之一，掌管廷门卫。⑪系之暴也：突然地把他逮捕起来。⑫分过：指李斯把秦皇帝之过揽在自己身上。⑬陛下句：陛下怎么能怀疑宰相是那样浅薄的人呢！⑭不怿：不悦。⑮徒跣（xiǎn）谢：去冠赤脚前来认罪。⑯穷处：偏僻的地方。

【评析】 人们痛恨贪官污吏，可是在专制政体下，你不贪不污，老百姓拥护你，却犯了皇帝的大忌。西汉开国丞相萧何就遭遇了这样的局面。伴君如伴虎，洁身自好也不行。天下乌鸦一般黑，你不黑就入不了群。

萧何是刘邦的老乡，原为秦朝沛县主吏掾，是保护刘邦的恩人。秦末他们一同起兵，出生入死，两人有生死之交。论功行赏，萧何功第一，受到汉廷的极大恩遇，刘邦赐萧何带剑上殿，入朝不趋。萧何也兢兢业业办事，把西汉治理得很有条理，在朝野之中享有很大的声望。越是这样，汉高祖刘邦越是不安。汉高祖十一年，陈豨反叛。高祖已步入晚年，但还要御驾亲征。这时高祖疑神疑鬼的心理大增，对老朋友、老相国萧何也猜忌起来。萧何违心地与吕后设谋诛杀了淮阴侯韩信，除了刘邦的心头大患，刘邦很高兴。他从前线传回诏令，拜萧何为相国，加封，置兵卫。文武百官都向萧何道喜，独有召平来报忧，泄露了天机。

原来高祖名为加封，派兵保卫，实质是监视。萧何惶恐，辞谢加封，还捐献家财慰劳前线军队，汉高祖才高兴起来。第二年黥布反，高祖再次亲征。萧何依旧输家财慰问前方军队，又有客人来报忧，对萧何说："相国您就要有灭顶之灾了。您位居人臣第一，入关以来，孜孜不倦地为民办事，深得百姓拥戴。皇上现在很怕您在关中闹事啊！您为什么不买点田产，用贱价强赊，在百姓中留下坏名声，让皇上安心呢？"萧何听了这些话，心中可犯了难。他一向以节俭闻名，平时很少置办家产，若是不得已买一些田地或住宅，也总是挑选贫穷偏僻的地方。他常对家人说："后代子孙贤德，效法我的节俭，后代子孙不成才也守不住祖先的财产，还不如现在不置产业。"他是这样说的，也是这样做的。如今，萧何不得不采纳了宾客所进的"自污"之计，当了一回贪官污吏，强取豪夺。汉高祖班师回京，还未到京城，沿途百姓拦路告状，说丞相萧何强买田宅，汉高祖非常高兴。回到京城，丞相萧何拜贺高祖胜利回来，汉高祖把一大沓状纸交给萧何，笑着说："丞相的事，自个去处理吧。"萧何佩服客人的进言，敛钱自污，免了一场大祸。

一个演惯了正面人物角色的人，突然改演反面人物，那是很吃力的。萧何见高祖心情畅快，趁机为民请命说："关中人口增多，有许多百姓没地耕种，皇家禁苑上林园太空旷，请允许无地的百姓到园中开荒樵采。"萧何真是连"污吏"也演不好，真实本性又不自觉地露了出来。汉高祖立即沉下脸来，勃然大怒说："好一个相国，你不知贪了多少财，又沽名钓誉来打我的主意。"说毕喝令将萧何拿下，打入狱中。群臣闻变大惊，多方劝谏高祖，萧何终于被释放。汉高祖也觉得愧对萧何，他解嘲地说："我故意把丞相抓起来，好让老百姓知道，我是一个暴虐的桀纣之主，丞相才是好样的。"话中有话，暗示萧何不要把人缘搞得太好，臣下廉洁自好，皇上不放心。

打这事以后，萧何更加小心谨慎，不治产业，不留富厚给子孙。因为贪婪腐败不是萧何的本性。

田敬仲完世家

本篇选自《田敬仲完世家》，讲述古代一个奇女子的传奇故事。

春秋时齐为姜姓，战国时齐为田氏，故《史记》中齐国历史有两世家。姜齐称《齐太公世家》，田齐称《田敬仲完世家》。田齐代姜齐是一场新时代的变革，记载特详。田齐创始者为田完，死后谥为敬仲，史称田敬仲。田完原名陈完，是陈国陈厉公陈他的儿子，春秋时因陈国内乱，陈完逃到齐国避难，受到齐桓公的重用，为齐国大夫，改姓田。田完第十代孙田和代姜齐，是为田齐。司马迁立田齐世家，以"田敬仲完"命名，旨在突出田完奔齐的创始之功。田齐六传至齐王建灭于秦。

田齐后期政权掌握在君王后之手。君王后即太史敫之女，史失其名。太史是官名，也作为姓氏。敫是人名，齐国太史，敫之女，其名不传，史书称为"太史女"或"太史敫女"，她成为齐襄王后，称君王后。君王后事迹又见《田单列传》。君王后是古代的奇女子，她有两大事迹值得评说。一是她自主婚姻，在古代是一件了不起的大事；二是她曾长期执掌齐国政权，与秦连横，奉行和平保境的外交国策，使齐国近半个世纪不卷入战争。最后，秦始皇统一六国，没有发动战争，便和平统一了齐国，这也是古代史上的一件大事。这两件大事，一件是个人终生的幸福大事，一件是维系一国安危的大事，都由同一个女性完成，说明君王后是一个不平凡的女子。

湣王之遇杀，其子法章变名姓为莒太史敫家庸①。太史敫女奇法章状貌，以为非恒人②，怜而常窃衣食之，而与私通焉。淖齿既以去莒，莒中人及齐亡臣相聚求湣王子，欲立之。法章惧其诛己也，久之，乃敢自言"我湣王子也"。于是莒人共立法章，是为襄王。以保莒城而布告齐国中："王已立在莒矣。"

襄王既立，立太史氏女为王后，是为君王后，生子建。太史擊曰："女不取媒因自嫁，非吾种也，污吾世。"终身不见君王后。君王后贤，不以不睹故失人子之礼③。

襄王在莒五年，田单以即墨攻破燕军，迎襄王于莒，入临淄。齐故地尽复属齐。齐封田单为安平君。

十九年④，襄王卒，子建立。

王建立六年，秦攻赵，齐楚救之。秦计曰："齐楚救赵，亲则退兵，不亲遂攻之⑤。"赵无食，请粟于齐，齐不听。周子曰："不如听之以退秦兵，不听则秦兵不却，是秦之计中而齐楚之计过也⑥。且赵之于齐楚，捍蔽也⑦，犹齿之有唇也，唇亡则齿寒。今日亡赵，明日患及齐楚。且救赵之务，宜若奉漏甕沃焦釜也⑧。夫救赵，高义也；却秦兵，显名也。义救亡国，威却强秦之兵，不务为此而务爱粟，为国计者过矣。"齐王弗听。秦破赵于长平四十余万，遂围邯郸。

十六年⑨，秦灭周。君王后卒。

四十四年⑩，秦兵击齐。齐王听相后胜计。不战，以兵降秦。

秦虏王建，迁之共⑪。遂灭齐为郡。天下壹并于秦，秦王政立号为皇帝。始，君王后贤，事秦谨，与诸侯信，齐亦东边海上，秦日夜攻三晋、燕、楚，五国各自救于秦，以故王建立四十余年不受兵。君王后死，后胜相齐，多受秦间金，多使宾客入秦，秦又多予金，客皆为反间，劝王去从朝秦，不修攻战之备，不助五国攻秦，秦以故得灭五国。五国已亡，秦兵卒入临淄，民莫敢格者⑫。王建遂降，迁于共。

【注释】　①庸：仆役。②非恒人：不是平常人。③不睹：不见，指太史擊不见君王后，脱离父女关系，而君王后不计较父亲的态度，尽人子之孝，终于父女和好。④十九年：齐襄王十九年，公元前265年。⑤秦计曰句：秦军作了这样的谋划："齐楚救赵，如果是全力以赴，秦就退兵；若是三心二意，秦就全力攻赵。"⑥计过：计短。⑦捍蔽：屏障。⑧救赵之务句：救赵是当前急务，如同捧漏壶去浇救烧焦的锅一样刻不容缓。漏：盛水滴漏的计时器。⑨十六年：齐王建十六年，公元前249年。⑩四十四年：齐王建四十四年，公元前221年。⑪共：邑名，在今河南辉县。⑫民莫敢格：民不习战而不敢斗。

【评析】　燕兵破齐，只剩即墨和莒两城未下。齐湣王的儿子，太子法章在齐湣王被害之后变易姓名躲到太史嫛家为仆人，灌园种菜，没有人知道他的身世。太史嫛女独有一双慧眼，她见法章仪表堂堂，举止有风度，知道他是一个落难之人，但并不知道他是王子。太史嫛女起初可怜法章，私下送给他衣服、食物，时间一长，两人相爱了。法章把真实身份告诉了太史嫛女，并向她求爱，于是两人陷入热恋，私订终身。过了很长时间，人们到处寻找齐湣王太子法章，要奉为国主。法章显露了身份，在莒城即位，这就是齐襄王，太史嫛女名正言顺成了齐襄王后。

古代男女婚姻，由父母之命，媒妁之言。君王后自主婚姻，太史嫛感到羞辱，与君王后割断父女情，不承认这门亲事。但君王后十分温柔孝顺，她仍然尽人子之礼，孝顺父母，时间久了，恢复了父女关系，传为佳话。

齐襄王在莒地住了五年。齐将田单在即墨用火牛阵攻破燕军，恢复了齐国。齐襄王十九年，襄王死了，君王后所生儿子田建即位，史称齐王建。君王后临朝执政。她深感齐国无力与秦国抗衡，为了全国人民不遭受战争兵灾的祸害，于是退出与东方六国的合纵，独立奉行与秦连横的外交政策。公元前260年秦赵长平大决战，赵国求救于齐，要求齐国发兵，供给粮食。齐国既不发一兵一卒，也不送一草一粮，坐视赵军被秦国打败。秦国进行的是统一战争，赵国等败亡，灾祸必然要降临齐国，这一形势，君王后十分清楚。齐国与东方五国合纵，可以延缓秦国的统一进程，但不能阻止秦国的统一。君王后或许认识到这一天下大势，因此她保持齐国中立，既不援助五国，也不助秦进攻五国，因此齐国半个多世纪没有战争兵祸。公元前 221 年，秦国进兵齐国，齐国不战而降，秦军和平吞并齐国，这是齐王建奉行君王后的统一政策，符合历史进步的潮流。

太史擎女，齐国君王后，敢于自择夫婿，执掌政权奉行和平保境政策，在生活上和政治上都独具一格，是中国古代史上的一个奇女子。

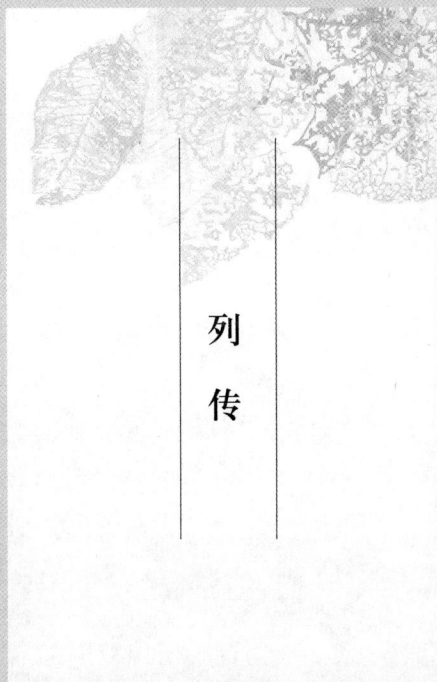

列传

列 传

司马贞曰："列传者，谓叙列人臣事迹，令可传于后世，故曰列传。"(《伯夷列传·索隐》)张守节曰："其人行迹可序列，故云列传。"(《伯夷列传·正义》)

列者，陈也。列传，即众多之传。传，本为注经之书名，司马迁借以传人，记功臣贤人之言行以注《本纪》，表示人臣拱卫主上。《太史公自序》云："扶义俶傥，不令己失时，立功名于天下，作七十列传。"所以刘知几以《史》《汉》之纪传比于《春秋》之经传，议论是很精辟的。

七十列传序目如次：（一）伯夷，附叔齐；（二）管仲、晏婴；（三）老子、韩非，附庄子、申不害；（四）司马穰苴；（五）孙武、孙膑、吴起；（六）伍子胥；（七）仲尼弟子；（八）商君鞅；（九）苏秦，附苏代、苏厉；（十）张仪，附陈轸、犀首；（十一）樗里子、甘茂，附甘罗；（十二）穰侯、魏冉；（十三）白起、王翦；（十四）孟轲，荀子，附齐三邹子：邹忌、邹衍、邹奭，又附齐稷下学者淳于髡、慎到、田骈、接子、环渊，又附公孙龙、李悝、尸子、长卢子、吁子、墨子（十五）孟尝君田文，附冯驩；（十六）平原君赵胜、虞卿，附毛遂、李同、楼缓；（十七）魏公子信陵君无忌，附侯嬴、朱亥、毛公、薛公；（十八）春申君黄歇，附朱英、李园；（十九）范雎、蔡泽，附须贾、王稽、郑安平；（二十）乐毅，附乐间、乐乘；（二一）廉颇、蔺相如，附赵奢、李牧；（二二）田单，附王蠋；（二三）鲁仲连、邹阳；（二四）屈原、贾谊；（二五）吕不韦，附嫪毐；（二六）刺客：曹沫、专诸、豫让、聂政、荆轲，附聂荣、田光、樊于期、高渐离；（二七）李斯，附李由；（二八）蒙恬，附蒙毅、赵高；（二九）张耳、陈余；（三十）魏豹、彭越；（三一）黥布；（三二）淮阴侯韩信，附蒯通；（三三）韩王信、卢绾；（三四）田儋，附田横；（三五）樊哙、郦商、夏侯婴、灌婴；（三六）张苍，附周昌、任敖、申屠嘉；（三七）郦生、陆贾，附朱建；（三八）傅宽、靳歙、周緤；（三九）刘敬、叔孙通；（四十）季布、栾布，附季心、丁公；（四一）袁盎、晁错；（四二）张释之、冯唐；（四三）万石君石奋、张叔，附石建、石庆、卫绾、直不疑、周文；（四四）田叔，附田仁；（四五）扁鹊、仓公；（四六）吴王濞；（四七）魏其侯窦婴、武安侯田蚡，附灌夫；（四八）韩安国；（四九）李将军李广，附李陵；（五十）匈奴；（五一）卫将军卫青、骠骑将军霍去病，附公孙贺等十六人；（五二）平津侯公孙弘、主父偃；（五三）南越尉佗；（五四）东越；（五五）朝鲜；（五六）西南夷；（五七）司马相如；（五八）淮南王刘长、刘安，衡山王刘赐；（五九）循吏：孙叔敖、子产、公仪休、石奢、李离；（六十）汲黯、郑当时；（六一）儒林：申公、辕固生、韩生、伏胜、董仲舒、胡毋生；（六二）酷吏：郅都、宁成、周阳由、赵禹、张汤、义纵、王温舒、杨仆、减宣、杜周；（六三）大宛，附乌孙、康居、奄蔡、大月氏、安息、条枝、大夏；（六四）游侠：朱家、剧孟、郭解；（六五）佞幸：邓通、韩嫣、李延年；（六六）滑稽：淳于髡、优孟、优旃；（六七）日者司马季主；（六八）龟策；（六九）货殖：范蠡、子贡、白圭、猗顿、乌氏倮、巴寡妇清、卓氏、程郑、宛孔氏、曹邴氏、师史、刁间、任氏、桥姚、无盐氏，附田啬、田兰等十二人；（七十）太史公自序：司马谈、司马迁。

上述七十列传分为四个类型：（1）专传，（2）合传，（3）类传，（4）附传。专传指一人一传，二人以上为合传，以类标题为类传，凡未入传目标题的人物为附传。专传、合传、类传三种传中皆有附传。正传与附传，表示列传人物的主次，并非附传为可有可无的附属物。有的附传仅附其名，一般是载列子孙、戚友；重要附传人物为事类相从。七十列传载正传人物一百四十人，附传人物九十二人。附传人物本多于正传人物，九十二人只指事类相从的附传人物。加上孔子弟子七十七人，列传人物总计三百零九人。类传人物古今同传，以类相从；合传与类传为同一类型，或对照或连类，故合传人物往往打破时代界限，上溯下及。《白起王翦列传》《鲁仲连邹阳列传》《屈原贾生列传》等是下及；《扁鹊仓公列传》是上溯。《孟子荀卿列传》附列人物十一人，实质是一篇先秦的"诸子列传"，《汲郑列传》实质是"黄老列传"。匈奴、南越、东越、西南夷等周边民族史传分插在人物列传中，与相关的人物并列，等同天子臣民，此四海一家之观念，表现了司马迁民族一统的进步历史观。《大宛列传》所述为外国民族，单列于类传中。

综上，七十列传的序目义例可用八个字概括："时代为序，以类相从。"本书选评十三篇列传。

管晏列传

本篇选自《管晏列传》。管晏，指春秋时齐国两贤相管仲和晏婴。管仲辅佐齐桓公称霸，晏婴辅佐齐景公治国。二人齐名，写成合传，故题名《管晏列传》。

管仲和晏婴都是大政治家，事迹很多。管仲有《牧民》《山高》《轻重》《九府》等著作传世，后人整理为《管子》，晏婴有《晏子春秋》传世。司马迁在传记中既不论书，也不记其事，全篇内容仅仅记载了几则轶事，就把鲍叔牙、管仲、晏婴几个历史人物的形象鲜活地刻画了出来，还高度赞颂了他们知贤、荐贤、让贤的高贵品德。司马迁写人，总要表达一个主题，或颂扬一种理想，或倡导一种品德，《管晏列传》是最典型的篇章。管仲传，重点写鲍叔牙，他知贤、荐贤、让贤，这就是本传的主题。写晏婴，主要是两件轶事：一是解救一个囚犯，引为上宾；二是举荐勇于改过的车夫为齐大夫。这两则轶事表现了晏婴爱才，与鲍叔牙荐管仲有异曲同工之妙，都是在颂扬一种忘掉自我、关爱社会、关爱国家的高尚情操。管鲍相知，特别是鲍叔牙的救人于危难，荐贤甘居其下，是一种多么崇高的人格。总之，《管晏列传》，是一篇闪亮人格魅力的交谊评论。

　　管仲夷吾者，颍上人也①。少时常与鲍叔牙游②，鲍叔知其贤。管仲贫困，常欺鲍叔③，鲍叔终善遇之④，不以为言⑤。已而鲍叔事齐公子小白⑥，管仲事公子纠。及小白立为桓公，公子纠死，管仲囚焉⑦。鲍叔遂进管仲⑧。管仲既用，任政于齐⑨。齐桓公以霸，九合诸侯⑩，一匡天下⑪，管仲之谋也。

　　管仲曰："吾始困时，尝与鲍叔贾⑫，分财利多自与⑬，鲍叔不以我为贪，知我贫也。吾尝为鲍叔谋事而更穷困，鲍叔不以我为愚，知时有利不利也⑭。吾尝三仕三见逐于君⑮，鲍叔不以我为不肖⑯，知我不遭时也⑰。吾尝三战三走⑱，鲍叔不以我为怯，知我有老母也。公子纠败，召忽死之，吾幽囚受辱，鲍叔不以我为无耻，知我不羞小节而耻功名不显于天下也。生我者父母，知我者鲍子也。"

　　鲍叔既进管仲，以身下之⑲。子孙世禄于齐，有封邑者十余世⑳，常为名大夫。天下不多管仲之贤而多鲍叔能知人也㉑。

【注释】　①颍上：今安徽颍水一带。颍，水名。②游：交游。③常欺鲍叔：指管仲与鲍叔同做生意分钱时，管仲往往多取钱财。欺，占上风，即下文的"分财多自与"。④终善遇之：始终对管仲很好。⑤不以为言：不以此为口实。⑥已而：不久。⑦囚焉：囚禁。焉，语助词。⑧进：推举。⑨任政于齐：掌管齐国的政事。⑩九合诸侯：桓公会盟诸侯共十一次，九，系虚数。合，会盟。⑪一匡天下：使天下归于正的意思。匡，正。⑫贾（gǔ）：经商。⑬多自与：经常自己多拿一些。⑭知时句：知道时机有顺利和不顺利。⑮三仕三见逐于君：多次做官多次被国君罢官赶走。见，被。⑯不肖：不贤。⑰不遭时：没有遇到好时运。⑱走：逃跑。⑲以身下之：指鲍叔情愿官居管仲之下。⑳十余世：

十多代。㉑多：称赞。

【评析】　管仲与鲍叔牙是中国历史上一对要好的朋友。管仲辅佐齐桓公称霸，是春秋时的大政治家和军事家、外交家。但没有鲍叔牙就没有管仲。《史记·管晏列传》对管仲的传记，主要笔墨并没有放在写管仲的个人功绩上，而是着重写管仲与鲍叔牙两人的交谊，重点是写鲍叔牙的知贤、荐贤和让贤的高尚品德和行为，暗示没有鲍叔牙就没有管仲。一支笔，同时写出两个人，真是大手笔。管仲与鲍叔牙二人从小是好朋友。鲍叔牙出身高贵，是齐国大夫之后，管仲出身平民，两人身份相差甚远，但鲍叔牙知道管仲有才，将来能为国家出力，所以打破门第之见与管仲交往，这已经是很不简单了。说来也巧，管仲青年时做事，件件不顺。他三次做官，三次被罢免。他家有老母，可又多次被征召出征，为避免丢下老母没人管，只好三次参战三次当了逃兵，被人看作胆小鬼。管仲与鲍叔牙谋事，一件也没办成。他与鲍叔牙经商，赚多赚少，又总是多占一些。在常人看来，管仲不可交，无才无德又贪心。但鲍叔牙不这么看，他深信管仲，做事不顺，当官不成，原因是缺乏磨炼，机遇不到；多分利，当逃兵，因为管仲是个大孝子，家有老母，故不得不如此。鲍叔牙坚信管仲有朝一日时来运转，就能发挥个人的潜能替国家出力。

　　齐国襄公死后，发生内乱。公子小白与公子纠两兄弟争权，鲍叔牙追随小白，管仲追随公子纠。公子纠长于小白，继承君位更有利，小白有才能，有人缘，得到大多数齐国大夫的支持。公子纠母家是鲁国，外援鲁国是个较大的国家，而小白母家是莒国，莒国国小力弱。两兄弟争权，各有长短，关键就看谁能先进入齐都。鲍叔牙与管仲成了敌对的双方。这一回管仲又把宝押错了，结果小白先入齐都，登上国君之位，齐大鲁小，齐国发兵打败鲁国，公子纠死了，管仲成了囚犯。然而，又是鲍叔牙极力推荐管仲，使齐桓公不仅赦免了他，而且重用他为齐相。后来，齐国果然大治。鲍叔牙推荐管仲，不仅仅是荐贤，更重要的是让贤，管仲为相，鲍叔牙反而在他之下，这种以国家利益为重的精神，表

89

现了鲍叔牙是一个纯粹的人、高尚的人。鲍叔牙知道管仲有才，他与管仲交友，纯粹是爱才，为国家保护人才，没有一点私心。他甚至牺牲自己来成全管仲，这都是为了友谊，为了国家。鲍叔牙不仅是一个好伯乐，还是一个无与伦比的爱国者。管鲍之交的故事包含许多珍贵的民族精神。

俗话说："金无足赤，人无完人"。管仲有治国之才，但不善于经商。由于出身寒微，没有政治根基，在齐国内争中又押错了宝，这些他都不及鲍叔牙。鲍叔牙才不及管仲，但他的让贤精神，识人本领，更是一个难得的伯乐。唐代韩愈慨叹，"千里马常有，而伯乐不常有"，管鲍相知的故事，可以说是这一哲理的最生动的注脚。没有鲍叔牙，就没有管仲，这是作者司马迁写管仲传而主要用笔于鲍叔牙的命意所在。

司马穰苴列传

本篇选自《司马穰苴列传》。司马穰苴，春秋时齐国大夫。姓田，名穰苴，是田完的后代，深通兵法，善于打仗，曾一战胜敌，雪洗齐国丧师失地之耻。齐景公任命穰苴为司马。司马迁写田穰苴传，加官名，称《司马穰苴列传》，表达了对这位古代名将的无限崇敬。

司马穰苴者①，田完之苗裔也。齐景公时，晋伐阿、甄②，而燕侵河上③，齐师败绩④。景公患之。晏婴乃荐田穰苴曰："穰苴虽田氏庶孽⑤，然其人文能附众⑥，武能威敌，愿君试之。"景公召穰苴，与语兵事，大悦之，以为将军，将兵捍燕晋之师⑦。穰苴曰："臣素卑贱，君擢之闾伍之中⑧，加之大夫之上，士卒未附，百姓不信，人微权轻，愿得君之宠臣，国之所尊，以监军，乃可。"于是景公许之，使庄贾往。穰苴即辞，与庄贾约曰："旦日日中会于军门⑨。"穰苴先驰至军，立表下漏待贾⑩。贾素骄贵，以为将己之军而己为监，不甚急；亲戚左右送之，留饮。日中而贾不至。穰苴则仆表决漏⑪，入，行军勒兵，申明约束。约束既定，夕时，庄贾乃至。穰苴曰："何后期为？"贾谢曰："不佞大夫亲戚送之，故留。"穰苴曰："将受命之日则忘其家，临军约束则忘其亲，援枹鼓之急则忘其身⑫。今敌国深侵，邦内骚动⑬，士卒暴露于境⑭，君寝不安席，食不甘味，百姓之命皆悬于君，何谓相送乎！"召军正问曰⑮："军法期而后至者云何？"对曰："当斩。"庄贾惧，使人驰报景公，请救。即往，未及反，于是遂斩庄贾以徇三军⑯。三军之士皆振栗⑰。久之，景公遣使者持节赦贾，驰入军中。穰苴曰："将在军，君令有所不受。"问军正曰："驰三军法何？"正曰："当斩。"使者大惧。穰苴曰："君之使不可杀之。"乃斩其仆⑱，车之左驸⑲，马之左骖，以徇三军。遣使者还报，然后行。士卒次舍井灶饮食问疾医药⑳，身自拊循之㉑。悉取将军之资粮享士卒，身与士卒平分粮食，最比其羸弱者㉒。三日而后勒兵㉓。病者皆求行，争奋出为之赴战。晋师闻之，为罢去。燕师闻之，度水而解㉔。于是追击之，遂取所亡封内故境而引兵归。未至国，释兵旅，解约束，誓盟而后入邑。景公与诸大夫郊迎，劳师成礼㉕，然后反归寝。既见穰苴，尊为大司马。

【注释】　①司马穰苴：本姓田，后以官氏为姓。②阿、甄：齐邑名。阿，即东阿，在今山东阳谷县东北之阿城镇。甄，今山东鄄城北。③河上：黄河岸边，当今河北沧州、德州一带。④败绩：大败。⑤庶孽：支子。⑥附众：能得大家拥护。⑦捍：抵御。⑧间伍：平民。⑨旦日：明日。日中：中午。⑩立表下漏：定准时间。立表，立木为表以测日影定时刻。下漏，是用铜壶盛水立箭，底孔漏水逐渐显露箭上刻度以定时间。⑪仆表决漏：把表放倒，把壶中漏水放出，即宣布阅兵时间已到。⑫援枹鼓：击鼓进军。援，执。⑬骚动：扰乱。⑭士卒句：士卒日晒露宿在边境战场。⑮军正：司军法之官。⑯以徇三军：以庄贾之头示众于全军。⑰振栗：战栗，发抖。⑱乃斩其仆：斩仆代主是当时的俗法。《左传》襄公三年，晋悼公之弟杨干在鸡泽之会上扰乱军行，魏绛戮其仆以示惩罚。⑲左骖：车厢左边的立木。⑳次舍：宿营。㉑身自：亲自。拊循：抚慰。㉒最比：集合全体士卒，淘汰瘦弱的人。最，总。比，排列。㉓三日句：经过了三天的安置整顿后重新检阅部队。㉔度水而解：渡过黄河而撤走。㉕郊迎、劳师：在国都郊外迎接、慰劳将士，是隆重的礼节。

【评析】　　齐景公时（前 574—前 490），晋军进攻齐国的阿、鄄，燕军进攻河上，齐军战败。景公很忧虑。晏婴向景公推荐田穰苴，说："穰苴文能团结士众，武能威慑敌人，请你起用他吧！"景公召见穰苴，与他讨论军事，很赏识他，任命他为将军，统率齐军抵抗燕、晋军队。穰苴请求齐景公派一个宠信的重臣做监军，增强指挥部的权威。齐景公应允，派大夫庄贾为监军。司马穰苴于是与庄贾约，第二天正午，在教练场共同阅兵。

第二天，穰苴骑马赶到军营，安设好木表和滴漏，记录时刻，等待庄贾到来。庄贾一贯骄傲自大，以为统率的是自己的军队，而自己又是监军，所以不急不忙，与送行的亲戚、同僚饮宴，直至黄昏。庄贾代表国君监军，而如此怠慢军法，让全军等待自己，穰苴如果不做出果决处理，这支军队将纪律松弛，无法打仗。穰苴叫来军法官，对着全军申令，有意违反军法者应当斩首。穰苴正义凛然地斥责庄贾说："将帅受领任务时，就该忘记家庭；置身军队，受军纪约束，就该忘记亲人；击鼓指挥军队作战时，就该有忘我精神，不怕牺牲。如今敌军深入国境，举国骚动，士卒风餐露宿于边境，国君寝食不安，百姓的命运都操在你的手里，怎么能去宴饮而贻误军机？"穰苴说毕，喝令就把庄贾斩首并在全军示众，将士们大为惊服。全军肃严，然后率军出发。

穰苴对士卒们休息、宿营、掘井、饮食、疾病、医药都亲自过问和安抚，把供给将军的全部费用和粮食用来犒赏士卒，他与普通士卒吃一样的伙食。穰苴对病弱士卒特别亲近，把体弱多病的单独分编。经过整编，训练三天后，连生病的士卒都要求编到前敌部队，争着要求参战，士气极为旺盛。

晋军得知了这个消息，就撤兵走了。燕军得知这个消息，也回渡黄河而取消了攻齐计划。穰苴指挥齐军跟踪追击，收复了全部失地，然后率兵回国都。齐景公和大臣们都到城郊迎接，举行隆重的劳军仪式，提升穰苴为大司马。

《孙子兵法》说：不用交锋打仗，就能使敌人屈服，是最会打仗的将军。司马穰苴斩重臣、立军威、爱士兵，与他们同甘共苦，将军与士兵打成了一片，团结如一人。所以，齐军士气高昂，人人请战，敌人闻风丧胆，主动退逃。司马穰苴做到了不战而屈人之兵，是一位良将。

兵锐将勇，出奇用智，是打仗取胜的关键。而兵锐将勇，取决于训练有素、纪律严明、法令如山。古代善战的将军，全身心爱护将士，但又严格要求，在纪律上一点也不含糊。司马穰苴，斩杀重臣立威，表现了他的果决、勇敢与赏罚分明的作风，对待士卒像慈母一样，做到官兵一体，这样的军队必然是兵锐将勇，怎能不打胜仗呢？

孙子吴起列传

本篇选自《孙子吴起列传》。吴起，战国时卫国人。卫国为魏附庸。吴起为魏国大将，镇守西河，从一个侧翼监视秦国，使秦兵不敢犯魏。吴起的声名与春秋时孙子即孙武齐名。两人都是百战百胜的常胜将军；又都是天才的军事家，各自留下了兵法著作，世称《孙子》《吴子》。《孙子兵法》十三篇，流传于世。《吴子兵法》四十八篇，传下来的只有六篇。本文讲述吴起与士卒同甘共苦的故事。

吴起者，卫人也，好用兵。尝学于曾子①，事鲁君。齐人攻鲁，鲁欲将吴起，吴起取齐女为妻②，而鲁疑之。吴起于是欲就名③，遂杀其妻，以明不与齐也④。鲁卒以为将。将而攻齐，大破之。

鲁人或恶吴起曰⑤："起之为人，猜忍人也⑥。其少时，家累千金，游仕不遂⑦，遂破其家。乡党笑之⑧，吴起杀其谤己者三十余人，而东出卫郭门⑨。与其母诀，啮臂而盟曰⑩：'起不为卿相，不复入卫。'遂事曾子。居顷之，其母死，起终不归。曾子薄之⑪，而与起绝。起乃之鲁，学兵法以事鲁君。鲁君疑之，起杀妻以求将。夫鲁小国，而有战胜之名，则诸侯图鲁矣。且鲁卫兄弟之国也⑫，而君用起，则是弃卫。"鲁君疑之，谢吴起⑬。

吴起于是闻魏文侯贤，欲事之。文侯问李克曰⑭："吴起何如人哉？"李克曰："起贪而好色，然用兵司马穰苴不能过也。"于是魏文侯以为将，击秦，拔五城。

起之为将，与士卒最下者同衣食。卧不设席⑮，行不骑乘⑯，亲裹赢粮⑰，与士卒分劳苦。卒有病疽者⑱，起为吮之⑲。卒母闻而哭之。人曰："子卒也，而将军自吮其疽，何哭为？"母曰："非然也。往年吴公吮其父，其父战不旋踵⑳，遂死于敌。吴公今又吮其子，妾不知其死所矣。是以哭之。"

文侯以吴起善用兵，廉平，尽能得士心，乃以为西河守㉑，以拒秦、韩。

魏文侯既卒，起事其子武侯㉒。武侯浮西河而下㉓，中流，顾而谓吴起曰："美哉乎山河之固，此魏国之宝也！"起对曰："在德不在险。昔三苗氏左洞庭，右彭蠡㉔，德义不修，禹灭之。夏桀之居，左河济㉕，右泰华㉖，伊阙在其南㉗，羊肠在其北㉘，修政不仁，汤放之。殷纣之国，左孟门，右太行，常山在其北㉙，大河经其南㉚，修政不德，武王杀之。由此观之，在德不在险。若君不修德，舟中之人尽为敌国也。"武侯曰："善。"

【注释】　①曾子：孔子学生曾参。②取：通娶。③欲就名：想成名。④不与齐：不帮助齐。⑤恶：厌恨。⑥猜忍：疑忌残忍。⑦游仕不遂：游历求官，没有如愿。遂，实现心愿。⑧乡党：乡邻、乡党、乡亲。古代基层建制，五百家为一党，两万五千家为一乡，故乡党为乡邻之称。⑨郭门：外城的城门。⑩啮臂：古人发誓的方式之一。⑪薄之：看不起他。⑫鲁卫兄弟之国：鲁之始祖为周公旦，卫之始祖为康叔封，姬旦与姬封皆文王之子，故史称鲁卫为兄弟之国。⑬谢：辞退。⑭李克：即魏名大夫李悝，为魏文侯相。⑮不设席：不铺设垫褥而卧草具。⑯骑乘：骑马乘车。⑰亲裹赢粮：亲自打包，亲自背粮。⑱疽（jū）：疽疮，多生于颈、背上，不及时治疗有生命危险。⑲吮之：用嘴吸疽排脓。⑳不旋踵：勇往直前不向后转。踵，脚后跟。㉑西河：郡名，当今陕西东部黄河西岸地区。㉒武侯：名击。㉓西河：此指山西、陕西交界的那段黄河。㉔彭蠡：湖名，即今江西之鄱阳湖。㉕河济：黄河、济水。㉖泰华：泰山、华山。㉗伊阙：山名，又名龙门山，在今洛阳市南。㉘羊肠：指羊肠坂，太行山上的通道，在山西晋城南。㉙常山：即恒山，在今河北曲阳西北。㉚大河：即黄河。

【评析】　吴起爱士，表现了一个古代良将是怎样带兵的。

吴起是一个事业心极强的人，他曾在鲁国为将。齐国攻鲁，鲁君用吴起为将。吴起的妻子是齐国人，有人向鲁君进谗言。吴起就杀了妻子，表明自己一心为国。鲁君于是用吴起为将，果然打败了齐国。吴起到鲁国之时，曾与母亲诀别，发誓说："我不当卿相，决不回家。"吴起的母亲生病直到死，吴起也不回去看望母亲，因为他还没有做卿相。吴起这些行为在儒学风气浓厚的鲁国被人看不起，说他是一个狠心肠的人，杀妻求将，母死不归，把个人名利看得太重了。作为一般的人来说，这个批评并不过分，但只要考察吴起的全部行为就可理解。吴起不只是会打仗，他还是一个难得的政治改革家，他要施展抱负，实现社会变革，为天下苍生解倒悬，所以不惜付出了杀妻求将、母死不归的沉重代价。吴起要珍惜人生难得的机会，虽然可以理解，但这不近人情的代价仍要受到批评，虽然机会难得，但只要努力，还是会有许多机缘的，吴起不是最终没有在鲁国站住脚吗？世间没有十全十美的事物，吴起的行为可以看作是忠孝不能两全吧！

吴起热爱士兵，同甘共苦，表现了他是一个非常重感情的人。吴起爱兵如子，有个士兵身上长疮，吴起亲自用嘴把疮里的脓水吸出来，给他敷上药、包扎好。士兵们非常受感动。此事很快传开。这个士兵的母亲听说后既感动又悲伤地哭着说："过去吴公就曾给我丈夫吸毒疗伤，我丈夫感激不已。伤好后他冲锋陷阵，奋勇杀敌，最后壮烈牺牲在战场上。吴公现在又亲自为我儿子吸毒，儿子为报答吴公，肯定会舍命拼杀，不知我的儿子会战死在什么地方，怎不叫我伤心呢！"

　　打仗行军，吴起与士兵一起露宿野外，有时躺在凹凸不平的田野上，只用树枝野草盖在身上遮风挡雨，从不自个儿特殊卧在床上。吴起与士兵一起步行，从不骑马，自己的一份口粮，自己背着。饥渴时士兵不先饮水吃饭，吴起不占先，难能可贵。吴起虚心听取下级意见，自己也敢于向国君提意见。有一次魏武侯与大臣共商国是，大臣们的见识都赶不上魏武侯，魏武侯非常得意。吴起看在眼里，毫不顾忌地进谏说："我听说楚庄王听不见臣下的高明意见而面带忧色，认为手下没有贤人辅佐，是国家的不幸。楚庄王感到烦恼的事，可大王却感到高兴，我为此而替魏国忧虑。"魏武侯听了这一番话，很是惭愧。后来有人向魏武侯进谗言，吴起失去了信任，只好跑到楚国去找出路。吴起受到楚悼王的重用，在楚国变法改革，触犯了世卿世禄的贵族的利益，楚悼王一死，吴起被旧贵族乱箭射死，在中国历史上演绎了一出改革家的悲剧。

　　吴起留下的兵书《吴子》充满了新思想，有些是超前的。《吴子·励士》篇，讲述奖励要精神与物质并重，奖励要达到将士乐于听令、乐于争战、乐于效死三个目的。例如喝庆功酒，按士兵的功劳大小，作战表现，分三等宴席，酒具餐具都不一样，激励士兵争坐上席。吴起激励士气的方法与现代行为管理科学理论有某些相通之处。现代行为管理科学把人的需求分为数等，其中吃饱、穿暖等生理需求是低层次的。作为万物之灵的人，精神上的需求才是高层次的。吴起爱士，尊重了士兵的人格，进行了感情交流，激发了士兵的向上精神，人人都以为国立功为荣，以贪生怕死为耻，从而乐于服从命令，敢于献身，成为一支铁军。《尉缭子》记载说："吴起指挥七万军队，天下无敌。"《吴子》中记载：吴起统率魏军与其他诸侯国共进行七十六次大战，魏军获全面胜利六十四次，其余十二次不分胜负，扩充疆土千里之远，真是历史上一位难得的"常胜将军"。

伍子胥列传

本篇选自《伍子胥列传》，讲述一个惊心动魄的报仇雪恨故事。伍子胥名员，楚大夫伍奢之次子，春秋时著名的政治家，他辅佐吴王阖庐、夫差称霸，后被奸臣伯嚭陷害而死，尸体被吴王沉入钱塘江，是一个悲剧人物。《伍子胥列传》记载了伍子胥传奇的一生，而重点以报父兄冤死之仇为红线贯穿全篇。伍子胥背楚、亲吴、助阖庐发动政变夺权，最终达到借兵复仇的目的，破楚鞭平王之尸。伍子胥的这些行为与忠君的封建正统思想不相容，司马迁却以愤惋之笔为伍子胥立大传，称赞他"弃小义，雪大耻"，是一个真正的男子汉，表现了作者反暴政的民主性思想及朦胧的人权意识。

伍子胥者，楚人也，名员。员父曰伍奢，员兄曰伍尚。其先曰伍举，以直谏事楚庄王，有显，故其后世有名于楚。

楚平王有太子名曰建，使伍奢为太傅，费无忌为少傅。无忌不忠于太子建。平王使无忌为太子取妇于秦，秦女好，无忌驰归报平王曰："秦女绝美，王可自取，而更为太子取妇。"平王遂自取秦女而绝爱幸之①，生子轸。更为太子取妇。

无忌既以秦女自媚于平王，因去太子而事平王。恐一旦平王卒而太子立，杀己，乃因谗太子建。太子建亡奔宋。

无忌言于平王曰："伍奢有二子，皆贤，不诛且为楚忧。可以其父质而召之②，不然且为楚患。"王使使谓伍奢曰："能致汝二子则生③，不能则死。"伍奢曰："尚为人仁，呼必来。员为人刚戾忍诟④，能成大事，彼见来之并禽，其势必不来。"王不听，使人召二子曰："来，吾生汝父，不来，今杀奢也。"伍尚欲往，员曰："楚之召我兄弟，非欲以生我父也，恐有脱者后生患，故以父为质，诈召二子。二子到，则父子俱死。何益父之死？往而令仇不得报耳。不如奔他

97

国，借力以雪父之耻，俱灭，无为也。"伍尚曰："我知往终不能全父命。然恨父召我以求生而不往，后不能雪耻，终为天下笑耳。"谓员："可去矣！汝能报杀父之雠，我将归死。"尚既就执，使者捕伍胥。伍胥贯弓执矢向使者⑤，使者不敢进，伍胥遂亡。闻太子建之在宋，往从之。奢闻子胥之亡也，曰："楚国君臣且苦兵矣。"伍尚至楚，楚并杀奢与尚也。

伍胥既至宋，宋有华氏之乱⑥，乃与太子建俱奔于郑。郑定公与子产诛杀太子建⑦。建有子名胜，伍胥惧，乃与胜俱奔吴。至于吴，吴王僚方用事，公子光为将。伍胥乃因公子光以求见吴王。公子光刺吴王僚而自立，是为吴王阖庐。阖庐既立，得志，乃召伍子胥以为行人⑧，而与谋国事。

九年，吴王阖庐谓子胥、孙武曰："始子言郢未可入，今果何如？"二子对曰："楚将囊瓦贪，而唐、蔡皆怨之。王必欲大伐之，必先得唐、蔡乃可。"阖庐听之，悉兴师与唐、蔡伐楚，与楚夹汉水而陈。吴王之弟夫概将兵请从，王不听，遂以其属五千人击楚将子常，子常败走，奔郑。于是吴乘胜而前，五战，遂至郢。己卯，楚昭王出奔。庚辰，吴王入郢。

吴兵入郢，伍子胥求昭王。既不得，乃掘楚平王墓，出其尸，鞭之三百，然后已。后二岁，阖庐使太子夫差将兵伐楚，取番⑨。楚惧吴复大来，乃去郢，徙于郡⑩。当是时，吴以伍子胥、孙武之谋，西破强楚，北威齐晋，南服越人。

太史公曰：怨毒之于人甚矣哉！王者尚不能行之于臣下，况同列乎！向令伍子胥从奢俱死，何异蝼蚁。弃小义，雪大耻，名垂于后世，悲夫！方子胥窘于江上，道乞食⑪，志岂尝须臾忘郢邪？故隐忍就功名，非烈丈夫孰能致此哉⑫？

【注释】 ①绝爱幸：非常宠爱。②质：人质。以伍奢为人质而招二子。③致：招来。④刚戾忍诟：刚强能忍辱。⑤贯弓：拉满弓。⑥宋有华氏之乱：鲁昭公二十年，宋大夫华亥、向宁、华定与宋元公相争为乱，三人出奔陈。⑦诛杀太子建：太子建为晋做内奸欲攻郑，事情败露为郑所杀。⑧行人：官名，掌外交。⑨番：番阳之省，即江西鄱阳县。⑩郢：在湖北宜城。⑪窘于江上，道乞食：伍子胥奔吴，从昭关（今安徽含山县北）往东过长江，差点被楚兵追上，幸亏一个渔夫把他渡过了江。又在路上生了病，乞食而行，九死一生。⑫烈丈夫：性情刚正的男子汉，真正的大丈夫。

【评析】　伍子胥由楚仕吴，为的是替父报君仇，这在古代是骇人听闻之举。伍子胥是中国历史上第一个不信命运，不信天，敢于反抗压迫，为自身人权而斗争的勇士。夏商周三代是上古时期，天命史观占统治地位，国君是天子，臣民要无条件服从国君，所谓"君让臣死，臣不得不死"，"君要臣三更死，臣不得五更亡"。春秋时代，这种伦常关系，已经产生了动摇，周天子权威扫地，诸侯相征伐，楚国、吴国、越国等国君都相继称王。臣弑君、子弑父的事件也屡有发生。尽管如此，君臣关系绝对服从这一伦理观念，基本没有动摇。伍子胥的父亲伍奢和哥哥伍尚，都是在顺从君权的淫威下屈死的。伍子胥发誓要向这一传统的伦常观念挑战，他要替父报仇，诛杀楚王，颠覆楚国。他历经磨难，实践了誓言，借吴兵打进楚国。这时杀害伍子胥父兄的楚平王已死，伍子胥就掘墓鞭尸，当时人认为这是大逆不道，司马迁却称赞伍子胥是一个真正的男子汉，因此替伍子胥写了一篇精彩绝伦的大传。

伍子胥父兄忠心耿耿而遭谗臣陷害，被楚平王冤杀。伍子胥流亡国外，决心要复仇，为达目的，无所不用其极。伍子胥与太子建逃到郑国，受到很好的接待，为了结引大国为援，伍子胥策动太子建替晋国当间谍，被郑国发觉，太子建被处了死刑。伍子胥又带着太子建的儿子胜，在路途九死一生，终于逃到了吴国。

伍子胥在吴国，看到吴国政局不稳，假意归隐，而暗中策动吴国王室公子光发动政变，夺取政权，这就是吴王阖庐。

伍子胥推荐当时最负盛名的军事家孙武做了吴国的将军。

吴王阖庐为了答谢伍子胥，经过长期准备，大举进攻楚国。公元前

506 年，孙武、伍子胥率领三万精锐吴兵，避开楚国正面防御，从淮北长途迂回奔袭楚国，出其不意连败楚军五次，吴兵五战五胜，破敌二十余万，行军二千余里攻破楚都郢。这时楚平王已死，继位的楚昭王就是楚平王与秦女所生的儿子。楚昭王出逃，伍子胥就挖开楚平王墓，拖出楚平王的尸体，打了三百鞭子。

秦兵救楚，吴国后方又发生了内乱，吴王阖庐撤兵，楚昭王复位。吴国是个小国，当时吞不掉楚国，但吴兵却打败了楚国，创造了古代以少胜多、以弱克强、长途奔袭的光辉战例，孙武大军事家的地位从此确立，《孙子兵法》从此扬名。这些都源于伍子胥报仇雪恨的决心。伍子胥凭着他的复仇心态与执着精神，最大限度地发挥了人的主观能动性，演出了两国交兵小国胜大国的奇迹。司马迁评论说，办事不要太刻毒，不要结仇恨，楚王结仇一个臣子，楚国就遭了如此大难，教训深刻啊。

伍子胥克服重重险阻雪耻的精神是古代反暴精神的最佳诠释，带有民主意识与人权抗争精神。

司马迁在《太史公自序》中说，他效法孔子修《春秋》，写历史的目的是要惩恶劝善，包括天子在内，也要批评。他说："贬天子，退诸侯，讨大夫。"《伍子胥列传》是最生动的体现。臣报君仇，这是对天命观和绝对君权的挑战，是强烈反暴政精神的体现。这正是司马迁的史识。如果没有司马迁的这支笔，伍子胥将被平庸史家视为大逆不道的叛臣贼子，更不用说会名垂青史了。司马迁发现了伍子胥报仇的闪光点，给我们留下了千古传颂的名篇，也留下了是非曲直的评判标准，在今天仍有现实意义。

仲尼弟子列传

本篇选自《仲尼弟子列传》。孔子弟子相传三千余人，其中贤人七十二，即高足弟子有七十二人。《仲尼弟子列传》记载孔子弟子七十七人，举其成数，称七十人，又称七十子。七十二是五行中一行的数目，环周天 360 度，以五除之，得七十二，是神秘的五行数目，用以指称孔子高足七十子，带有褒扬之意。

孔子最欣赏的学生是颜回、曾参。但《仲尼弟子列传》十之七八的篇幅不是记载颜回、曾参，而是子路、子贡。子路仕卫，忠于职守，死难于卫之内乱。子贡经商，并擅长外交辞令，是春秋时的大纵横家，早于苏秦、张仪一百多年。子贡救鲁，他一出，存鲁、乱齐、破吴、强晋而霸越，这就是本文所节选的内容。由此可见，战国时纵横家的兴起，由来远矣。

田常欲作乱于齐，惮高、国、鲍、晏，故移其兵欲以伐鲁。孔子闻之，谓门弟子曰："夫鲁，坟墓所处，父母之国，国危如此，二三子何为莫出①？"子路请出，孔子止之。子张、子石请行，孔子弗许。子贡请行，孔子许之。

遂行，至齐，说田常曰："君之伐鲁过矣②。夫鲁，难伐之国，其城薄以卑③，其地狭以泄④，其君愚而不仁，大臣伪而无用，其士民又恶甲兵之事，此不可与战。君不如伐吴。夫吴，城高以厚，地广以深⑤，甲坚以新，士选以饱⑥，重器精兵尽在其中，又使明大夫守之，此易伐也。"田常忿然作色曰："子之所难，人之所易；子之所易，人之所难。而以教常，何也？"子贡曰："臣闻之，忧在内者攻强，忧在外者攻弱。今君忧在内。吾闻君三封而三不成者⑦，大臣有不听者也。今君破鲁以广齐，战胜以骄主，破国以尊臣⑧，而君之功不与焉，则交日疏于主。是君上骄主心，下恣群臣，求以成大事，难矣。夫上骄则恣⑨，臣骄则争，是君上与主有郤，下与大臣交争也。如此，则君之立于齐危矣。故曰不如伐吴。伐吴不胜，民人外死，大臣内空⑩，是君上无强臣之敌，下无民人之过，孤主制齐者唯君也⑪。"田常曰："善。虽然，吾兵业已加鲁矣⑫，去而之吴，大臣疑我，奈何？"子贡曰："君按兵无伐，臣请往使吴王，令之救鲁而伐齐，君因以兵迎之。"田常许之，使子贡南见吴王。

101

说曰："臣闻之，王者不绝世⑬，霸者无强敌⑭，千钧之重加铢两而移⑮。今以万乘之齐而私千乘之鲁，与吴争强，窃为王危之⑯。且夫救鲁，显名也；伐齐，大利也。以抚泗上诸侯，诛暴齐以服强晋，利莫大焉。名存亡鲁，实困强齐，智者不疑也。"吴王曰："善。虽然，吾尝与越战，栖之会稽。越王苦身养士，有报我心。子待我伐越而听子。"子贡曰："越之劲不过鲁，吴之强不过齐，王置齐而伐越，则齐已平鲁矣。且王方以存亡继绝为名，夫伐小越而畏强齐，非勇也。夫勇者不避难，仁者不穷约⑰，智者不失时，王者不绝世，以立其义。今存越示诸侯以仁，救鲁伐齐，威加晋国，诸侯必相率而朝吴，霸业成矣。且王必恶越⑱，臣请东见越王，令出兵以从，此实空越，名从诸侯以伐也。"吴王大悦，乃使子贡之越。

越王除道郊迎⑲，身御至舍而问曰⑳："此蛮夷之国，大夫何以俨然辱而临之㉑?"子贡曰："今者吾说吴王救鲁伐齐，其志欲之而畏越，曰'待我伐越乃可'。如此，破越必矣。且夫无报人之志而令人疑之，拙也；有报人之志，使人知之，殆也；事未发而先闻，危也。三者举事之大患。"勾践顿首再拜曰㉒："孤尝不料力，乃与吴战，困于会稽，痛入于骨髓，日夜焦唇干舌，徒欲与吴王接踵而死㉓，孤之愿也。"遂问子贡。子贡曰："吴王为人猛暴，群臣不堪；国家敝以数战，士卒弗忍；百姓怨上，大臣内变；子胥以谏死，太宰嚭事，顺君之过以安其私㉔：是残国之治也。今王诚发士卒佐之以徼其志㉕，重宝以悦其心，卑辞以尊其礼，其伐齐必也。彼战不胜，王之福矣。战胜，必以兵临晋，臣请北见晋君，令共攻之，弱吴必矣。其锐兵尽于齐，重甲困于晋㉖，而王制其敝，此灭吴必矣。"越王大悦，许诺。送子贡金百镒，剑一，良矛二。子贡不受，遂行。

报吴王曰："臣敬以大王之言告越王，越王大恐，曰：'孤不幸，少失先人㉗，内不自量，抵罪于吴㉘，军败身辱，栖于会稽，国为虚莽，赖大王之赐，使得奉俎豆而修祭祀，死不敢忘，何谋之敢虑！'"后五日，越使大夫种顿首言于吴王曰："东海役臣孤勾践使者臣种，敢修下吏问于左右。今窃闻大王将兴大义，诛强救弱，困暴齐而抚周室，请悉起境内士卒三千人，孤请自被坚执锐，以先受矢石㉙。因越贱臣种奉先人藏器，甲二十领，鈇屈卢之矛㉚，步光之剑，以贺军吏㉛。"吴王大悦，以告子贡曰："越王欲身从寡人伐齐，可乎？"子贡曰："不可。夫空人之国，悉人之众，又从其君，不义。君受其币，许其师，而辞其君。"吴王许诺，乃谢越王。于是吴王乃遂发九郡兵伐齐。

子贡因去之晋，谓晋君曰："臣闻之，虑不先定不可以应卒㉜，兵不先辨不可以胜敌㉝。今夫齐与吴将战，彼战而不胜，越乱之必矣；与齐战而胜，必以其兵临晋。"晋君大恐，曰："为之奈何？"子贡曰："修兵休卒以待之。"晋君许诺。

子贡去而之鲁。吴王果与齐人战于艾陵㉞，大破齐师，获七将军之兵而不归，果以兵临晋，与晋人相遇黄池之上㉟。吴晋争强。晋人击之，大败吴师。越王闻之，涉江袭吴㊱，去城七里而军。吴王闻之，去晋而归，与越战于五湖㊲。三战不胜，城门不守，越遂围王宫，杀夫差而戮其相㊳。破吴三年，东向而霸。

故子贡一出，存鲁，乱齐，破吴，强晋而霸越。子贡一使，使势相破㊴，十年之中，五国各有变㊵。

【注释】 ①二三子何为莫出：诸弟子为何没人出来想点办法呢？②过矣：大错特错。③城薄以卑：城墙又薄又矮。④泄：《越绝书》《吴越春秋》均作"其池狭以泄"，指护城河又窄又浅。池，护城河。⑤地广以深：土地广大而纵深。联系上文，应作"池广以深"指护城河既宽又深。⑥士选以饱：士卒既经训练又吃得饱。⑦三封而三不成：听说你三次要受封，三次都没有封成。⑧破国以尊臣：打败鲁国只是增高了大臣威望。⑨恣：放肆。⑩大臣内空：齐与吴敌，大臣出征则朝廷内空。空，权力空白。⑪孤主句：孤立主上专擅齐政的必然是你了。⑫加鲁：出征于鲁。⑬王者不绝世：王者不允许他的属国被人灭绝。⑭霸者无强敌：霸主不允许另有强敌。⑮千钧句：在千钧重物上加上微小的重量就打破平衡而移动。钧：三十斤的重量单位。铢：一两为二十四铢，与千钧之比微乎其微。⑯今以三句：现在万乘的强齐要并吞千乘之鲁，然后与吴争强，我真替吴国的危险处境而担心。⑰仁者不穷约：仁爱的人不使别人陷入困境。⑱恶越：畏恶越国。⑲除道郊迎：清扫道路，在城郊迎接。⑳身御至舍：越王亲自送子贡到馆舍。㉑俨然辱而临之：郑重其事降低身份光临越国。㉒顿首再拜：叩头拜了又拜，行大礼也。㉓徒欲句：只想和吴王拼个生死。㉔顺君句：阿谀顺从吴王的过错，只图保全自己的私利。㉕今王句：现在大王真能派兵协助吴王攻齐，就能煽动他的狂妄志向。㉖重甲：重兵。㉗少失先人：从小就失去了父亲。㉘抵罪：得罪，结怨。㉙先受矢石：打先锋。㉚鈇：铁斧。屈卢之矛：矛名。㉛以贺军吏：用以上礼品向吴军将士表示致敬。㉜卒：读猝。事先若没有应急计划，是不能对付突发事变的。㉝辨：整训编队。㉞吴王句：吴齐艾陵之战在鲁哀公十一年（前484年）。㉟黄池：地名。在今河南封正县南。吴晋黄池之会在鲁哀公十三年（前482年）。㊱涉江：渡过钱塘江。㊲五湖：此指太湖。㊳越杀夫差：越灭吴在鲁哀公二十二年（前473年），距黄池之会有九年，为叙事完整而相连记叙。㊴使势相破：使吴、齐、晋、越等国互相攻破。㊵十年两句：子贡在公元前484年出使齐、吴、越、晋，说吴王伐齐，至公元前473年吴之灭为十二年，在十二年中鲁、齐、吴、越、晋发生了很大变化。此言十年，举其成数。

【评析】　公元前484年，齐国主持政务的大夫田常想在齐国夺取政权，他害怕高氏、国氏、鲍氏、晏氏这几家大夫反对，就调动这几家大夫的兵力去攻打鲁国。鲁国子贡多才多艺，擅长外交，他听到了这个消息，挺身而出，游说诸侯，挽救鲁国的危亡。

　　子贡首先到了齐国，见到田常之后，装着不知齐国军队已经出动的样子对田常说："听说您要出兵伐鲁，我特地赶来给将军献计。"田常看了一下子贡说："先生是替鲁国来做说客的吧，不必多言了，攻打鲁国的军队已经出发了。"子贡不慌不忙地说："田将军攻打鲁国是一个错误。"田常说："我倒要听听先生的高见。"子贡说："鲁国的城墙又薄又矮，它的护城河又浅又窄，它的国君愚昧不仁，大臣虚伪无用，老百姓害怕打仗，这样的国家不能跟它交战。田将军应该去攻打吴国。因为吴国的城墙又高又厚，护城河又宽又深，武器精良，士气旺盛，还有能人指挥，而吴王雄心勃勃要北上称霸。"田常听了子贡的话，立刻变了脸色，厉声说："先生为何戏弄我，用颠倒话来指教我。"子贡态度严肃地说："选择作战对象，要看打仗的目的。如若是为了增强国力，扩大土地，就要打弱小的敌人；如若是为了国内的政治需要，削弱竞争对手，就要打强大的敌人。田将军，你在国内的政治对手是高氏等几家大夫，现在派他们去攻打弱小的鲁国必然取胜，到时必然使这几家大夫的地位得到提高。可你自己得不到任何好处，想成大业就更难了。如果派他们去攻打吴国，齐国军队必然失败，这是借吴国之兵削弱你的政治对手，这样将军才能成就大业。请将军三思。"田常见子贡说穿了他攻打鲁国的真正目的，暗自吃惊，十分佩服子贡的才智，同时也恍然大悟，觉得子贡说得对。他沉吟了一会，用讨教的口气对子贡说："先生说得很对。只是我已下达了进攻鲁国的命令，军队已经开拔，中途改变作战目标，容易引起齐国君臣的议论和怀疑。"子贡说："田将军可以让齐国军队停止前进，再做一次实战演习，拖延时间。我立即到吴国去，说服吴国派兵救鲁，并向齐国发动进攻，你就趁势命令齐国军队与吴国军队交战。"田常答应了子贡的要求。

子贡到了吴国，对吴王夫差说："现在齐国发兵攻鲁，如果齐国灭掉了鲁国，力量强大了再来攻吴国，吴国就危险了。反过来，如果吴国援救鲁国，大王就会获得扶弱锄强的好名声，这是您称霸中原的大好时机。"吴王夫差说："先生说得很对。只是吴国援助鲁国，就要和齐国打仗，越国在背后攻击吴国怎么办。"子贡说："大王不用担心，我去会见越王，让他出兵助你攻打齐国。"吴王夫差说："要是那样，我就放心了。"于是子贡就前往越国。

越王勾践听说子贡来访的消息非常高兴，亲自到国都郊外迎接子贡。子贡说："齐国派兵攻打鲁国，我奉使到吴国请夫差大王派兵救鲁国。可吴王害怕越国背后攻击他，对我说，等我灭了越国再援救鲁国。这说明越国的处境很危险。"越王勾践恭敬地向子贡拜了两拜，说："请先生指教。"子贡说："现在大王只要发兵相助吴王，多送些财宝，吴王就不会攻越国而去救鲁国和齐国打仗。如果吴王打了败仗，越国可以乘机雪耻。即使吴王打了胜仗，他也会把军队开到晋国去，与晋国争霸。我再到晋国去会见晋国国君，让晋国配合齐国攻打吴国，这样吴国的势力一定会被削弱，那时越国出头的日子就到了。"越王非常高兴，随即派了使臣送给吴王很多礼物，还派了一支军队相助吴王。吴王十分满意，放松了对越国的戒备，调动了九个郡的兵力攻打齐国。

子贡离开越国，又急忙赶到晋国。子贡对晋国国君说："现在吴国即将与齐国开战，如果齐国战败了，吴王一定会把军队开到晋国来争霸。"晋国国君大为恐慌，向子贡讨教对策。子贡回答说："修造武器，休养士卒，做好准备，等待吴军。"晋君大喜。

子贡离开晋国，回到鲁国向孔子复命去了。吴王夫差果然带兵与齐国军队在艾陵展开大战，吴军大败齐军，俘虏了齐国的七个将军。但是吴军也付出了很大的代价。吴王被胜利冲昏了头脑，果然把军队开到了晋国，要与晋军决一雌雄，争当霸主。晋国早已做好了准备，在黄池迎战吴军。晋军以逸待劳，打败了吴军。越王听到这一消息，渡江袭击吴国，打到离吴国都城只有七里远的地方，吴国太子也战死了。吴王夫差听到这个消息，赶快离开晋国回都，委曲求全地向越王讲和。越王见一时还消灭不了吴军，暂时退回越国。吴国连续受到齐国、晋国、越国的攻击，元气大伤，一蹶不振。越国则越战越强，在此后的四年中，吴越两国进行了三次大规模的战争，吴军都失败了。最后越军攻破吴都，杀死了吴王夫差和奸相太宰嚭，吴国灭亡了。三年后，越国称霸东方。

外交是为现实政治服务的。和平时期，国与国之间互相访问增进友谊。几个国家打仗，外交的任务是寻找朋友，孤立敌人。子贡为了使鲁国免遭齐国的进攻，巧妙地利用了齐国田常企图夺权、吴王夫差意欲争霸、越王勾践伺机报仇、晋国想要保持盟主地位，这一系列错综复杂的矛盾，充分运用他擅长说理的外交才能，晓以利害，化不利因素为有利因素，让大国互斗，使鲁国得到平安。子贡一出，存鲁、乱齐、破吴、使越称霸东方，在春秋列国的斗争中，建立了外交奇功，充分显示了他的智慧和才能。

商君列传

　　本篇选自《商君列传》。商君，即战国时在秦国变法的商鞅。商鞅，本为姬姓，是卫国的公孙，破落后便以公孙为姓，名鞅，史称公孙鞅，因是卫国人，又称卫鞅。卫鞅到秦国变法，被封为商君，于是史称商君、商鞅。

　　《史记》中有一系列改革家的传记，如孙子、吴起、管仲、田单、赵奢、李牧等。最成功的改革家是商鞅、赵武灵王两人。商鞅变法，改革社会，涉及政治、经济、军事、意识形态各个领域，是古代史上一场深刻的社会革命。这场社会变革是自上而下进行的。在中国历史上，自上而下的改革大都失败，如王安石变法、戊戌变法等。商鞅变法，最后仍然流血，个人免不了悲剧下场，但他的彻底改革，使落后的秦国一跃而为称雄诸侯的强国，进而统一天下，给历史留下了光彩的篇章。商鞅改革成功有多方面的原因，最重要的有两条：第一条，秦国国君孝公自始至终坚决支持；第二条，商鞅足智多谋，处事果决。商鞅驳斥保守派的辩论，他变法之初的立木取信、惩处公子虔等就表现了他是一个坚毅刚强而有智谋的人。这篇传记着重谈商鞅变法的智慧。

　　商君者①，卫之诸庶孽公子也②，名鞅，姓公孙氏，其祖本姬姓也。鞅少好刑名之学③，事魏相公叔座为中庶子④。公叔座知其贤，未及进。会座病，魏惠王亲往问病，曰："公叔病有如不可讳⑤，将奈社稷何？"公叔曰："座之中庶子公孙鞅，年虽少，有奇才，愿王举国而听之⑥。"王嘿然⑦。王且去，座屏人言曰⑧："王即不听用鞅，必杀之，无令出境。”王许诺而去。公叔座召鞅谢曰⑨：“今者王问可以为相者，我言若⑩，王色不许我。我方先君后臣，因谓王即弗用鞅，当杀之。王许我。汝可疾去矣，且见禽⑪。”鞅曰：“彼王不能用君之言任臣，又安能用君之言杀臣乎？”卒不去。惠王既去，而谓左右曰：　“公叔病甚，悲乎，欲令寡人以国听公孙鞅也，岂不悖哉⑫！”

　　公叔既死，公孙鞅闻秦孝公下令国中求贤者，将修缪公之业⑬，东复侵地⑭，乃遂西入秦⑮，因孝公宠臣景监以求见孝公⑯。孝公既见卫鞅，语事良久，孝公时时睡，弗听。罢而孝公怒景监曰：“子之客妄人耳⑰，安足用邪！”景监以让卫鞅⑱。卫鞅曰：“吾说公以帝道⑲，其志不开悟矣。”后五日，复求见鞅⑳。鞅复见孝公，益愈㉑，然而未中旨㉒。罢而孝公复让景监，景监亦让鞅。鞅曰：“吾说公以王道而未入也㉓，请复见鞅。”鞅复见孝公，孝公善之而未用也。罢而去。孝公谓景监曰：“汝客善，可与语矣。”鞅曰：“吾说公以霸道㉔，其意欲用之矣。诚复见我，我知之矣。”卫鞅复见孝公。公与语，不自知膝之前于席也㉕。语数日不厌。景监曰：“子何以中吾君㉖？吾君之欢甚也。”鞅曰：“吾说君以帝王之道比三代㉗，而君曰：‘久远，吾不能待。且贤君者，各及其身显名天下，安能邑邑待数十百年以成帝王乎㉘？’故吾以强国之术说君，君大悦之耳。然亦难以比德于殷周矣㉙。”

　　孝公既用卫鞅，欲变法㉚，恐天下议己。卫鞅曰：“疑行无名，疑事无功㉛。且夫有高人之行者，固见非于世㉜；有独知之虑者，必见敖于民㉝。愚者暗于成事㉞，知者见于未萌㉟。民不可与虑始而可与乐成。论至德者不和于俗㊱，成大功者不谋于众，是以圣人苟可以强国，不法其故㊲；苟可以利民，不循其礼。”孝公曰：“善。”甘龙曰：“不然。圣人不易民而教㊳，知者不变法而治。因民而教㊴，不劳而成功；缘法而治者㊵，吏习而民安之。”卫鞅曰：“龙之所言，世俗之言也。常人安于故俗，学者溺于所闻㊶。以此两者居官守法可

108

也^⑫，非所与论于法之外也^⑬。三代不同礼而王，五伯不同法而霸^⑭。智者作法，愚者制焉^⑮；贤者更礼，不肖者拘焉。"杜挚曰："利不百，不变法；功不十，不易器。法古无过，循礼无邪。"卫鞅曰："治世不一道，便国不法古。故汤、武不循古而王，夏、殷不易礼而亡^⑯。反古者不可非，而循礼者不足多^⑰。"孝公曰："善。"以卫鞅为左庶长^⑱，卒定变法之令^⑲。

令民为什伍^⑳，而相牧司连坐^㉑。不告奸者腰斩，告奸者与斩敌首同赏，匿奸者与降敌同罚。民有二男以上不分异者，倍其赋。有军功者，各以率受上爵^㉒；为私斗者，各以轻重被刑大小^㉓。戮力本业^㉔，耕织致粟帛多者复其身^㉕。事末利及怠而贫者，举以为收孥^㉖。宗室非有军功论，不得为属籍^㉗。明尊卑爵秩等级^㉘，各以差次名田宅^㉙，臣妾衣服以家次^㉚。有功者显荣，无功者虽富无所芬华^㉛。

令既具，未布，恐民之不信，已乃立三丈之木于国都市南门^㉜，募民有能徙置北门者予十金^㉝。民怪之，莫敢徙。复曰，"能徙者予五十金"。有一人徙之，辄予五十金^㉞，以明不欺。卒下令。

令行于民期年^㉟，秦民之国都言初令之不便者以千数^㊱，于是太子犯法。卫鞅曰："法之不行，自上犯之。"将法太子，太子，君嗣也^㊲，不可施刑，刑其傅公子虔，黥其师公孙贾。明日，秦人皆趋令^㊳。行之十年，秦民大悦。道不拾遗，山无盗贼，家给人足。民勇于公战，怯于私斗，乡邑大治。秦民初言令不便者有来言令便者，卫鞅曰"此皆乱化之民也^㊴"，尽迁之于边城。其后民莫敢议令。

于是以鞅为大良造^㊵。将兵围魏安邑，降之^㊶。其后，魏惠王兵数破于齐、秦，国内空，日以削，恐，乃使使割河西之地献于秦以和。而魏遂去安邑，徙都大梁。梁惠王曰："寡人恨不用公叔座之言也。"卫鞅既破魏还，秦封之于、商十五邑，号为商君。商君相秦十年，宗室贵戚多怨望者。秦孝公卒，太子立^㊷。公子虔之徒告商君欲反，发吏捕商君。遂灭商君之家。

【注释】　①商君：商鞅封地有商于之地共十五邑。商邑在今陕西商县东九十里，于邑在商县西二百里。②庶蘖：侧室所生公子。③刑名之学：即法家学说，因法家主张循名求实，以刑法治国，故称。④公叔座：复姓公叔，名座。座，有本作痤。中庶子：官名，掌卿大夫家族事务。⑤不可讳：指死。⑥举国而听之：让全国都听命于他，即要重用商鞅。⑦嘿然：沉默的样子。⑧屏：同摒，令侍者回避。⑨谢：道歉。⑩我言若：我向魏王推荐了你。⑪且见禽：将被擒拿。⑫悖：荒谬。⑬修缪公之业：重整秦穆公的霸业。修，重整。缪，同穆。⑭东复侵地：向东收复被侵之地。秦穆公把秦疆域向东推进到黄河岸边，战国初，河西地为魏所夺。⑮西入秦：据《秦本纪》，商鞅在秦孝公元年（前361年）入秦。⑯景监：姓景的太监。⑰妄人：狂妄自大、不切实用之人。⑱让：责备，责问。⑲帝道：传说中五帝兴起的治国道理和策略。五帝，详《五帝本纪》。⑳复求见鞅：商鞅又请求秦孝公接见自己。㉑益愈：指秦孝公对商鞅的态度稍好了一点。㉒未中（zhòng）旨：指还不能合秦孝公的心意。㉓王道：指夏禹、商汤、周文王、周武王统一天下的理论、方法。未入：还不能说到秦孝公的心里去。㉔霸道：春秋时齐桓公、晋文公、宋襄公、秦穆公、楚庄王相继称霸的治国之术。㉕膝之前于席：古人席地而坐，秦孝公因听得入神，不知不觉地膝行而向商鞅凑近过去。㉖中吾君：说中我们君主的心思。㉗比三代：谓秦行帝王之道，可比隆于夏、商、周三代。㉘邑邑：同"悒悒"，郁闷不快的样子。㉙难以比德于殷周：难以和商汤、周文王、周武王的功业道德相媲美，意谓还不能统一天下。㉚此句系衍文，原文为"孝公欲变法"。㉛疑行二句：行动犹豫不决的人不可能成名，做事不决断的人建不成功业。疑，犹豫，不自信。㉜见非于世：不被世俗舆论所承认。㉝敖：同謷（áo），讥笑、说坏话。㉞暗于成事：对别人都已做成的事情，仍然不明白其所以然。㉟知者见于未萌：聪明人在事情尚未发生时，就能够预见。知，同智。㊱论：讲求。至德：最高的道德。㊲不法其故：不遵行旧的法典制度。法，效法，遵守。㊳易民：改变旧的民俗。教：教化。㊴因民：因循人民旧有的风俗。㊵缘法：沿用旧法。㊶学者溺于所闻：学究们局囿于自己的狭隘见闻。溺，沉醉，拘泥。㊷此两者：指甘龙所言“因民而教”和“缘法而治”。㊸法之外：旧法之外的事情，指变法。㊹五伯：即春秋五霸。㊺制：制约，受制。㊻夏殷：谓夏殷两代的最后帝王桀、纣。㊼多：赞扬，肯定。㊽左庶长：秦国第十级爵，带兵充偏将。㊾卒定变法之令：据《秦本纪》，商鞅变法在孝公三年（前359年）。㊿令民为什伍：按军队编制把居民按五家为伍，十家为什地组织起来。(51)相牧司：相互监督、揭发。连坐：什伍中一家有罪，其他各家如不告发，即与犯罪者按同罪受罚。(52)以率受上爵：按照军功论赏的条例规定接受提升。率，标准，规定。(53)被：同“披”，加给，处以。(54)戮力：努力，尽力。(55)复其身：免除其本人的劳役。复，免除。(56)举以为收孥：一律没入官府为奴隶。举，尽，全部。收孥，没收而为奴婢。孥，同奴。(57)宗室句：国君的族人凡是没有被论定军功的，取消其宗室资格，不准再入族籍。论，论叙，铨评。(58)明尊卑句：明确区分尊卑上下的等级界限。尊卑，身份地位的高下。爵秩，爵禄的等级。(59)各以差次句：各自依等级占有田宅。差次，差别和次序。名，占有。(60)臣妾句：奴婢们的衣服样式随着主人家的地位高低而定。家次，家族等级。(61)芬华：芬芳荣华，指政治上尊贵显耀。(62)国都：秦国的都城，这时秦都在雍（今陕西省凤翔县南）。市南门：市场的南门。古代国都，市场在朝廷宫殿后面，有一定范围。(63)十金：即十镒。一镒为二十四两。(64)辄：就，立即。(65)期年：周年。(66)初令：指商鞅新变的法令。(67)君嗣：国君的继承人。(68)趋令：遵守法令。(69)乡邑：乡村和城邑。(70)乱化：扰乱国家秩序，反对推行新法。(71)大良造：即大上造，秦爵第十六级。(72)将兵围魏安邑，降之：《秦本纪》和《六国年表》系此事于秦孝公十年，即公元前352年。降之，这里是作订立和约解。安邑，魏迁都前的国都，在今山西省夏县西北。(73)太子立：即秦惠王嬴驷即位。

【评析】　商鞅在魏国虽有伯乐公叔座赏识，但不受魏王重用。魏王把公叔座的建议——“要么重用商鞅，要么除掉商鞅”看作是昏糊的话。公元前360年，秦孝公登上秦国君位，下令求贤，商鞅入秦。商鞅通过秦王宫中宦官景监的门路，觐见秦孝公，游说以帝道、王道和霸道，赢得秦孝公的信任，决定以霸道政治在秦国实行变法。

公元前359年，秦孝公正式任用商鞅推行变法。秦国的大臣们纷纷起来反对，孝公深为忧虑。好个商鞅，他有办法，让秦孝公主持大辩论。甘龙、杜挚是当时秦国的执政大臣，保守势力的代表。商鞅深知，变法能否推行，第一道关就是在理论上驳倒甘龙、杜挚。对此商鞅满有信心。

甘龙首先反对，说："圣人教导百姓，不改变旧的习俗；聪明的人治理国家，不改变旧的法制。沿袭古礼旧制，人民安定，官吏熟悉，不用费力，国家安定团结。"

表面看，甘龙、杜挚的话十分有理，商鞅以高人的智慧反驳说："甘龙说的只是平常人的见识。普通人只知道安于旧习惯，书呆子往往陷于所知不能自拔。这两种人让他们做官守法可以，但不能和他们商讨旧章之外开创大业的事。聪明的人制订法规政策，愚笨的人只会受制于人；贤德的人因时而变，无能的人死守成法。"秦孝公听了，大声称赞说："好！"

杜挚说："老祖宗传下来的制度，绝不会错。新法不超过旧法一百倍，就不能变。"

商鞅说："治理国家从来就没有一成不变的方法，只要有利于国家，就用不着去学古代。从前，商汤王和周武王并没有按照古法办事，却都得了天下。夏桀王和商纣王并没有改革旧法，却都亡掉了国家。所以，反对古法不一定就错，遵守古法也不一定就对。"

这几句话，把改革变法的道理讲得清楚透彻，也很有说服力。甘龙、杜挚两人窘态毕露、哑口无言。秦孝公听了，频频点头，连连说："卫鞅说得好！卫鞅说得好！"孝公一锤定音，于是任命商鞅为左庶长，开始制定新法。

商鞅拟好了新法，打算公布。法令公布，反对的人多，没人遵守怎么办？强制执行，势必造成社会动乱，说不定还要流血。他冥思苦想了几天，终于想出一个立木取信的办法，树立威信，让人知道，不敢轻易以身试法。商鞅派人在都城南门外竖了一根三丈长的木棒，并在旁边出了一道告示："谁能把这根木棒，搬到北门去的，赏给十两金子。"于是市民奔走相告，南门外观者如云，人头攒动，热闹非常，大家都停下来边看木棒边看告示，议论纷纷。

有人说："这根木棒没有多重，搬到北门去，不费多大力气，怎么会赏十两金子！"

又有人说："天下哪有这等便宜事？是不是当官的闲着无事，跟老百姓开玩笑啊！拿老百姓当傻子。"

总之，老百姓感到此事古怪，疑惑不决，不相信真会赏给十两金子，谁也不肯上前去搬木棒。

商鞅见没有人肯搬，知道人们不信，故意说成是赏金不够，又重新出了一道告示，把奖赏的金子提高到五十两。赏金一提高，不料老百姓更加疑惑了。大眼瞪小眼，你看我，我看你，虽然同样没有人肯搬，疑惑却也加重了，围观的人更多了。

等了好久，终于有一个小伙子挤到木棒前，壮着胆子说："我来试试看，权当一回傻瓜吧。"说完，他肩扛木棒，直向北门走去，后边跟着一群看热闹的人，都怀着好奇心，想看一看他能不能得到五十两赏金。扛木棒的小伙子到了北门，商鞅立即叫人当众赏给他五十两金子。看到的人，没有一个不惊奇的。这件事一下子传遍了秦国，大家都说："左庶长令出必行，果然说到做到。"

商鞅变法立木取信，引起了很大的反响。这时，商鞅正式颁布变法令，全国各地官员推行新法不敢怠慢。公元前350年，又进行了第二次变法。

通过改革，秦民勇于公战，怯于私斗，国殷民富，一跃而成为强国。公元前352年，商鞅领兵攻打魏国安邑，获得胜利。公元前340年，商鞅再次领兵伐魏，俘获了魏将公子卬。魏国连遭打击，把黄河以西的大片领土割让给秦国，秦国东边疆界达到黄河岸边。魏国为了避开秦国的锋芒，把国都从安邑迁到大梁。这时魏王深深后悔没听公叔座的话，要么重用商鞅，要么杀掉商鞅。

由于变法的成功和军功，秦孝公封公孙鞅为列侯，把商、于等十五个城邑赐给公孙鞅为采邑，从此，公孙鞅得了商鞅之号。

当然，变法绝不是一帆风顺的。实行新法的第一年，国都就有几千人反对，太子带头犯法。商鞅认为，新法推行受到阻碍，原因是在上位的贵族反对。太子犯法，也要处罚。但是太子是一国之储君，不能用法，商鞅就惩处太子的两个老师公子虔和公孙贾。第二次公布新法，公子虔又来触犯，商鞅给予了严厉惩处，将他鼻子给割了，称为劓刑。

新法执行了十年，秦民丰衣足食，非常高兴。这时又有许多最初反对新法的人来称颂新法很好。商鞅说："这帮人无事生非，是扰乱教化的刁民，统统严惩。"于是把这些人全都放逐到边疆。又一次，他在渭水河边判决罪犯，杀了许多的人，使渭水都变成了红色。商鞅又轻罪重判，把灰洒在路上的人也要加刑。他不容忍任何人议论新法，违犯新法。因此，史称"商鞅相秦，用法严酷"，得罪了不少的人。

公元前 338 年，秦孝公死，太子即位，这就是秦惠王。太子的老师公子虔等人反扑过来，他们捏造罪名，诬告商鞅谋反，秦惠王竟族灭商鞅，还把他的尸体车裂示众。

樗里子甘茂列传

本篇选自《樗里子甘茂列传》所附甘罗传。樗里子和甘茂是战国中期秦国的两员大将，对开拓秦国立有大功，两人合传。甘茂是甘罗的祖父，仕于秦昭王，不仅善战，而且长于外交，为秦国的统一事业立下汗马功劳。由于奸臣排挤，甘茂被迫流亡齐国，家产也被抄没。甘罗受家庭熏陶，少小聪明，有神童之称，被秦国相国文信侯吕不韦看中，收在相国府中差使，名义叫庶子，实质是丞相身边的亲随。这一特殊环境与家庭变故，使甘罗受到政治洗礼，更加成熟起来，很受吕不韦的赏识。他十二岁就做了秦国大使级外交官，出使赵国建立了奇功。甘罗回国，秦王嬴政（即后来的秦始皇）破格提升他为上卿。上卿相当于现在的副总理。

甘罗者，甘茂孙也。茂既死后，甘罗年十二，事秦相文信侯吕不韦。

秦始皇帝使刚成君蔡泽于燕，三年而燕王喜使太子丹入质于秦。秦使张唐往相燕，欲与燕共伐赵以广河间之地①。张唐谓文信侯曰："臣尝为秦昭王伐赵，赵怨臣，曰：'得唐者与百里之地。'今之燕必经赵，臣不可以行。"文信侯不快，未有以强也。甘罗曰："君侯何不快之甚也？"文信侯曰："吾令刚成君蔡泽事燕三年，燕太子丹已入质矣，吾自请张卿相燕而不肯行②。"甘罗曰："臣请行之。"文信侯叱曰："去！我身自请之而不肯，女焉能行之？"甘罗曰："大项橐生七岁为孔子师③。今臣生十二岁于兹矣，君其试臣，何遽叱乎？"于是甘罗见张卿曰："卿之功孰与武安君？"卿曰："武安君南挫强楚，北威燕、赵，战胜攻取，破城堕邑，不知其数，臣之功不如也。"甘罗曰："应侯之用于秦也④，孰与文信侯专⑤？"张卿曰："应侯不如文信侯专。"甘罗曰："卿明知其不如文信侯专与。"曰："知之。"甘罗曰："应侯欲攻赵，武安君难之，去咸阳七里而立死于杜邮⑥。今文信侯自请卿相燕而不肯行，臣不知卿所死处矣。"张唐曰："请因孺子行。"令装治行。

行有日，甘罗谓文信侯曰："借臣车五乘，请为张唐先报赵。"文信侯乃入言之于始皇曰："昔甘茂之孙甘罗，年少耳，然名家之子孙，诸侯皆闻之。今者张唐欲称疾不肯行，甘罗说而行之。今愿先报赵，请许遣之。"始皇召见，使甘罗于赵。赵襄王郊迎甘罗。甘罗说赵王曰："王闻燕太子丹入质秦欤？"曰："闻之。"曰："闻张唐相燕欤？"曰："闻之。""燕太子丹入秦者，燕不欺秦也。张唐相燕者，秦不欺燕也。燕、秦不相欺者，伐赵，危矣。燕、秦不相欺无异故，欲攻赵而广河间。王不如赍臣五城以广河间⑦，请归燕太子⑧，与强赵攻弱燕。"赵王立自割五城以广河间。秦归燕太子。赵攻燕，得上谷三十城⑨，令秦有十一。

甘罗还报秦，乃封甘罗以为上卿，复以始甘茂田宅赐之。

【注释】　①广河间之地：增大河间的地方。河间，漳水与黄河之间一带地方，原赵地，此时已属秦。②卿：张唐字。③大项橐：按，《索隐》《正义》皆云"尊其道德，故曰大"。但据《校补》所引泷、庆、殿、凌诸本，"大"作"夫"，《战国策·秦策五》亦作"夫"。兹录以备考。④应侯：即范雎，害死秦将白起。⑤专：专擅国政。⑥杜邮：地名，在咸阳东，白起赐死处。⑦赍：送。甘罗请赵送五城于秦以广河间。⑧请归燕太子：即秦与燕绝交。⑨上谷：燕郡名，在河北宣化、怀来一带。

【评析】　秦相国吕不韦打算联合燕国夹击赵国，趁机也扩大自己的封地河间。燕王听从秦使者刚成君蔡泽的计谋，与秦结盟，还派出太子到秦国去做人质。燕太子丹到秦国以后，秦国要派一位大臣去燕国作人质。吕不韦打算派张唐使燕，这样秦燕两国互派人质，也就是互换大使。张唐不愿去燕国，找了一个冠冕堂皇的借口。张唐对吕不韦说："从秦国到燕国必定经过赵国，我曾经攻打过赵国，赵王十分怨恨我，悬赏一百里地来抓我，恐怕我到不了燕国在半道就成了赵国的俘虏。我个人的安全是小事，可是完不成外交使命，国家就要受到损害，请丞相三思。"吕不韦找不出话来驳倒张唐，只好闷闷不乐回到相国府。

甘罗见吕不韦满脸愁云，很不高兴，他早已猜个八九不离十，于是问道："相国为什么长时间的不高兴呢？"

吕不韦说："我派张唐去燕国做大使，他不肯去，我又找不到理由来说服他，因此闷闷不乐。"

甘罗说："相国不必忧愁，让我去试试，说不定能说服张唐出使燕国哩。"

吕不韦听了不由大怒起来，他大声斥责说："小毛孩不知天高地厚，我堂堂相国都请不动，你有何德何能敢支使张唐？走，给我滚出去。"

甘罗也不生气，不紧不慢地说："相国息怒，听我慢慢说来。古代项橐七岁就做了孔子的老师。我现在十二岁了，怎么就不能做事呢？我是说让我去试一试，我还没去，相国何必急于发火呢！"

吕不韦见甘罗说得有道理，再说当前用人之际就让他去试一试，同时也有点好奇。就这样，吕不韦在复杂心情下派甘罗去说服张唐。

甘罗去见张唐。张唐也知道甘罗的来意，提高警惕，等待甘罗游说。没想到甘罗并不直接谈来意，他提了几个问题，让张唐考虑。

甘罗问张唐："你的功劳与武安君相比，哪个大？"

张唐说："我怎敢和武安君白起将军相比呢！武安君打败强大的楚国、赵国，战必胜，攻必取，我比不上。"

甘罗又说："秦国历史上最有权力的相国要数应侯范雎。你看，如果用范雎与吕不韦相比，哪一个的权力更大？"张唐说："谁不知道当今的相国吕不韦权力更大，应侯范雎哪比得上？"

甘罗说："秦昭王时白起是应侯范雎推荐的大将，由于白起不肯听从范雎的命令去攻打赵国都城邯郸，范雎一句话就要了白起的命，让秦昭王赐死白起，白起被迫自杀了。现在你张卿也是相国吕不韦所用的人，相国让你出使燕国你不去，我不知道你将死在什么地方呢？"

张唐一听，急了起来，在房间来回踱步，连声说："小甘罗，你说得有道理，这可怎么办？这可怎么办？小甘罗，快替我想想办法。"

甘罗说："你必须立即打点行装出发，做出上路的姿态，说不定你还没走出国都城门，相国就会下令免除你的这趟差使。"

张唐立刻高兴起来，对甘罗说："小甘罗，快去回报相国，就说张唐立即出发。我等着你的好消息。"

甘罗回到相国府对吕不韦说："张唐已经答应出使燕国了。不过我还有一计，秦国不用联合燕国攻打赵国，根本不用出兵，赵国就会主动割地给秦，增大河间之地，岂不更好。"

吕不韦说："这当然是上策，你有什么办法来实现吗？"

甘罗说："有。只要相国正式派我出使赵国，规格要高，用五辆车子送行，保证完成使命。"

吕不韦说："好。让我进宫去见秦王，推荐你出使赵国吧。"

吕不韦于是进宫向秦王详详细细地说出原委。他说："从前甘茂的孙子甘罗，年纪很轻，才思敏捷，出身名门卿相家，各国都知道他的名字。我派张唐出使燕国，张唐推三阻四，我没有能力说服张唐，可是甘罗却把张唐说动了，真是不可思议。现在甘罗立下军令状，自告奋勇出使赵国，说服赵国主动割地与秦国亲善，这样就用不着联合燕国攻打赵国了。请大王裁决。"

于是，秦王召见了甘罗，看他一表人才，眉宇间透着灵气，非常高兴。

秦王任命甘罗为特命大使，出访赵国。赵襄王听到消息，亲自到远郊迎接秦使甘罗。甘罗在宴会上向赵王敬酒，十分友好地劝说赵王与秦国交好。

甘罗说："大王，你知道秦燕两国互换大使的事吗？"

赵襄王说："寡人已接到臣下报告，说燕国太子已经到了秦国，秦国大臣张唐即将动身去燕国。"

甘罗说："大王知道秦燕两国互换大使的后果吗？"

赵襄王说："赵国夹在秦燕中间，秦燕交好，对赵国来说形势是严峻的。先生从秦国来，想必有锦囊妙计告知寡人。"

甘罗说："大王，你说得不错，秦燕结盟就是要夹攻赵国。我甘罗不愿秦赵两国打仗，主张睦邻友好，所以才来到赵国。"

赵襄王说："赵国怎样才能避免战争，请先生赐教寡人。"

甘罗说："秦国想扩大河间的地盘，河间原本就是赵国割让给秦国的。我劝大王再割五个城池给秦国，与秦国交好，秦国支持赵国去攻打燕国，从燕国那里去取得补偿。不知大王意下如何？"

赵襄王心里极不高兴，但也没有办法，交好秦国，避免受夹攻，这是没有办法的办法吧。就这样，赵襄王答应了甘罗的条件。甘罗圆满回国。果然，张唐也就不用出使燕国了。

赵国割了五个城池给秦国，取得秦国支持，出兵攻打燕国，取得燕国上谷地区三十座城池，让秦国得了其中的十一个。秦国坐享其成得了十六座城，赵国表面上从燕国取得了补偿，可是与燕国成了仇敌。燕赵相争，秦国得利，甘罗的计谋，使秦国一箭双雕，自己既得利，又让别的国家互相攻击，有利于秦各个击破。

秦王认为甘罗立了大功，拜他为上卿，又把以前甘茂的田地房宅赐还给了甘罗。

甘罗年少，出使赵国，想出奇谋妙计，损害赵国，使秦国得利，说不上是一个敦厚君子，但确实是一个了不起的谋士，所以名传后世。甘罗年少得志，十二岁为上卿，不仅仅是他的聪明与机遇，也是他刻苦学习的结果。试想，他游说张唐与赵王，引用生动的历史事实，得心应手，就是勤奋学习的结果。当然，甘罗计谋之所以得逞，这和秦国的强大有直接关系。强国摆布弱国，大国欺负小国，总能找到借口，编出理由。这就叫弱国无外交，强国左右逢源。所以一个国家要在外交上占主动地位，不仅仅要依靠奇谋智士，更重要的是国力强大。古今中外，都是这个道理。

廉颇蔺相如列传

本篇选自《廉颇蔺相如列传》，内容由三个故事组成：蔺相如使秦完璧归赵，渑池之会蔺相如智折秦王，将相和廉颇负荆请罪。三个故事合成一曲高昂的爱国主义乐章。

《廉颇蔺相如列传》是战国中后期赵国四大忠臣良将的合传。这四大忠臣是：廉颇、蔺相如、赵奢、李牧。涉及人物有三代赵王：赵惠文王、孝成王、悼襄王。此外，宦者令缪贤、军士许历、赵奢子赵括、赵括母附见。本传是一系列人物的合传，写出了赵国由盛而衰到灭亡的过程及原因。秦兵东出，三晋当其冲要。战国时许多大战役就在韩、赵、魏境内进行。本传生动地记述了阏与之战、长平之战、李牧逐胡与秦交战等。战国后期，东方日益削弱，秦国称雄，六国争相与秦连横。在这样的局势下，赵国先后涌现出廉颇、蔺相如、赵奢、李牧等一大批忠臣良将，使赵国一度盛强。三代赵王，一代不如一代，悼襄王糊涂昏聩，杀李牧，自毁长城，赵国也就灭亡了。

廉颇、蔺相如是本传的主要人物，两人一文一武，一将一相，廉颇善战，为蔺相如使秦做后盾，因蔺相如的成功有廉颇的功劳在，将相和而赵强秦不敢欺。司马迁以廉蔺两人名字命篇，就是突出和歌颂廉蔺两人捐嫌而顾全大局的爱国主义思想。

廉颇者，赵之良将也，赵惠文王十六年①，廉颇为赵将伐齐，大破之，取阳晋②，拜为上卿③，以勇气闻于诸侯。蔺相如者，赵人也，为宦者令缪贤舍人④。

赵惠文王时⑤，得楚和氏璧⑥。秦昭王闻之，使人遗赵王书，愿以十五城请易璧⑦，赵王与大将军廉颇诸大臣谋：欲予秦⑧，秦城恐不可得，徒见欺⑨，欲勿予，即患秦兵之来⑩。计未定，求人可使报秦者⑪，未得。宦者令缪贤曰："臣舍人蔺相如可使。"王问："何以知之？"对曰："臣尝有罪，窃计欲亡走燕⑫，臣舍人相如止臣，曰：'君何以知燕王？'臣语曰：'臣尝从大王与燕王会境上，燕王私握臣手，曰"愿结友"，以此知之，故欲往。'相如谓臣曰：'夫赵强而燕弱，而君幸于赵王⑬，故燕王欲结于君，今君乃亡赵走燕⑭，燕畏赵，其势必不敢留君，而束君归赵矣⑮。君不如肉袒伏斧质请罪⑯，则幸得脱矣⑰。'臣从其计，大王亦幸赦臣。臣窃以为其人勇士，有智谋，宜可使⑱。"于是王召见，问蔺相如曰："秦王以十五城请易寡人之璧，可予不⑲？"相如曰："秦强而赵弱，不可不许。"王曰："取吾璧，不予我城，奈何？"相如曰："秦以城求璧而赵不许，曲在赵⑳；赵予璧而秦不予赵城，曲在秦。均之二策㉑，宁许以负秦曲㉒。"王曰："谁可使者？"相如曰："王必无人㉓，臣愿奉璧往使㉔。城入赵而璧留秦；城不入，臣请完璧归赵㉕。"赵王于是遂遣相如奉璧西入秦。

120

秦王坐章台见相如㉖，相如奉璧奏秦王㉗。秦王大喜，传以示美人及左右㉘，左右皆呼万岁。相如视秦王无意偿赵城，乃前曰："璧有瑕㉙，请指示王。"王授璧，相如因持璧却立㉚，倚柱，怒发上冲冠，谓秦王曰："大王欲得璧，使人发书至赵王㉛，赵王悉召群臣议，皆曰：'秦贪，负其强㉜，以空言求璧，偿城恐不可得'，议不欲予秦璧。臣以为布衣之交尚不相欺㉝，况大国乎！且以一璧之故逆强秦之欢㉞，不可。于是赵王乃斋戒五日㉟，使臣奉璧，拜送书于庭㊱。何者？严大国之威以修敬也㊲。今臣至，大王见臣列观㊳，礼节甚倨㊴，得璧，传之美人，以戏弄臣，臣观大王无意偿赵王城，故臣复取璧。大王必欲急臣㊵，臣头今与璧俱碎于柱矣！"相如持其璧睨柱㊶，欲以击柱。秦王恐其破璧，乃辞谢固请㊷，召有司案图㊸，指从此以往十五都予赵㊹。相如度秦特以诈佯为予赵城㊺，实不可得，乃谓秦王曰："和氏璧天下所供传宝也，赵王恐，不敢不献。赵王送璧时斋戒五日，今大王亦宜斋戒五日，设九宾于庭㊻，臣乃敢上璧。"秦王度之，终不可强夺，遂许斋五日，舍相如广成传㊼。相如度秦王虽斋，决负约不偿城，乃使其从者衣褐㊽，怀其璧，从径道亡㊾，归璧于赵。

秦王斋五日后，乃设九宾礼于庭，引赵使者蔺相如㊿。相如至，谓秦王曰："秦自缪公以来二十余君[51]，未尝有坚明约束者也[52]。臣诚恐见欺于王而负赵，故令人持璧归，间至赵矣[53]。且秦强而赵弱，大王遣一介之使至赵[54]，赵立奉璧来，今以秦之强而先割十五都予赵，赵岂敢留璧而得罪于大王乎？臣知欺大王之罪当诛，臣请就汤镬[55]，唯大王与群臣孰计议之[56]！"秦王与群臣相视而嘻[57]。左右或欲引相如去[58]，秦王因曰："今杀相如，终不能得璧也，而绝秦赵之欢，不如因而厚遇之，使归赵，赵王岂以一璧之故欺秦邪？"卒廷见相如，毕礼而归之。

相如既归，赵王以为贤大夫，使不辱于诸侯，拜相如为上大夫[59]。秦亦不以城予赵，赵亦终不与秦璧。

秦伐赵，拔石城⑩。明年⑪，复攻赵，杀二万人。

秦王使使者告赵王，欲与王为好会于西河外渑池⑫。赵王畏秦，欲毋行。廉颇、蔺相如计曰："王不行，示赵弱且怯也。"赵王遂行，相如从。廉颇送至境，与王诀曰⑬："王行，度道里会遇之礼毕⑭，还，不过三十日。三十日不还，则请立太子为王，以绝秦望⑮。"王许之，遂与秦王会渑池。秦王饮酒酣⑯，曰："寡人窃闻赵王好音⑰，请奏瑟⑱！"赵王鼓瑟⑲。秦御史前书曰⑳："某年月日㉑，秦王与赵王会饮，令赵王鼓瑟。"蔺相如前曰："赵王窃闻秦王善为秦声㉒，请奏盆缻秦王㉓，以相娱乐。"秦王怒，不许。于是相如前进缻，因跪请秦王。秦王不肯击缻。相如曰："五步之内，相如请得以颈血溅大王矣㉔！"左右欲刃相如㉕，相如张目叱之㉖，左右皆靡㉗。于是秦王不怿㉘，为一击缻。相如顾召赵御史书曰㉙，"某年月日，秦王为赵王击缻。"秦之群臣曰："请以赵十五城为秦王寿㉚！"蔺相如亦曰："请以秦之咸阳为赵王寿㉛！"秦王竟酒㉜，终不能加胜于赵。赵亦盛设兵以待秦㉝，秦不敢动。

既罢归国，以相如功大，为上卿，位在廉颇之右㉞。廉颇曰："我为赵将，有攻城野战之大功㉟，而蔺相如徒以口舌为劳，而位居我上，且相如素贱人㊱，吾羞，不忍为之下㊲。"宣言曰："我见相如，必辱之。"相如闻，不肯与会。相如每朝时，常称病，不欲与廉颇争列，已而相如出，望见廉颇，相如引车避匿。于是舍人相与谏："臣所以去亲戚而事君者㊳，徒慕君之高义也㊴。今君与廉颇同列，廉君宣恶言㊵，而君畏避之，恐惧殊甚㊶，且庸人尚羞之㊷，况于将相乎！臣等不肖，请辞去。"蔺相如固止之㊸，曰："公之视廉将军孰与秦王？"曰："不若也。"相如曰："夫以秦王之威，而相如廷叱之，辱其群臣，相如虽驽㊹，独畏廉将军哉！顾吾念之，强秦之所以不敢加兵于赵者，徒以吾两人在也，今两虎共斗，其势不俱生，吾所以为此者，以先国家之急而后私仇也。"廉颇闻之，肉袒负荆㊺。因宾客至蔺相如门谢罪，曰："鄙贱之人，不知将军宽之至此也！"

卒相与欢(96)，为刎颈之交(97)。

【注释】 ①赵惠文王十六年：公元前283年。②阳晋：齐邑，在今山东菏泽西北。③上卿：仅次于国相的大臣。④缪（miào）贤：人名，为宦官首领。舍人：担有职事的门客。⑤赵惠文王：战国时赵国国君，公元前298至前266年在位。⑥和氏璧：《韩非子·和氏篇》记叙，楚人卞和于楚山得璞（pú，含玉的石头），经雕琢成美玉，称为和氏璧。⑦易：交换。⑧予（yǔ）：同与。⑨徒见欺：白白地受欺骗。见，被。⑩患：忧虑。⑪求人句：寻求能充当使者去答复秦国的人。⑫窃计：私下打算。⑬幸：受宠信。⑭乃：竟然。⑮束君：把你抓起来。束：捆绑。⑯肉袒：脱去上衣，露出肉体，表示伏罪就刑。⑰幸：侥幸。⑱宜：适宜，胜任。⑲不：读否。⑳曲：理亏。㉑均之二策：衡量这两种办法。均，同“钧”，权衡。㉒宁许句：宁可许诺，使理亏的责任由秦国负担。负：使担负。㉓必：确实，一定。㉔奉：同捧。㉕完璧归赵：将使璧完整地回归赵国。㉖章台：秦宫台名，遗址在今陕西长安故城西南。㉗奏：进献。㉘美人：嫔妃。㉙瑕（xiá）：玉上小赤斑点。㉚却立：后退几步站住。㉛发书：送国书。㉜负：仗恃。㉝布衣之交：平民之间的交往。布衣，古代平民以麻布或葛布为衣，因称平民为布衣。㉞逆：拂逆，触犯。㉟斋戒：古代举行祀典，主祭人必先沐浴、更衣、独宿、戒酒、不茹荤，以表恭敬和隆重。㊱拜送书于庭：赵王在朝廷上拜送国书，表示了对秦的隆重敬礼。庭，同廷，朝廷。㊲严：尊重。修敬：隆重敬礼。㊳列观：便殿。㊴倨（jù）：简易，轻慢。㊵急：逼迫。㊶睨（nì）：斜视。㊷辞谢固请：道歉并再三请相如息怒。㊸案图：指按地图，即请蔺相如察看易璧的十五城邑位置图。㊹都：城邑。㊺度：估计。特：只是。诈：欺骗。佯：假装。㊻九宾：用九个迎宾礼官依次传呼引客上殿，这是古代外交上最隆重的礼节。㊼广成传：宾馆名。㊽衣褐（hè）：化装穿上粗布短衣。㊾径道：便道，小道。㊿引：延请，接引。(51)秦自句：秦自缪公以来至秦昭王，共二十一世十八君，其间有景公、夷公、昭太子三世皆早死不享国。(52)坚明约束：坚定明确地遵守信约。约束，盟约。㊺间至赵矣：已从小路送回赵国了。㊼一介之使：一个使臣。㊽请就汤镬（huò）：愿接受汤镬之刑。汤镬，盛开水的大鼎锅，用以烹人，古代酷刑之一。㊾孰：通熟，仔细。㊿嘻（xī）：苦笑声。58引：推拉相如去受刑。59上大夫：古代卿、大夫均分上、中、下三级。上大夫位次于卿。60石城：赵邑名，在今河南省林县西南。61明年：拔石城后一年，即赵惠文王十九年（前280年）。62为好会于西河外渑池：在西河外的渑池地方进行友好会见。据《六国年表》，其事在公元前279年。西河，陕西东部韩城以南黄河西岸地区。渑池，秦邑名，在今河南省渑池西，地当西河之南，就赵国的位置说，称为西河外。63诀：辞别，多指不再相见的分别。64道里：路程。会遇：见面会谈。65以绝秦望：用以断绝秦国要挟赵国的希望。66酒酣：酒兴正浓的时候。67好音：爱好音乐。68奏瑟：弹奏。瑟，古乐器名，形似琴而身长大，通常配二十五弦。69鼓：弹奏。70御史：官名，战国时是掌管图籍、记载国家大事的史官。前书：上前记录书写。71某年月日：史官记载时是有具体年月日的，《史记》则略而未写。72秦声：秦地的乡土乐曲。73请奏盆缻秦王：请允许我进献盆缻给秦王。奏，有本作"奉"，呈献。缻，同"缶"，盛酒浆的瓦器，秦人歌时习惯击缶为节拍。74五步之内，相如得以颈血溅大王矣：在五步之内（很近的地方），如果我自杀，颈上的血可以溅到大王身上。言外之意，要与秦王拼命。75刃：杀。76叱（chì）：喝骂。77靡（mǐ）：后退、避开。78不怿（yì）：不高兴。79顾召：回过头来嘱咐。80请以赵十五城为秦王寿：请赵王送十五个城邑替秦王祝酒。为寿，祝酒，此指在酒席上赠礼以劝酒。81咸阳：秦国都，遗址在今陕西省咸阳市东。82竟酒：直到酒宴完毕。83盛设兵：设防了重兵。84右：上方，上位。85野战：在要塞或野外与敌人决战。86素贱人：向来地位低下，指相如原是宦者令的舍人。87不忍为之下：不能容忍屈居于相如之下。88去亲戚：离开亲人。89高义：高出于人的行事、道义。90宣恶言：传出坏话。91恐惧殊甚：胆怯得太过分了。92庸人：平凡的人，指普通平民。93固止之：坚决阻止他们离去，即真情挽留。94驽：劣马，此喻人才拙劣。95负荆：背负荆杖。荆，指用带刺的荆条做成的鞭子。⑨欢：交好。⑰刎颈之交：生死之交，急难时可以互为牺牲生命。

【评析】　廉颇、蔺相如都是赵国的忠臣良将。他们不仅智勇兼备，而且品德高尚，先国家之急而后私仇，故能在保卫赵国，抗击强秦以及在外交斗争中立下卓越的功勋。

蔺相如大智大勇，通过三个故事来表现："完璧归赵"写他的勇，"渑池之会"写他的智，"将相和"写他的德。蔺相如之勇、之智、之德，凝聚为一种精神，就是他忠于国家的爱国主义精神。

秦昭王欲以十五城易赵和氏璧，这是强国对弱国进行的一场政治讹诈。一块玉璧，无论多宝贵，是不能与十五座城池相提并论的。当时秦强赵弱，但赵有良将廉颇，"以勇气闻于诸侯"，秦国也不敢贸然对赵国发动进攻，所以秦国君臣想出了以城易璧的策略，借以试探赵国君臣的胆略和维护国家尊严的决心。以十五城的高价易璧，这一过分悬殊的不等价交换出于强秦之口，显然是来意不善。赵国答应易璧，等于是自甘屈服，拱手送璧入秦，则强秦之求索无已，赵国是不能忍受的。如不答应，秦国就可以堂堂正正地出兵侵赵。赵国君臣十分清楚秦国的这一政治阴谋。所以赵王与廉颇等诸大臣谋："欲与秦，秦城恐不可得；欲勿予，即患秦兵来。"赵国处于被动局面，"予"或"勿予"都将面临战争的威胁。这是弱国外交难为计的必然形势。在权衡利弊之后，赵国君臣决定仍从外交斗争寻求解决，化被动为主动。但"求人可使报秦者，未得"，满朝文武无人敢承担。在这紧要关头，蔺相如由于宦者令缪贤的推荐，出场"亮相"，愿意承担使秦的任务，保证完成使命。

史称秦为"虎狼之国"，极言其贪暴无信。蔺相如有备而出使，又明确了斗争目的，所以能够做到随机应变，处处争取主动。秦王在章台宫殿接见蔺相如，传璧以示美人及左右，没有举行隆重的接见礼，完全暴露了无意偿赵地的图谋。蔺相如当机立断，机智地索回和氏璧，义正词严地指斥秦王的轻慢无礼，揭穿了秦国君臣以城易璧的骗局，从而在道义上和气势上占了上风，但对于强暴之秦，单以理喻是不能取胜的，

125

还必须动之以利害。此时蔺相如以国事为重，置个人安危于不顾，以大义凛然之正气怒发冲冠，以大勇无畏之行动举璧睨柱。秦若逼迫，蔺相如虽然玉碎身亡，但赵国的国家尊严得以维护，秦国杀使夺璧之恶名必远扬诸侯，而璧玉又不得。这意味着秦国在外交上的彻底失败。"三军可夺帅，匹夫不可夺志"。秦王不得不辞谢固请，召有司案图，装出一副偿赵城的样子。蔺相如取得了完全的主动，终于不辱使命，完璧归赵，赢得了外交斗争的第一次胜利。

蔺相如廷叱秦王，并非凭血气之勇。当时赵国是东方的强国。本来东方六国齐最富，曾和秦争为帝。廉颇大破齐国后，名震诸侯。赵有廉颇，给蔺相如使秦作了坚强后盾。这一层关系，"渑池斗智"表现得更清楚。相如请秦王击缶，召入御史书，又请秦咸阳为赵王寿，一次又一次挫败了秦王的锐气，直到盟会结束，秦王终不能加胜于赵。蔺相如以他的智，再次取得了外交斗争的胜利。但这斗智的背后，却包含了廉颇之勇。"赵亦设盛兵以待秦，秦不敢动"。廉颇在军事上配合相如斗智，亲送赵王至边境，作了周密的防范，震慑了秦人，使他们不敢轻举妄动。

廉颇与蔺相如相较，资格老，建功早。传文一开头就点出了，"廉颇者，赵之良将也"。他有攻城野战之功，"以勇气闻于诸侯"，位为上卿。这时的蔺相如才是一个宦者令的舍人，名不显而声不彰。但他有着杰出的政治才能，智勇双全，胆识超群。在完璧归赵和渑池之会的两场外交斗争中，蔺相如脱颖而出，挫败了强秦，为国家争得了荣誉，所建功勋不减攻城野战。蔺相如由一介布衣一跃而为上卿，位在廉颇之上。廉颇不服，认为蔺相如"徒以口舌为劳"，声言要当众羞辱他。一个是勇将，一个是智士。蔺相如深知，"强秦之所以不敢加兵于赵者，徒以吾两人在也"，而今二人相斗，如两虎相扑，"其势不俱生"，这将危及国家的安危。他顾全大局，称病不朝，"不欲与廉颇争列"。道遇廉颇，"引车避匿"。蔺相如之所以如此，并不是畏惧廉颇，而是"先国家之急而后私仇"。相比之下，廉颇意气用事，争个人名位，真是太渺小了。但是廉颇思想上虽然有恃功争胜的消极面，可这消极面正反映了一员勇将的粗豪。蔺相如的退避也可以说是对症下药。他抓住了廉颇忠勇爱国的思想本质，采取了感化争取的策略，团结了廉颇，为国家惜栋梁之才。因为以相如之智，搞权谋斗争，廉颇根本就不是对手。廉颇争胜，无非是争个人的面子。相如退让，廉颇似乎很有面子，却暴露了自己的不识大体。廉颇一旦明白过来，悔恨交加，立即负荆请罪，肉袒谢相如。廉颇勇于改过的精神同样是出于"先国家之急而后私仇"，这就是廉蔺交欢的思想基础。历代以来，"将相和"的故事深入人心，被人民群众口耳相传，正说明了先公后私这种思想的感人至深。

刺客列传

本篇选自《刺客列传》中荆轲刺秦王的故事。《刺客列传》依时间序列载述了春秋战国时期五名刺客的行事，即鲁之曹沫劫齐桓公、吴之专诸刺吴王僚、晋之豫让刺赵襄子、轵之聂政刺韩相侠累、燕之荆轲刺秦王政。上述五名刺客以曹沫、荆轲两人事迹意义最重大，皆抗御强国兼小，具有反暴的正义精神。荆轲之事写得最为精彩。在秦快要进兵燕国之际，为免除燕国遭吞并之祸，荆轲受太子丹之遣，进入"不测之强秦"行刺秦王。司马迁以赞颂、同情的笔调，写出了荆轲刺秦王的过程。尽管荆轲的举动不合于统一的历史潮流，因而无助于燕的命运，但他那种乐于扶助弱小、敢于反抗强暴、见义勇为、不怕牺牲的献身精神，则依然值得肯定。因而关于荆轲刺秦王的故事，不但广为流传于后世，而且还博得了人们的同情和赞扬。千百年来无数甘心为国捐躯的志士也都从荆轲的身上汲取了精神力量。

荆轲者，卫人也。其先乃齐人，徙于卫，卫人谓之庆卿。而之燕，燕人谓之荆卿①。

荆卿好读书、击剑，以术说卫元君②，卫元君不用。其后秦伐魏，置东郡，徙卫元君之支属于野王③。

荆轲尝游过榆次④，与盖聂论剑，盖聂怒而目之。荆轲出，人或言复召荆卿。盖聂曰："曩者吾与论剑有不称者⑤，吾目之；试往，是宜去，不敢留⑥。"使使往之主人，荆卿则已驾而去榆次矣。使者还报，盖聂曰："固去也，吾曩者目摄之⑦！"

荆轲游于邯郸，鲁勾践与荆轲博，争道⑧，鲁勾践怒而叱之，荆轲嘿而逃去，遂不复会。

荆轲既至燕，爱燕之狗屠及善击筑者高渐离⑨。荆轲嗜酒，日与狗屠及高渐离饮于燕市，酒酣以往，高渐离击筑，荆轲和而歌于市中⑩，相乐也，已而相泣，旁若无人者。荆轲虽游于酒人乎⑪，然其为人沈深好书⑫；其所游诸侯，尽与其贤豪长者相结⑬。其之燕，燕之处士田光先生亦善待之，知其非庸人也。

居顷之，会燕太子丹质秦亡归燕。燕太子丹者，故尝质于赵，而秦王政生于赵，其少时与丹欢。及政立为秦王，而丹质于秦。秦王之遇燕太子丹不善，故丹怨而亡归。归而求为报秦王者，国小，力不能。其后秦日出兵山东以伐齐、楚、三晋，稍蚕食诸侯，且至于燕⑭，燕君臣皆恐祸之至。太子丹患之，问其傅鞠武⑮。武对曰："秦地遍天下，威胁韩、魏、赵氏。北有甘泉、谷口之固⑯，南有泾、渭之沃，擅巴、汉之饶⑰，右陇、蜀之山⑱，左关、殽之险⑲，民众而士厉⑳，兵革有余。意有所出㉑，则长城之南，易水之北㉒，未有所定也㉓。奈何以见陵之怨㉔，欲批其逆鳞哉㉕！"丹曰："然则何由㉖？"对曰："请入图之㉗。"

居有间，秦将樊于期得罪于秦王㉘，亡之燕。太子受而舍之㉙。鞠武谏曰："不可，夫以秦王之暴，而积怒于燕，足为寒心㉚；又况闻樊将军之所在乎？是谓'委肉当饿虎之蹊'也㉛，祸必不振矣㉜！虽有管、晏，不能为之谋也。愿太子疾遣樊将军入匈奴以灭口㉝。请西约三晋，南连齐、楚，北购于单于㉞，其后乃可图也。"太子曰："太傅之计，旷日弥久，心惛然㉟，恐不能须臾。且非独于此也，夫

128

樊将军穷困于天下，归身于丹，丹终不以迫于强秦而弃所哀怜之交^㊱，置之匈奴，是固丹命卒之时也^㊲。愿太傅更虑之。"

鞠武曰："夫行危欲求安，造祸而求福，计浅而怨深，连结一人之后交^㊳，不顾国家之大害，此所谓'资怨而助祸'矣^㊴。夫以鸿毛燎于炉炭之上^㊵，必无事矣。且以雕鸷之秦^㊶，行怨暴之怒，岂足道哉^㊷！燕有田光先生，其为人智深而勇沉^㊸，可与谋。"太子曰："愿因太傅而得交于田先生，可乎?"鞠武曰："敬诺。"

出见田先生，道："太子愿图国事于先生也^㊹。"田光曰："敬奉教。"乃造焉^㊺。太子逢迎^㊻，却行为导^㊼，跪而蔽席^㊽。田光坐定，左右无人，太子避席而请曰^㊾："燕、秦不两立，愿先生留意也^㊿"。田光曰："臣闻骐骥盛壮之时，一日而驰千里；至其衰老，驽马先之⁵¹。今太子闻光盛壮之时，不知臣精已消亡矣。虽然，光不敢以图国事，所善荆轲可使也。"太子曰："愿因先生得交于荆卿，可乎?"田光曰："敬诺。"即起趋出。太子送至门，戒曰："丹所报⁵²，先生所言者，国之大事也，愿先生勿泄也！"田光俯而笑曰⁵³："诺。"

偻行见荆卿曰⁵⁴："光与子相善，燕国莫不知。今太子闻光壮盛之时，不知吾形已不逮也⁵⁵，幸而教之曰：'燕、秦不两立，愿先生留意也。'光窃不自外⁵⁶，言足下于太子也⁵⁷。愿足下过太子于宫⁵⁸。"荆轲曰："谨奉教。"田光曰："吾闻之：'长者为行，不使人疑之。'今太子告光曰：'所言者，国之大事也，愿先生勿泄。'是太子疑光也。夫为行而使人疑之，非节侠也⁵⁹。"欲自杀以激荆卿，曰："愿足下急过太子，言光已死，明不言也⁶⁰。"因遂自刎而死。

荆轲遂见太子，言田光已死，致光之言⁶¹。太子再拜而跪，膝行流涕。有顷而后言曰："丹所以诫田先生毋言者，欲以成大事之谋也。今田先生以死明不言，岂丹之心哉！"荆轲坐定，太子避席顿首曰⁶²："田先生不知丹之不肖，使得至前，敢有所道⁶³，此天之所以哀燕而不弃其孤也⁶⁴。今秦有贪利之心，而欲不可足也。非尽天下之地，臣海内之王者⁶⁵，其意不厌⁶⁶。今秦已虏韩王，尽纳其地。又举兵南伐楚，北临赵。王翦将数十万之众距漳、邺⑥。而李信出太原、云中⑧。赵不能支秦⑩，必入臣；入臣，则祸至燕。燕小弱，数困于兵，今计举国不足以当秦。诸侯服秦，莫敢合从。丹之私计，愚以为诚得天下之勇士使于秦，窥以重利⑩，秦王贪，其势必得所愿矣⑪。诚得劫秦王，使悉反诸侯侵地⑫，若曹沫之与齐桓公，则大善矣；则不可⑬，因而刺杀之。彼秦大将擅兵于外⑭，而内有乱，则君臣相疑，以其间⑮，诸侯得合从，其破秦必矣。此丹之上愿，而不知所委命⑯，唯荆卿留意！"

久之，荆轲曰："此国之大事也，臣驽下⑰，恐不足任使⑱。"太子前，顿首，固请毋让，然后许诺。于是尊荆卿为上卿⑲，舍上舍⑳。太子日造门下，供太牢㉑，具异物㉒，间进车骑美女㉓，恣荆轲所欲㉔，以顺适其意。

久之，荆轲未有行意。秦将王翦破赵，虏赵王㉕，尽收入其地。进兵北略地㉖，至燕南界。太子丹恐惧，乃请荆轲曰："秦兵旦暮渡易水，则虽欲长侍足下，岂可得哉！"荆轲曰："微太子言㉗，臣愿谒之㉘。今行而毋信㉙，则秦未可亲也㉚。夫樊将军，秦王购之金千斤、邑万家，诚得樊将军首与燕督亢之地图㉛，奉献秦王，秦王必悦见臣，臣乃得有以报㉜。"太子曰："樊将军穷困来归丹，丹不忍以己之私而伤长者之意，愿足下更虑之。"

荆轲知太子不忍，乃遂私见樊于期，曰："秦之遇将军可谓深矣㉝，父母宗族皆为戮没㉞。今闻购将军首金千斤、邑万家，将奈何？"于期仰天太息流涕，曰："于期每念之，常痛于骨髓㉟，顾计不知所出耳㊱！"荆轲曰："今有一言可以解燕国之患，报将军之仇者，何如？"于期乃前曰："为之奈何？"荆轲曰："愿得将军之首，以献秦王，秦王必喜而见臣，臣左手把其袖，右手揕其匈㊲，然则将军之仇报，而燕见陵之愧除矣。将军岂有意乎㊳？"樊于期偏袒搤捥而进曰㊴："此臣之日夜切齿腐心也㊵，乃今得闻教！"遂自刭。

太子闻之，驰往，伏尸而哭，极哀。既已不可奈何，乃遂盛樊

130

于期首函封之⑩。于是太子豫求天下之利匕首⑩，得赵人徐夫人匕首⑩，取之百金。使工以药粹之⑩，以试人，血濡缕，人无不立死者⑩。乃装为遣荆卿⑩。燕国有勇士秦舞阳，年十三杀人，人不敢忤视⑩。乃令秦舞阳为副。

荆轲有所待，欲与俱。其人居远，未来，而为治行⑩。顷之，未发，太子迟之⑩，疑其改悔，乃复请曰："日已尽矣，荆卿岂有意哉⑩？丹请得先遣秦舞阳。"荆轲怒。叱太子曰："何太子之遣！往而不返者，竖子也⑪！且提一匕首入不测之强秦，仆所以留者，待吾客与俱。今太子迟之，请辞决矣⑫！"遂发。

太子及宾客知其事者，皆白衣冠以送之⑬，至易水之上，既祖⑭，取道⑮，高渐离击筑，荆轲和而歌，为变徵之声⑯。士皆垂泪涕泣。又前而为歌曰："风萧萧兮易水寒，壮士一去兮不复还！"复为羽声慷慨⑰，士皆瞋目⑱，发尽上指冠。于是荆轲就车而去，终已不顾⑲。

遂至秦，持千金之资币物，厚遗秦王宠臣中庶子蒙嘉⑳。嘉为先言于秦王，曰："燕王诚振怖大王之威㉑，不敢举兵以逆军吏㉒，愿举国为内臣㉓，比诸侯之列㉔，给贡职如郡县㉕，而得奉守先王之宗庙㉖。恐惧不敢自陈，谨斩樊于期之头，及献燕督亢之地图，函封，燕王拜送于庭，使使以闻大王。唯大王命之。"

秦王闻之，大喜。乃朝服㉗，设九宾㉘，见燕使者咸阳宫㉙。荆轲奉樊于期头函，而秦舞阳奉地图匣，以次进㉚。至陛㉛，秦舞阳色变振恐。群臣怪之。荆轲顾笑舞阳，前谢曰："北蕃蛮夷之鄙人㉜，未尝见天子，故振慑㉝。愿大王少假借之㉞，使得毕使于前㉟。"秦王谓轲曰："取舞阳所持地图。"轲既取图奏之㊱。秦王发图㊲，图穷而匕首见㊳。因左手把秦王之袖，而右手持匕首揕之。未至身，秦王惊，自引而起㊴，袖绝。拔剑，剑长，操其室㊵；时惶急，剑坚，故不可立拔。荆轲逐秦王，秦王环柱而走。群臣皆愕，卒起不意㊶，尽失其度㊷。而秦法，群臣侍殿上者，不得持尺寸之兵，诸郎中执兵⑭，皆陈殿下，非有诏召，不得上。方急时，不及召下兵，以故荆轲乃逐秦王。而卒惶急，无法以击轲，而以手共搏之。是时，侍医夏无且以其所奉药囊提荆轲也⑭。秦王方环柱走，卒惶急，不知所为，左右乃曰："王负剑⑭！"负剑，遂拔，以击荆轲，断其左股。荆轲废⑭，乃引其匕首以擿秦王，不中，中铜柱。秦王复击轲，轲被八创。轲自知事不就，倚柱而笑，箕倨以骂曰⑭："事所以不成者，以欲生劫之⑭，必得约契以报太子也⑭。"于是左右既前杀轲，秦王不怡者良久⑮。已而论功赏群臣及当坐者各有差⑮；而赐夏无且黄金二百镒，曰："无且爱我，乃以药囊提荆轲也。"

于是秦王大怒，益发兵诣赵⑮，诏王翦军以伐燕。十月而拔蓟城⑯。燕王喜、太子丹等尽率其精兵，东保于辽东⑭。秦将李信追击燕王急，代王嘉乃遗燕王喜书曰："秦所以尤追燕急者，以太子丹故也。今王诚杀丹献之秦王，秦王必解，而社稷幸得血食⑯。"其后李信追丹，丹匿衍水中⑯，燕王乃使使斩太子丹，欲献之秦，秦复进兵攻之。后五年⑮，秦卒灭燕，虏燕王喜。

其明年，秦并天下，立号为皇帝。于是秦逐太子丹、荆轲之客⑱，皆亡⑲。

鲁勾践已闻荆轲之刺秦王，私曰："嗟乎！惜哉其不讲于刺剑之术也⑯！甚矣，吾不知人也⑯！曩者吾叱之，彼乃以我为非人也⑯。"

【注释】　①庆卿、荆卿：卿，是对男子的美称。荆轲，齐人，本姓庆，出齐大姓庆氏之后。燕人呼庆为荆，方音。庆与荆，一音之转。②术：剑术。③徙卫之君句：卫都濮阳，为秦所攻，卫于是徙于宗主国魏之野王县（在今河南沁阳）。④榆次：赵邑，在今山西省榆次县。⑤有不称者：论剑话不投机，有冒犯的言辞。⑥试往：试一试去他住地找找看，他当是走了，不敢停留。⑦目摄之：怒目瞪眼已把他吓坏了。⑧博：下棋。争道：争走棋子的胜负手。⑨筑（zhú）：古代的一种弦乐器，用竹尺击弦发音。⑩和：扣紧筑声而歌。⑪游于酒人：混迹于酒徒之中。⑫沈深好书：稳重沉着，爱好读书。⑬其所游句：与所有贤士、豪杰、年高有德的人相交往。⑭且：将，秦兵眼看要打到燕国了。⑮傅：即太傅。⑯甘泉：山名，在今陕西省淳化县西北。谷口：泾水穿山之口，在今陕西省泾阳县西北。两处均为当时秦国北边险要之地。⑰擅：据有。⑱右陇蜀之山：指秦国西部有陇山、秦岭等山地。⑲左关、殽之险：指秦国东边有函谷关（今河南省灵宝市西南）和殽山（今河南省洛宁县北）险要之地。⑳士厉：士卒勇猛。厉，磨练，指训练有素。㉑意有所出：假如秦想图燕的话。㉒长城之南，易水之北：指全燕之地。燕北有长城，南有易水与赵为界。易水即今河北易县境内的大清河支流。㉓未有所定也：那么燕就没有一块安定的地方了。㉔见陵：指燕太子丹被秦王欺凌。㉕批其逆鳞：指触怒秦王，将遭不测。批，触动。逆鳞，《韩非子·说难》说龙喉下有倒生之鳞，如被触动，便要杀人。逆鳞喻人主发怒。㉖何由：怎么办？难道罢了不成。㉗请入图之：允许我深思熟虑后再作打算。入，深入，细思。㉘樊於（wū）期（jì）：秦将。㉙舍之：收容下来。㉚寒心：胆战心惊。㉛蹊：指老虎出没的路口。㉜不振：不可挽救。㉝灭口：杜绝秦王要挟之口。㉞购：同媾，讲和。㉟心悗（mèn）然：心情忧闷烦乱。悗，通闷。㊱丹终不以句：我总不能因受强秦的逼迫而抛弃我所同情的有难的朋友。㊲命卒之时：命终之时，意谓拼命用人之时，怎能抛弃樊将军呢！㊳后交：新交，指樊于期。㊴资怨而助祸：增加秦对燕的怨恨，助长祸患的到来。㊵以鸿毛燎于炉炭之上：燎鸿毛于炉上：喻燕不敌秦，会一下完蛋。鸿毛，鸿雁毛。炉，烧。㊶雕鸷：两种凶猛的鸟。比喻秦极凶残。㊷岂足道哉：燕必为秦所灭，难道还用说吗？㊸智深：智慧藏于内。勇沉：勇气潜于心而表现十分沉着。㊹图国事：商讨国家大事。㊺造：登门拜访。㊻逢迎：前去迎接。㊼却行为导：主人在前倒退而行，为客人引路，以示对客人恭敬。㊽跪而蔽席：跪着把座席扫拂干净，请客人入座。蔽，掸拂。㊾避席：古人之礼，离开原来座位请教，示极尊敬。㊿留意：放在心上。51驽马先之：●劣等马也会跑在衰老的良马前头。52报：告诉的事。53俯：点头。54偻行：弯曲腰背行走，形容其老态龙钟。55形已不逮：（我的）身体已赶不上从前了，不中用了。不逮，不及。56光窃不自外：田光私下自认为不是外人，即对燕太子丹推心置腹进言，荐荆轲于丹。⑤言：推荐。⑱过：探访。㊄节侠：有节操的侠士。㊀光已死句：谓田光以死明不泄太子之言。⑥致：转达。㊂避席顿首：离开座位叩头。㊃敢有所道：敢于在你面前表达了我的意愿。㊄不弃其孤：（上天）不抛弃我。孤，本为王侯自称，此处是太子丹自称。㊅臣海内之王：使天下的诸侯王都向秦称臣。㊆厌：同餍，满足。㊇距漳、邺：秦将王翦之军到达了赵国的南境漳河、邺县（在今河北临漳、安阳一带）。㊈太原、云中：赵北部两郡。在今山西北部及相邻的内蒙古托克托一带。㊉支：抵挡。⑩窥以重利：示以重利，引诱秦国。窥，示。⑪其势必得所愿：在重利引诱下，一定能靠近秦王，达到劫持他的目的。⑫反：同返，交还。⑬则不可：倘若不答应。⑭擅兵于外：统率重兵在外。⑮以其间：利用这个间隙。间，间隙，机会。⑯不知所委命：不知把这个使命委托给谁才好。⑰驽下：才智低下（自谦之词）。⑱不足任使：不配担当这个重要使命。⑲上卿：给荆轲以最高禄位。⑳舍上舍：住上等馆舍。㉑供太牢：此谓备办丰盛筵席招待荆轲，牛、羊、豕三牲具称太牢。㉒具异物：备办稀世珍奇的礼品。㉓间进车骑美女：相隔一段时间又选送一批车马、美女，专供荆轲享用。间进：间断地送进，即按时送进。㉔恣荆轲所欲：尽量满足荆轲的欲望。恣，放纵。㉕虏赵王：公元前228年，秦破赵，虏赵王迁。㉖进兵北略地：秦军又向北推进攻取未服的赵地。按，赵国破后，赵公子嘉在代地自立为王，继续抵抗秦兵。㉗微：没有。㉘谒：提出要求。㉙信：示信于秦王的礼物。㉚亲：指接近秦王。㉛督亢：地区名，为燕南部的肥沃之地，当今河北涿县、定兴、新城、固安一带。㉜报：报效太子丹，即劫秦王成功。㉝遇：此指秦王迫害樊于期。深：残酷。㉞戮没：被杀或没入为奴婢。㉟痛于骨髓：痛恨到了极点。㊱顾：只是，但。㊲揕（zhèn）其匈：用剑刺秦王胸膛。揕，刺杀。匈，胸的本字。㊳将军岂有意乎：您是否打算这样做呢？㊴偏袒搤捥：脱下右边长袖，露出右腕，左手抓住右腕。这是极度愤怒激动的表示。搤，同扼。捥，同腕。㊵切齿腐心：形容愤恨至极，痛恨得咬牙切齿，连心都破碎了。腐心，心碎欲裂。㊶函封：（把头）

134

盛在木匣内封存起来。⑩豫求：预先访求。⑩徐夫人：人名，非妇人之称。⑩以药粹之：把毒汁浸染在匕首的锋刃上。粹同"淬"，把烧红的铁器往水里浸泡。⑩血濡缕句：用这种匕首刺人，只要伤破皮肤，渗出一丝血来，人便立即死亡。濡，沾湿。⑩装：行装。⑩忤视：不礼貌地看人。⑩治行：整治行装。⑩迟之：太子丹嫌荆轲拖延时日。⑩日已尽矣：日子不多了（谓秦军即将打来），荆卿你难道没想到这一层吗？⑪竖子：无能小子。⑪辞决：告别。决，同诀。⑪白衣冠：丧服。用丧服送行，示此行志在必成，不成功，便成仁。⑪祖：祭路神，饯行。⑪取道：上路。⑪变徵之声：悲婉苍凉之声。古代乐音为宫、商、角、徵、羽五音，另又有变宫、变徵二音。变徵介于角、徵之间，相当于今七阶音调中的 F 调，韵味苍凉。⑪羽声：当今之 A 调，慷慨激昂。⑪瞋：感情激动而睁大眼睛。⑪终已不顾：始终连头都不回。⑫中庶子：官名。掌王族户籍。⑫振怖：恐惧。⑫逆军吏：对抗秦军。⑫内臣：内属为臣。⑫比诸侯之列：排列在诸侯朝秦的队伍里。⑫给贡职如郡县：像秦之郡县一样进贡应差。⑫而得奉守先王之宗庙：以便能奉守燕国的先王宗庙，即以内属来换取秦不灭燕。⑫朝服：穿上上朝礼服。⑫设九宾：举行隆重的接待仪式。九宾，傧相九人依次传呼接引上殿。宾，同傧，赞礼之人。⑫咸阳宫：秦都咸阳宫，在这里接待使者最为隆重。⑬以次进：按正、副使先后次序前进。⑬陛：皇宫台阶。⑬北蕃蛮夷之鄙人：北边属国的粗野人。指秦舞阳，没见过世面，故色变，以掩饰其惊慌。北蕃，北方的藩属。⑬振慑：惊恐畏惧。⑬假借：宽容。⑬毕使于前：让他在大王面前完成他的使命。⑬奏之：呈献给秦王。⑬发图：打开卷成一轴的地图。⑬图穷而匕首见：展完图卷露出了匕首。穷：尽。见，读现。⑬自引而起：谓秦王抽身奋起。⑭操其室：抓着剑鞘。室，剑鞘。⑭卒：同猝，突然。⑭尽失其度：满朝文武官员全部惊恐，失去了常态。⑭郎中：官名。掌宫廷侍卫。⑭提：投击。⑭王负剑：大王赶快把剑推到背上再拔。⑭废：倒下。⑭箕踞：伸开两腿而坐，形状似箕，为对人极不礼貌的动作。⑭生劫之：活捉胁迫你。⑭必得约契句：目的只是要得到你退还诸侯侵地的约言好回报燕太子。⑭不怡：不愉快。

⑮当坐：办罪。⑯诣赵：进兵增援驻于赵地的秦兵。⑯十月：指公元前226年秦历十月。蓟城：燕都，在今北京市西南隅。⑯辽东：当今辽宁东南部地区。⑯社稷幸得血食：国家侥幸能保全。社稷，指代国家。⑯衍水：今辽东太子河。⑯后五年：公元前222年。⑯逐：追捕。客：指荆轲与太子丹的党羽。⑯亡：隐匿。⑯惜哉句：可惜荆轲不精通刺剑的技术。⑯甚矣句：我也真是太不了解荆轲了。甚矣，过于。⑯彼乃句：荆轲定然以为我非同道之人。

【评析】　荆轲是战国末年的一个大英雄，他的故事历代以来家喻户晓。荆轲不是一个有声望的公卿贵族，他文不能安邦，武不能定国，没有出将入相，没有惊天动地的功业，他只是当时地位低下的游侠阶层中的一个普通游侠，剑术不精，当时有名望的剑客如盖聂、勾践都看不起他。但荆轲有一惊天动地之举，他刺杀秦王，也就是后来称帝的秦始皇。作为一个刺客，敢行刺国家元首、一国之君，没有过人的胆量是不可想象的。而荆轲所刺的国王，又是千古一帝的秦始皇，于是荆轲名声大振。而荆轲刺秦王还是正义之举，他既不是替个人报仇，也不是被别人收买利用。由于秦国征战东方，使用了野蛮的征服手段，例如秦赵长平之战坑杀赵降卒45万。秦败魏赵的华阳之战，斩魏卒13万，沉赵卒于河2万。秦将白起一人在征战中斩杀东方六国90万人，绝大部分是杀降。秦始皇统一六国，攻下赵都邯郸，亲自去部署屠城。因为秦始皇父亲子楚曾经为质于赵，秦始皇就出生在赵国，免不了受一些气，秦始皇几十年后还不忘报仇。秦统一六国是进步的，但手段是野蛮的。于是荆轲刺秦王就有了争议，是正义行为还是非正义行为。从历史进程来看，荆轲刺秦王好像是非正义行为，但从反对暴政，从当时六国自救的行为来看，荆轲的行动是正义的。所以历来得到人们的称颂。我们今天评价荆轲，当然应当辩证地看到荆轲行刺的两个方面。

荆轲为燕太子丹所请，在这一点上，荆轲的行动又反映了战国时代人们重义气、重然诺的豪侠精神。荆轲以身许燕太子丹，不是报个人私仇，原本也不想杀死秦王，而是效法春秋时曹沫之劫齐桓公，目的是劫持秦王订立盟约，归还六国失地，胜利回归。荆轲并不想与秦王同归于尽，他说："事所以不成者，欲以生劫之，必得约契以报太子也。"这时的形势已与春秋时大不相同。齐桓公尊王攘夷，志在为盟主而已，所以可劫、可盟。而荆轲时代，是国家走向统一，秦王不兼并全天下绝不罢休，因而燕太子丹与荆轲想劫持秦王订盟是迂腐的。荆轲即使劫盟成功，也不能长久维持。今天评价荆轲刺秦王的历史，着重在荆轲的精神，他明知不成功，但义无反顾地前往。《史记·荆轲传》写得极其生动，因为司马迁要借以表彰反暴的精神，所以倾注了全部的感情，所以传记写得极为精彩。荆轲义无反顾的精神，可用一句话概括，叫作："荆轲一怒易水寒。"

荆轲出场，他能忍辱。荆轲与盖聂论剑，而"不称者"，说明他剑术不精，既为后来行刺的失败伏笔，也表明荆轲虚心好学，找高人指点论剑。但盖聂看不起他，不给他传授剑法，还"怒而目之"，后又被鲁勾践"怒而叱之"。荆轲对于这类人身侮辱，并不去计较，不逞匹夫之勇，而是"三十六计，走为上计"，他默默出走，不再复会。这生动地说明荆轲不是一个感情用事、使气好胜的人。他性格沉稳，行为理智，决不为个人小事与人打斗，争个高低，做无谓的牺牲。荆轲也不随便与人交往，轻死去替人家卖命。他受燕太子丹之托，是听了田光论说的天下大势，田光以死激荆轲，行刺是弱者反抗强者的唯一道路。荆轲以身许燕太子丹，他是以身许国。荆轲与狗屠和高渐离等人在闹市击筑饮酒，引吭高歌，时而相乐，时而相泣，"旁若无人"，这种喜怒失常的状态，正是他忧国忧民的思想感情的沉痛反映。这些也就是荆轲行刺秦王大勇精神的基础。

荆轲刺秦王，由燕太子丹出面组织，又是一种国家行为，条件优越。此后张良刺秦始皇，以个人之力组织，十余年时间才好不容易遇到了一个秦始皇出巡的机会，又完全得不到情报，所以失败了。荆轲入秦，有燕国做后盾，情报准确，知道秦王在想些什么。秦王要土地，燕国称臣纳降，可以派荆轲为使，匕首藏在地图中，堂堂皇皇入秦宫殿，靠近秦王，但保密工作要非常彻底。可是仍然有许多曲折。秦王要政敌和叛将樊於期之头，但樊於期投靠燕太子丹，太子丹不忍杀樊於期。于是荆轲找樊於期借头，樊於期为了报仇雪恨，痛快借头，十分悲壮淋漓。易水白衣冠送别，场面更是慷慨激昂，悲壮动人。高渐离击筑，悲绝凄婉，太子丹一行白衣白冠，这真是生离死别。人们与荆轲一道，和着节拍，唱起了壮士之歌："风萧萧兮易水寒，壮士一去兮不复还。"易水上刮来的萧萧风声与悲壮歌声汇集在一起，动人心魄，催人泪下。紧接着歌声由悲凉转向高亢，慷慨激昂，人们的情绪也随之高涨，个个悲愤得头发直竖。荆轲勇往直前，头也不回地踏上了征途。

秦廷行刺，一开始就充满了紧张而又惊险的气氛。燕太子丹配给荆轲的助手秦舞阳是一个杀人不眨眼的恶少年。他十三岁时就杀人，"人不敢忤视"。但他没见过大场面，荆轲对他不信任，而迫于燕太子丹的压力与情面，只好接受了。也正由于此，荆轲思想上也早有准备。秦廷上的森严肃穆，果然震慑了秦舞阳。秦舞阳在殿陛上进献地图，竟吓得浑身发抖，"色变振恐"，立即引起秦廷君臣的疑虑。"群臣怪之"，使得整个宫廷气氛顿时变得紧张起来，眼看行刺的全部计划就要落空，在这千钧一发之际，荆轲镇定自若。他先是回头笑看秦舞阳，接着便对秦群臣解释说："北蕃蛮夷之鄙人，未尝见天子，故振慑。"轻描淡写几句话顿时缓和了气氛，消除秦廷群臣的疑虑，恢复了平静。这里，不仅显示了荆轲的机智、沉着和勇敢，而且更显示了他"不欺其志"，要完成使命的坚定信念。当"秦王发图，图穷而匕首现"时，荆轲便迅猛地把住秦王衣袖，出匕首逼迫秦王。这时荆轲要杀死秦王并不难，但他忠于燕太子丹的嘱托，"欲以生劫之"，逼秦退还"诸侯侵地"，才没有把匕首刺进秦王的胸膛。等到秦王缓过神来，挣脱荆轲，两人"环柱"而走时，秦舞阳早已吓成一摊泥，没有帮上荆轲的忙。秦王的侍臣夏无且用药囊掷荆轲，刹那间给了秦王反击的机会，由于荆轲剑术不精，为秦王所伤。最后荆轲身受八处重伤，左股被砍断，已经不能动弹，还"倚柱而笑，箕倨以骂"，毫无惧色。秦王令群臣上殿刺杀荆轲，他仍笑骂不止。荆轲之死，是那样的从容、勇敢、坚强，真是重于泰山。作者司马迁十分惋惜荆轲壮志未酬。他在传末借鲁勾践的口说："嗟乎！惜哉其不讲于刺剑之术也，甚矣，吾不知人也！曩者吾叱之，彼乃以我为非人也！"

荆轲剑术不精，用匕首投刺秦王不中，因而失败了。但是，即使荆轲刺杀成功，也注定要失败，因为"悉反诸侯侵地"，不合历史潮流，秦国是不会这样做的。春秋战国以来，长时期的战乱，给社会带来无穷痛苦，人民渴望统一，而群雄割据，统一必须使用暴力。尽管秦取天下多暴，坑杀降卒，史不绝书，但秦统一符合历史进程，是受到司马迁肯定的。《六国年表序》说："秦取天下多暴，然世异变，成功大。"又说："学者牵于所闻，见秦在帝位日浅，不察其终始，因举而笑之，不敢道，此与以耳食无异，悲夫！"司马迁批判了西汉那些否认秦朝历史地位的肤浅观点，称这些学者为耳食之儒，迂腐可笑。但肯定秦统一战争的进步，不等于肯定秦朝施政的暴虐，秦二世而亡，就是对其暴政历史的否定。荆轲刺秦王，赢得天下人的同情，就因为荆轲反暴，他代表弱国人民抗强，且"不欺其志"，悲壮激烈，是值得赞赏的。荆轲传写得酣畅淋漓，是非常精彩的篇章。

司马相如列传

本篇选自《司马相如列传》，讲述又一个奇女子自主婚姻的故事。本文主人公卓文君不向命运低头，勇敢地把握个人的幸福，这一点可与本书所选另一个奇女子太史螫女相提并论。

司马相如字长卿，西汉蜀郡成都人，著名辞赋家、才子。卓文君，富室之女，才貌双绝，奇女。才子风流韵事多，司马相如以弹琴挑逗卓文君，两人相爱私奔，在文坛上传为佳话。

《司马相如列传》在《史记》中是不多见的恢宏大传，九千余言。内容有两个部分：一是记述司马相如一生经历，他青年时长期客游诸侯，与当代文士枚乘、邹阳等友善，后为汉武帝文学侍从，支持汉武帝开通西南夷，主张大一统，并出使西南夷，故其传与

《西南夷列传》并编；二是大量录载司马相如的文学作品，计有《子虚赋》《上林赋》《喻巴蜀檄》《难蜀父老》《上书谏猎》《哀秦二世赋》《大人赋》《封禅文》等，达八篇之多，篇幅占全传十之七八，司马相如传世的主要作品赖此传得以保存。

司马相如者，蜀郡成都人也，字长卿。少时好读书，学击剑，故其亲名之曰犬子。相如既学，慕蔺相如之为人，更名相如。以赀为郎①，事孝景帝，为武骑常侍②，非其好也。会景帝不好辞赋，是时梁孝王来朝，从游说之士齐人邹阳、淮阴枚乘、吴庄忌夫子之徒③，相如见而悦之，因病免④，客游梁。梁孝王令与诸生同舍，相如得与诸生游士居数岁，乃著《子虚》之赋。

会梁孝王卒⑤，相如归，而家贫，无以自业。素与临邛令王吉相善⑥，吉曰："长卿久宦游不遂，而来过我⑦。"于是相如往，舍都亭⑧。临邛令缪为恭敬，日往朝相如。相如初尚见之，后称病，使从者谢吉⑨，吉愈益谨肃。临邛中多富人，而卓王孙家僮八百人，程郑亦数百人⑩。二人乃相谓曰："令有贵客，为具召之⑪。"并召令。今既至，卓氏客以百数。至日中，谒司马长卿，长卿谢病不能往，临邛令不敢尝食，自往迎相如。相如不得已，强往⑫，一坐尽倾⑬。酒酣，临邛令前奏琴曰："窃闻长卿好之，愿以自娱⑭。"相如辞谢，为鼓一再行⑮。是时卓王孙有女文君新寡，好音⑯，故相如缪与令相重，而以琴心挑之⑰。相如之临邛，从车骑，雍容闲雅甚都⑱；及饮卓氏，弄琴，文君窃从户窥之，心悦而好之，恐不得当也。既罢，相如乃使人重赐文君侍者通殷勤⑲。文君夜亡奔相如⑳，相如乃与驰归成都。家居徒四壁立㉑。卓王孙大怒曰："女至不材，我不忍杀，不分一钱也。"人或谓王孙，王孙终不听。文君久之不乐，曰："长卿第俱如临邛㉒，从昆弟假贷犹足为主，何至自苦如此！"相如与俱之临邛，尽卖其车骑，买一酒舍酤酒，而令文君当垆㉓。相如身自著犊鼻裈㉔，与保庸杂作㉕，涤器于市中㉖。卓王孙闻而耻之，为杜门不出。昆弟诸公更谓王孙曰[27]："有一男两女，所不足者非财也。今文君已失身于司马长卿，长卿故倦游[28]，虽贫，其人材足依也，且又令客，独奈何相辱如此！"卓王孙不得已，分予文君僮百人，钱百万，及其嫁时衣被财物。文君乃与相如归成都，买田宅，为富人。

【注释】　①以赀为郎：郎官是汉代的宫廷宿卫官，也是一种选官制度。郎官积资简选可充三公九卿的部属或外任令、长。功臣子弟、二千石以上高官子弟得以恩荫为郎。其后博士弟子射策为郎。家赀四万以上的良家子弟简选为郎称赀郎。赀，同资。②武骑常侍：骑郎，侍从天子出巡、打猎。③邹阳、枚乘、庄忌夫子：皆当时著名文士。邹、枚二人《汉书》有传。夫子，尊称。④因病免：指司马相如借口有病辞官。⑤梁孝王卒：梁孝王刘武，汉景帝之弟，死于公元前144年。⑥临邛：县名，即今四川邛崃县。⑦来过我：来拜访我。王吉让司马相如去见他，故设圈套尊贵相如以惊动临邛富人。⑧舍都亭：住宿在临邛的驿亭里。⑨谢吉：司马相如辞绝王吉的拜访，以此抬高自己的身份。⑩卓王孙、程郑，二人为临邛的冶铁巨商，事详见《货殖列传》。⑪为具：置办酒席。⑫强往：强打精神而往。⑬一坐尽倾：在座的所有客人都惊服羡慕。⑭自娱：自我欣赏以为欢娱。此为谦词，意为不敢使相如为客人弹琴而请他自己玩赏。⑮鼓一再行：只弹奏了一两支曲子。鼓，弹奏。行，曲调之称，乐府有长歌行、短歌行等曲名。⑯好（hào）音：擅长音乐。⑰以琴心挑之：司马相如用琴歌来挑逗卓文君，向她诉说爱慕之情。⑱雍容闲雅：仪表堂堂而又文静高雅。甚都：非常大方。都，指都士之人的风度。⑲通殷勤：表达羡慕之情。⑳奔：女子私从男子曰奔。㉑家居句：司马相如的家空荡荡的，只有四面墙壁。徒，唯有，只有。㉒第：但。㉓铲：垆的假借字，垒土为垆，用以热酒。㉔犊鼻裈（kūn）：像牛犊鼻的短裤，即三角裤衩。㉕保庸：雇用工人。㉖涤器：洗刷器皿。㉗昆弟：兄弟。诸公：指临邛长者。㉘长卿故倦游：司马长卿本来是厌倦于官场宦游的人。意谓司马相如曾宦游官场，博学多才，现在不过是宦游厌倦了，并非贱人。

【评析】　西汉初年，蜀郡临邛（今四川邛崃）因其优越的地理位置和丰富的自然资源，富户众多。临邛城内有一财主卓王孙，靠冶铁与货殖致富，甲于王侯，家有僮仆八百余人。高楼大宅门前每天车马川流不息，宽敞的庭院内高朋满座，觥筹交错，来往的客人都是临邛的知名人士、王公富户。殷实富庶的卓府，好似临邛的一座人间天堂。然而，就在这人人羡慕的卓府大院内，偶尔也能听到一两声怨妇的叹息。

原来，卓王孙有一个女儿，名叫卓文君。她从小深得家人宠爱。且容貌出众，聪明过人，琴棋书画，无一不精，尤其擅长音乐，有很高的音乐天赋。然而，就是这样一个多才多艺的美貌女子，在她刚刚步入花季之年时，便被她的父亲许配给同城的一富户之子为妻。过门不久，其夫去世。这个沉重的打击，使文君一下子坠入了无助的深渊。眼见爱女日子凄苦，卓王孙便将女儿接回家中，让她在娘家过着深居简出的寡居生活。可知书识字的卓文君，不甘心听从命运对她的这种安排，不愿意好端端的年华随风飘走，总幻想着有一天能冲出这深宅大院，寻找一种新的生活。可是在西汉这样一个封建社会里，一个弱女子有什么办法改变自己的命运呢？于是，在轻歌曼舞的卓王府里，便时时能听到卓文君那一声声不甘听从命运摆布的叹息。

这时，一个偶然的机会，改变了文君的凄苦命运。

临邛当时的县令叫王吉，他本人才华平平，却爱结交有识之士。蜀郡司马相如就是王吉的一位座上宾。司马相如文才大名鼎鼎，但仕途不顺，曾一度为骑郎，又做过梁孝王的幕客，可是梁孝王一死，司马相如落拓，投奔王吉寄食。王吉设局抬举司马相如，让卓王孙入套，使司马相如能进入卓王府，接近卓文君。司马相如善琴，卓文君解音，二人隔帘以琴音交流。司马相如有备而来，只见他正襟危坐，专意抚琴，时而清越，时而婉转，娓娓动人的琴声飘过酒席大厅，传到卓文君的深闺，灌进了对音乐鉴赏力极高的卓文君耳里。卓文君循声追出，立于前厅帘子后面，完全倾倒在这悠扬的琴声中，恨不得立即扑到弹琴人身边，目睹弹琴神手。在客厅抚琴的司马相如，似乎他的第六感官已经触到了卓文君，他哪能错过这个机会，顿时来了精神。司马相如不动声色地调整了琴弦，他要以琴音勾魂，挑逗卓文君的感情，一曲热情奔放直抒情怀的《凤求凰》如行云流水涌出指尖。帘后的卓文君被这"凤兮凤兮归故乡，遨游四海求其凰……"的摄人心魄的乐曲迷得神魂颠倒，不由自主地掀开帘子的一角，窥视正在演奏的司马相如，司马相如的温文尔雅，使文君禁不住怦然心动，刹那间，文君心中天平的砝码，倾向了司马相如，琴声使两颗自由的心连在一起。

司马相如成功地凭借自己的才智，敲开了通向幸福的大门，一曲千古绝唱的《凤求凰》唤醒了卓文君封闭已久的芳心。这时的文君，陷入了迷茫之中，她一方面倾慕司马相如的才华，一方面深恐自己难与相如相配。司马相如不失时机地通过婢女与文君开始了来往。几番秘密接触，两人相见恨晚，恨不得马上结成连理。

但这对才子佳人相识、相知、相爱，却好事多磨，卓王孙为了维护自己的颜面，绝不会同意寡妇女儿再嫁。而司马相如乃一介贫穷书生，生活全靠朋友照顾，也无能力娶一富豪之女为妻。两人反复考虑，都想不出一个好办法，眼看到手的幸福即将化为泡影。富有个性的文君不甘命运摆布，决定出走。于是，在一天深夜，卓文君毅然离家私奔，跑到客栈找到司马相如，两人偷偷离开临邛，回到司马相如的老家成都，在那里结成了夫妻。

卓王孙知道了卓文君夜奔，觉得丢了颜面，他暴跳如雷，痛骂司马相如和卓文君。卓王孙宣布断绝父女关系，不承认这桩婚事，不给一文财产。陷于困顿的司马相如夫妇，决定再次抗争，向旧传统挑战。他们回到临邛，变卖车马，开起了酒店。卓文君坐柜台当老板娘，司马相如穿一条短裤当跑堂的酒保。这是故意难堪卓王孙。卓王孙在家人的劝慰下，不得已分给卓文君财产，于是夫妻二人返回成都，成了富户。

后来司马相如的赋流传到京师，得到汉武帝的赏识，召司马相如进京，留在宫中做文学侍从。这时卓王孙春风满面，大请宾客为女儿女婿庆贺，夸奖女儿有眼力，十分得意。

关于卓文君的故事，还流传着司马相如一度情变，卓文君失欢。但卓文君不是大吵大闹，而是追首往事，写出了情深意长的《白头吟》诗，淋漓尽致地表达了自己对相如的爱、恨、怨、盼……对司马相如升官后不经意的感情变化提出了怨诉和规劝。司马相如看到了这首诗，内心受到强烈的震动，检讨了自己的行为，打消了纳妾的念头，夫妇和好如初，直到白头偕老。

卓文君作为封建社会的一个弱女子，为了追求婚姻幸福，背叛了家庭，背离了礼教，放弃了舒适的生活，选择了令封建卫道士最为头疼的"私奔"方式，跟着所爱的人，吃苦受累、颠沛流离，其间饱尝过生活的艰辛，体会过人情的冷暖，经历过感情生活的变化，最终靠坚强的信念、超凡的心智、对爱情坚贞不变的痴情赢得了才子司马相如的敬重，换得了后世人们的仰慕，她的身上浓缩了封建时代千千万万追求幸福的女性的特点。卓文君夜奔，具有一定的进步意义。司马迁载入正史，是进步作家对自主婚姻的一曲颂歌。两千年前的司马迁，有如此进步的思想，可以说是超前的。

货殖列传

本文选自《货殖列传》。货，指财富，殖，言增长，货殖者，就是讲如何增长财富。《货殖列传》是一篇奇文，它载述了从春秋末年到汉初以工商业致富的货殖大家的活动，写了三十余个工商业者的生财之道，以及这一历史时期工商业的发展。就写作而言，该文时间上，从古到今；地域上，全国范围；内容上，把东西南北物资与地理人文融于一篇，经济与文化，经济与道德都讲到了。文中既有人物传记，又有哲理高论。宗旨是讲社会要发展，就要生产，就要经商。农工商虞并重，就要肯定人欲，肯定人性欲财而推动社会前进。司马迁在重农抑商的时代，独自发出叹美商人的异响，从历史发展的大势来看，这是超前的进步思想。

史公曰：夫神农以前，吾不知已①。至若《诗》《书》所述虞夏以来，耳目欲极声色之好，口欲穷刍豢之味②，身安逸乐，而心夸矜势能之荣③，使俗之渐民久矣④，虽户说以眇论⑤，终不能化。

夫山西饶材，竹、榖、纑、旄、玉石⑥；山东多鱼、盐、漆、丝、声色⑦；江南出楠、梓、姜、桂、金、锡、连、丹沙、犀、瑇瑁、珠玑、齿革⑧；龙门、碣石北多马、牛、羊、旃裘、筋角⑨；铜、铁则千里往往山出棋置⑩，此其大较也⑪。皆中国人民所喜好，谣俗被服饮食奉生送死之具也⑫。故待农而食之，虞而出之⑬，工而成之，商而通之。此宁有政教发征期会哉⑭？人各任其能，竭其力，以得所欲。故物贱之征贵⑮，贵之征贱，各劝其业，乐其事，若水之趋下，日夜无休时，不召而自来，不求而民出之。岂非道之所符⑯，而自然之验邪⑰？

《周书》曰⑱："农不出则乏其食⑲，工不出则乏其事⑳，商不出则三宝绝㉑，虞不出则财匮少。财匮少而山泽不辟矣㉒。"此四者，民所衣食之原也㉓。原大则饶㉔，原小则鲜㉕。上则富国，下则富家，贫富之道，莫之夺予㉖，而巧者有余，拙者不足。故曰："天下熙熙，皆为利来；天下攘攘㉗，皆为利往。"夫千乘之王，万家之侯，百室之君㉘，尚犹患贫，而况匹夫编户之民乎㉙？

由此观之，贤人深谋于廊庙㉚，论议朝廷，守信死节隐居岩穴之士设为名高者安归乎㉛？归于富厚也。是以廉吏久，久更富。廉贾归富。富者，人之情性，所不学而俱欲者也。故壮士在军，攻城先登，陷阵却敌，斩将搴旗㉜，前蒙矢石㉝，不避汤火之难者，为重赏使也。其在闾巷少年㉞，攻剽椎埋㉟，劫人作奸，掘冢铸币，任侠并兼㊱，借交报仇，篡逐幽隐㊲，不避法禁，走死地如鹜者㊳，其实皆为财用耳。今夫赵女郑姬，设形容㊴，揳鸣琴㊵，揄长袂㊶，蹑利屣㊷，目挑心招㊸，出不远千里，不择老少者，奔富厚也。游闲公子，饰冠剑，连车骑，亦为富贵容也㊹。弋射渔猎㊺，犯晨夜㊻，冒霜雪，驰坑谷，不避猛兽之害，为得味也。博戏驰㊼，斗鸡走狗，作色相矜㊽，必争胜者，重失负也㊾。医方诸食技术之人㊿，焦神极能㉑，为重糈也㉒。吏士舞文弄法，刻章伪书，不避刀锯之诛者，没于赂遗也㉓。农工商贾畜长，固求富益货也。此有知尽能索耳㉔，终不余力而让财矣。

【注释】 ①已：通"矣"。②刍（chú）：干草，代指吃草的牲畜，如牛、羊。豢（huàn）：豢养，代指吃粮食的家畜，如猪、狗。③夸矜：夸耀。势能：权势，能力。④渐：浸染，影响。⑤户说：挨家挨户宣传、动员。⑥山西：与山东相对，指华山以西地区，包括关陇及巴、蜀。饶：丰饶，盛产。楮：木名。纑（lú）：苎麻，可用以织布。旄（máo）：牦牛，尾上长毛可做舞蹈的道具和旄旗的装饰，是贵重的商品。⑦声色：音乐和女色。⑧江南：长江以南广大地区。楠（nán）：名贵树木。桂：即木犀，珍贵的芳香植物。连：铅矿。丹沙：即丹砂，俗称朱砂，红色颜料。犀：犀牛角。瑇（dài）瑁（mào）：一种海龟，其甲很美，可做装饰品及药用。珠玑：珍珠，圆者称珠，不圆者为玑。齿革：象牙及皮革。⑨龙门、碣石北：即华北地区。龙门，黄河禹门口，在陕西韩城东北和山西河津西北。碣石，山名，即今河北昌黎县西北的碣石山。旃（zhān）：毛毡。筋角：兽筋、兽角，用以制造弓弩。⑩棋置：如棋子之散布。⑪大较：大略，大概。⑫谣俗：风俗。具：器用。⑬虞：古代掌山泽之官，这里指从事渔猎、林木、采矿等行业的人。⑭政教：政令与教化。发征期会：指向民间宣传征调，规定时间聚会。⑮征：征兆。物价贱落到极点，人人争买，就是贵的征兆。反之，物价贵极，人人不买就是贱的征兆。⑯道之所符：与自然规律暗合。⑰自然之验：依道而行，因其自然而得到的效果。自然，天然的，不是人为的。验，效应，效果。⑱《周书》：周代的文诰，今传有《逸周书》，一部分收入《尚书》之中。这里所引不见于这两书，理在逸篇之中。⑲不出：不工作。⑳事：指百工制作的器物。㉑三宝：有多种说法，这里指农工虞之生产物，即食、事、财。㉒财匮：财物匮乏。财，资源。匮（kuì），缺乏。辟：开辟，开发。㉓原：来源。㉔饶：财富丰

146

足。㉕鲜：少。㉖莫之夺予：不是别人可赐予的，也不是别人可以剥夺的。这句是指个人的巧拙，即下文所言巧者有余，而拙者不足。㉗熙熙、攘攘：熙熙同攘攘，皆形容拥挤、热闹的样子。㉘夫千乘之王三句，泛指古今天子王侯，但重点是隐喻汉代。千乘之王，指天子。万家之侯，大的封君王侯。百室之君，小的封君及大夫。㉙编户：指齐民，即编入户籍的百姓。㉚廊庙：庙堂，指朝廷。㉛隐居岩穴之士，即归隐的有德之士。㉜搴：拔取。㉝蒙：冒犯，承受。㉞闾巷少年：乡下青年。㉟攻剽椎埋：杀人灭尸。㊱并兼：强占他人财物。㊲篡逐幽隐：在偏僻地方拦路抢劫。㊳骜：马狂奔。㊴设形容：梳妆打扮。㊵揳（jiá）：弹奏。㊶揄长袂：拖曳长袖起舞。㊷蹑利屣：穿上轻便舞鞋。㊸目挑心招：目送秋波，用心招引。㊹容：显示，夸耀。㊺弋射：用带绳的箭射鸟。㊻犯晨夜：起早摸黑。㊼博戏：赌博。㊽作色：变脸争吵。相矜：夸示本领。㊾重失负也：害怕丢人负输。㊿医方：医生与方士。51焦神：劳神。52粺：上等精米。53没：沉醉于。54索：尽。

【评析】 这篇故事介绍西汉时期杰出的思想家司马迁的市场观，在今天市场经济大潮中重温哲人的教诲，不无意义。

司马迁生活的时代重农抑商，提倡礼义节欲。当时的统治者认为商人唯利是图，赚了钱，盘剥农人，引导人们放弃农耕，是社会的大害。战国时韩非称工商之民为国家蛀虫之一，要实行专政。汉朝建立，规定商人不得穿绸缎好衣，不得坐马拉轿车，不能做官，加倍缴纳人头税，首先应征履行徭役义务。司马迁认为工商之民，智仁勇强，他们流通货物，满足人民的欲望，发展了生产，不害于政，不防百姓，为什么要压制他们呢？司马迁认为农工商虞的社会分工都是人们的衣食之源，要富国强兵，必须农工商虞并重，广开生产之源。这是显明的道理，也是社会发展的趋势，任何人不能阻挡。司马迁没有在此停步，他从人性根本立论，认为人的耳目口鼻头五官表现对物质欲望的追求是社会发展之势、人俗变迁之理，是任何清心寡欲的妙论都不能改变的。人性欲财，不分贵贱，天子王侯与庶民百姓都一样，所以无论生产增财，还是工商赚钱，都是自然的、天经地义的，这无须政教来发动，人们趋之若鹜，如同水之归下一样，孜孜以求，这难道不是天生本性的证明吗？

逐利求富，既是人之所欲，是天生的共性，就不是邪恶。司马迁引用俗谚说："天下熙熙，皆为利来；天下攘攘，皆为利往。"他用那支犀利的笔，饱蘸浓墨，酣畅淋漓地描绘了一幅社会的逐利图。"深谋于廊庙，论议朝廷"的达官贵人，"守信死节，隐居岩穴"的清雅之士，都为的是"归于富厚"。具有讽刺意味的是"廉吏久，久更富"。至于"陷阵却敌"的军士，"攻剽椎埋"的少年，"走死如鹜"的侠士，"不择老少"的歌伎，"饰冠剑，连车骑"的游闲公子，"不避猛兽"的猎者，"博戏驰逐"的赌徒，"舞文弄法"的吏士，以及医农工商等百工之人，无不是为了追求财富而忙忙碌碌。在司马迁笔下，凡社会之人，不分贵贱，无论千乘之王、万家之侯、百室之君，还是匹夫编户之民，统统纳入了求利的轨道，彻底打破了当时儒家宣扬的纲常名分和君子小人的界限，表明追求财富就是人的共性。"此有知尽能索耳，终不余力而让财矣。"所以司马迁用"富者人之情性，所不学而俱欲者也"这句话对人性作了总结。

司马迁如果仅仅指出人性欲财，那就算不上是一种经济理论，也没有超出先秦诸子前辈思想家的水平。司马迁的杰出，就在于他跨出了人性之争的思辨哲学，而进入生产领域做实地考察，不仅看到了社会人群逐利，而且更洞察了"人各任其能，竭其力，以得所欲"的自然之理，认识到人欲是动力，因为人欲对物质的需求，推动了社会分工，推动了社会进步。总之，生产领域中的农工商虞的分工，流通领域中的物价波动，都不是人为政教期会设制的，而是在人欲的推动下自然形成的，符合于"道"的运动规律。恩格斯说："自阶级对立产生以来，正是人们的恶劣的情欲、贪欲和权势成了历史发展的杠杆，关于这方面，封建制度和资产阶级的历史就是一个独一无二的持续不断的证明。"司马迁的思想境界已经接近了这一理论的高度。

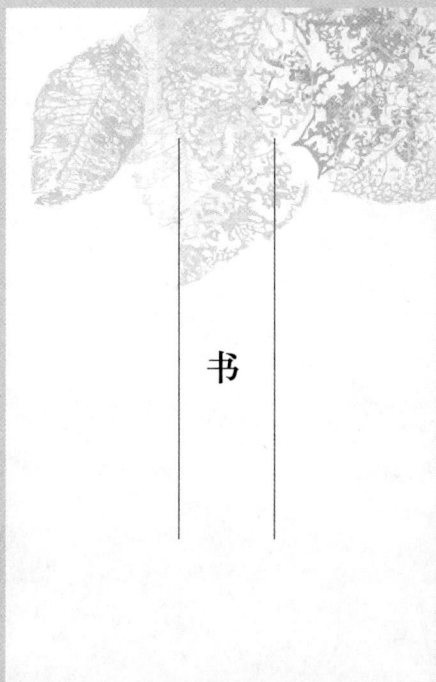

书

书

八书载朝章国典，序礼乐损益，内容丰博。司马贞曰："书者，五经六籍总名也。此之'八书'，记国家大体。"（《史记》卷二三《礼书·索隐》）即八书是分门别类的文化制度史。《尚书》是各种体裁的公文档案汇编，略如后世的资料汇编，司马贞以"五经六籍总名"释之最确，司马迁把分门别类记载典章制度和文化发展的"八书"用"书"命名也是十分恰当的。

八书目次：（一）礼书、（二）乐书、（三）兵书、（四）律历书、（五）天官书、（六）封禅书、（七）河渠书、（八）平准书。由于《礼》《乐》《兵》三书亡缺，今本《史记》三书为后人所补。补缺者摘取《荀子·礼论》及《议兵》补《礼书》，摘取《礼记·乐记》补《乐书》，分《律历书》为《律书》、《历书》，以《律书》补《兵书》，凑足八书之数。补缺者既取成书补亡，示己不妄作，故《礼》《乐》《律》三书篇前之"太史公曰"云云，乃三书之序，当是补缺者搜求的史公遗文，也就是说《礼》《乐》《律》三书书亡序存。本书选评八书的两篇序论。

律　书

本篇选自《律书》。律是率的同音字。率，即比率、比例。律学就是探索宇宙万物间的数量比例关系。《律书》开门见山，起句就说："王者制事立法，物度规则，壹禀于六律，六律为万事根本焉。"万事万物都有比率，万物之间的数量比例关系如同六律那样存在"三分损益"关系。六律是六律六吕的省说。六律六吕合十二支竹管，称律管，以其长度不一，吹出不同的高低音，确定标准音。律管的长短，即律数，其比率就是"三分损一"的关系。例如，"九九八十一以为宫。三分去一，五四以为徵。三分益一，七十二以为商，三分去一，四十八以为羽。三分益一，六十四以为角。"这就是宫、徵、商、羽、角五音的律数比。用白话来说，就是以九乘九为八十一定为基数，这就是宫的律数。八十一去（损、减少）三分之一为五十四，就是徵的律数。五十四益（增加）三分之一为七十二，就是商的律数。七十二去三分之一为四十八，就是羽的律数。四十八益三分之一为六十四，就是角的律数。十二音律以此类推，十二支律管的长度就是"三分损益"法。推而广之，及于万物。

《律书》分为三个部分：律与兵、律与星历、律数本身。本文所选是《律书》的第一部分，在八书的"说明"中已指出，它是所亡缺的《兵书》遗文，因是"太史公曰"发的议论，故亦称《律书序》。

兵者，圣人所以讨强暴，平乱世，夷险阻，救危殆。自含齿戴角之兽见犯则校①，而况于人怀好恶喜怒之气？喜则爱心生，怒则毒螫加②，情性之理也。

昔黄帝有涿鹿之战，以定火灾③；颛顼有共工之陈④，以平水害；成汤有南巢之伐，以殄夏乱⑤。递兴递废⑥，胜者用事，所受于天也。

自是之后，名士迭兴⑦，晋用咎犯⑧，而齐用王子⑨，吴用孙武⑩，申明军约，赏罚必信，卒伯诸侯⑪，兼列邦土⑫，虽不及三代之诰誓⑬，然身宠君尊⑭，当世显扬，可不谓荣焉？岂与世儒阇于大较⑮，不权轻重⑯，猥云德化⑰，不当用兵，大至君辱失守⑱，小乃侵犯削弱，遂执不移等哉⑲！故教笞不可废于家⑳，刑罚不可捐于国㉑，诛伐不可偃于天下㉒，用之有巧拙㉓，行之有逆顺耳㉔。

夏桀、殷纣手搏豺狼，足追四马，勇非微也㉕；百战克胜，诸侯慑服，权非轻也。秦二世宿军无用之地㉖，连兵于边陲，力非弱也；

152

结怨匈奴，绁祸于越㉗，势非寡也。及其威尽势极，闾巷之人为敌国㉘。咎生穷武之不知足㉙，甘得之心不息也。

高祖有天下，三边外畔㉚；大国之王虽称蕃辅㉛，臣节未尽。会高祖厌苦军事㉜，亦有萧、张之谋，故偃武一休息，羁縻不备㉝。

历至孝文即位，将军陈武等议曰："南越、朝鲜自全秦时内属为臣子㉞，后且拥兵阻厄㉟；选蠕观望㊱。高祖时天下新定，人民小安，未可复兴兵。今陛下仁惠抚百姓，恩泽加海内，宜及士民乐用，征讨逆党，以一封疆。"孝文曰："朕能任衣冠㊲，念不到此。会吕氏之乱，功臣宗室共不羞耻，误居正位，常战战栗栗，恐事之不终。且兵凶器，虽克所愿㊳，动亦耗病㊴，谓百姓远方何？又先帝知劳民不可烦，故不以为意。朕岂自谓能？今匈奴内侵，军吏无功，边民父子荷兵日久㊵，朕常为动心伤痛，无日忘之。今未能销距㊶，愿且坚边设候㊷，结和通使，休宁北陲，为功多矣。且无议军。"故百姓无内外之繇㊸，得息肩于田亩㊹，天下殷富，粟至十余钱㊺，鸣鸡吠狗，烟火万里，可谓和乐者乎！

太史公曰：文帝时，会天下新去汤火㊻，人民乐业，因其欲然㊼，能不扰乱，故百姓遂安。自年六七十翁亦未尝至市井，游敖嬉戏如小儿状。孔子所称有德君子者邪㊽！

【注释】　①含齿戴角：指有利牙锐角之兽。犯：侵犯。校：计较，角力。②怒则毒螫（shì）加：蛇、蝎、蜂等用毒牙或尾针刺人叫螫。这里是说人发怒之后就像毒虫一样攻击所怒的对象。③昔黄帝句：《五帝本纪》记载黄帝与炎帝战于阪泉之野，与蚩尤战于涿鹿之野，然后平定天下。炎帝、蚩尤均神农氏之后。神农氏以火德统治天下，黄帝灭之，所以说"以定火灾"，即平定了火德王带来的灾害。④颛顼：黄帝孙高阳氏。共工：炎帝之后，壅防百川为害，颛顼灭之。关于共工的传说，《淮南子·天文训》《国语·周语》《五帝本纪》、司马贞补《三皇本纪》说法不一。《天文训》说共工与颛顼争为帝；《周语》说颛顼氏衰，共工为水害；《五帝本纪》说共工为尧时人；《三皇本纪》说共工以水乘木与祝融战。司马迁写《史记》，用两传存疑之例广载异闻以备参考，所以这里的记载与《五帝本纪》不同。陈：读"阵"。⑤成汤：即商代开国君主商汤王，名天乙。汤伐桀，把桀放逐在南巢。南巢：今安徽巢湖，一说巢山。殄（tiǎn）：消灭。⑥递兴递废：兴衰交替。⑦名士迭兴：指咎犯、王子、孙武等著名军事家一个接一个地出现。⑧咎犯：即舅犯，晋文公之舅狐偃，字子犯。公元前632年，晋楚城濮之战，他是晋军上军之佐，主要的谋臣之一。咎，借作"舅"。⑨王子：齐将王子成甫。⑩孙武：春秋时佐吴王夫差破楚的名将，著有《孙子兵法》。《史记》卷六十五有传。⑪伯：读"霸"。⑫兼列邦土：指咎犯等人都受有封地。列，通裂，裂地土而封。邦，古字与封字通。⑬三代之诰誓：指夏、商、周三代用诰誓赐封诸侯，表示封土为侯之隆重。诰，教诫，《尚书》有《大诰》《康诰》《酒诰》等。誓，约束和警戒将士的动员令，《尚书》有《甘誓》《汤誓》《牧誓》等。⑭身宠君尊：指咎犯等人使自身获荣宠，也使国君更加尊贵。⑮世儒：这里指腐儒，虽知名于世，但并无真才实学的儒者。阇：通"暗"，不明白。大较：大问题，大的道理。⑯不权轻重：不权衡轻重，喻不知治世缓急之务。⑰猥（wěi）：随随便便，不严肃。⑱失守：失国，亡国。⑲遂执不移：指世儒固执上述成见，不肯改变。按，从"自是之后，名士迭兴"至"遂执不移等哉"是一长句，即以"名士"与"世儒"相较，二者不可相提并论。⑳教笞（chī）：笞打不遵教导的孩子。笞，打人的竹板子。㉑捐：废除。㉒偃：停止，停息。这里指偃武，停止战争。㉓巧：指聪明智慧，喻善战的人。拙：指愚昧蠢笨，喻不会打仗的人。㉔逆顺：这里指正义和非正义。㉕勇非微也：桀、纣的个人之勇并不是没有。微，通没。㉖秦二世句：这里"秦二世"包括秦始皇父子两代。地：指边陲。秦始皇开边，北筑长城，南戍五岭，被认为是宿军于无用之边地。《史记旧注评义》认为："宿军无用之地"，谓秦二世以武力压制人民，驻军于无须用兵之地。按，此说亦通。《秦始皇本纪》载，二世元年，征兵五万戒严咸阳。㉗缲祸：结祸。㉘闾巷之人为敌国：指桀、纣和秦二世等暴虐的统治达于极点，老百姓起来造他们的反。㉙咎：灾祸，指桀、纣、二世亡国之祸。穷武：无止境的用兵。㉚三边外畔：汉初匈奴、朝鲜、南越皆不内附，所以说"三边外畔"。畔，通"叛"。㉛大国之王：指汉初所封韩信、彭越、黥布等异姓王。㉜会：正值，正当。㉝羁縻：牵制笼络。不备：不必戒备，即安宁，不打仗。㉞全秦：全国统一之秦，即秦强盛之时。㉟厄（è）：险要的地方。㊱选蠕（rú）：蠢蠢欲动的样子。蠕，软体虫类爬行的样子。㊲任衣冠：信用士大夫，指重文治。衣冠，士大夫之称。㊳克：能。㊴耗病：疲困百姓。㊵荷兵：肩扛兵器，服兵役。㊶销距：消除边患。距，通"拒"，对抗。㊷候：斥候，巡逻放哨，这里指哨所。㊸内外之繇（yáo）："繇"通"徭"，戍边作战称"外繇"，大兴土木称"内繇"。汉文帝对外和亲，对内轻徭薄赋，不事兴作，所以百姓"无内外之繇"。㊹息肩：弛去负担，喻徭役减轻。㊺粟至十余钱：一石粟价才十余钱，意为粮价极便宜。《史记·平准书》载，汉初"米至石万钱"，《汉书·食货志》载宣帝时"谷至石五钱"。可见《史》《汉》两书记粟价均以石为单位。㊻新去汤火：刚刚脱离水深火热的灾难。这里是说秦末战乱给人民带来深重灾难，如坠汤火，汉朝建立，至文帝时才消除。㊼因：指顺着老百姓的愿望办事，不干扰老百姓的生产和生活。欲然：指汉朝统治者崇尚无为，顺民之欲，希望在秦末的废墟上重新奋发起来。㊽有德君子：指仁人，这里指孝文帝。司马迁在《孝文本纪》中引孔子言"必世然后仁"，评价汉文帝为仁德之君。

【评析】 《史记》系统地记载了古代的战争，具有战争史的规模体制。通计《史记》全书，记载古代大小战争从黄帝统一到汉武帝兵征大宛共五百余次，涉及八十二个篇目，字数十余万，约占《史记》全书四分之一的篇幅，是其他任何一部古代史籍所无法比拟的。司马迁写战争，有史有论。对于影响历史进程的重大战争，总是作绘声绘色的记载。交兵始末，兵略战术，局势变化，写来头头是道。这说明司马迁是一位精通兵略学的历史学家。《史记》载述的重大战争有七十余次。凡重大战争，年表载其目，纪、传、世家载其事，序赞论其是非。《律书序》就是司马迁写的一篇战争论，集中地表述了他的战争观，可概括为以下三个方面。

（一）认为战争是诛暴救危的自强工具，它既可以兴邦，也可以丧邦，应当慎重使用。《太史公自序》云："非兵不强，非德不昌，黄帝、汤、武以兴，桀、纣、二世以崩，可不慎欤？"这段话概括了《律书序》所阐述的主题。"非兵不强，非德不昌"，这八个字是司马迁战争观的理论核心。兵，即战争。德，指政治。两者相辅相成。国家缺少战争手段就不能自强，但只注重战争而缺少礼、义之德，国家也不会昌盛。"黄帝、汤、武以兴，桀、纣、二世以崩"，就是生动的历史例证。儒家排斥战争，法家专注暴力，两家都不免有片面性。但司马迁的观点并非儒法两家的折中，而是吸收了两家的合理内核，以之为出发点，系统地总结了几千年的战争史，尤其是总结了春秋战国以来的战争史后，进而上升到理论高度。司马迁从"通古今之变"的历史中认识到战争不可避免，摒弃了儒家的非战观点，承认暴力在一定条件下的合理性，接近于先秦法家学派的战争观，是一种进步的观点。

（二）认为战争"行之有逆顺"，颂扬顺天而行的正义战争，反对逆理而动的非正义战争。司马迁对战争的这种认识，是值得称赞的，超越了前人。首先，司马迁对战争下了明确的定义，鲜明地提出了区分两类战争的理论。"兵者，圣人所以讨强暴，平世乱，夷险阻，救危殆"，即诛暴、平乱、夷险、救危这四个方面的战争是正义的，反之是非正义的。对照先秦兵家及东汉班固给战争所下的定义，就可以清楚地看出司马迁战争观的进步性。先秦的大军事家孙子竟宣称战争的目的就是"掠乡分众、廓地分利"（《孙子·军争》），这就混淆了两类战争的界线。班固说："凡兵，所以存亡继绝，救乱除害也。"（《汉书·刑法志》）。这是儒家的正统观点。"救乱除害"是正确的，儒家颂扬汤武革命就基于此，为司马迁所吸收。但"存亡继绝"却是倒退的历史观。孔子倡言"兴灭国，继绝世"（《论语·尧曰》），目的是维护西周那样的封建局面。按照这一观点，远古的黄帝和近世的秦始皇所进行的统一战争就将被否定。汉儒们正是从这一观点出发，全盘否定秦朝的统一战争，司马迁讥笑他们为"不察其终始"的"耳食"之儒(《六国年表序》)。其次，司马迁对历史上的两类战争作了具体区分，《律书序》列举了一系列两类战争的事例来比较，明其是非。综观《史记》褒贬抑扬的两类战争，可以概括为三种类型。一是颂扬平乱世的统一战争，反对分裂割据的战争。黄帝、秦始皇、汉高祖诛暴平乱，统一天下，得到司马迁的肯定。蚩尤作乱，项羽分裂天下，汉初七国叛逆，均受到司马迁的批评。二是颂扬有道伐无道的革命战争，反对暴虐人民的昏乱之君。汤、武兴起，陈涉发难，就是有道伐无道的革命战争，司马迁予以高度赞扬。而桀、纣、二世败亡，则是罪有应得。三是颂扬诛暴战争，反对穷兵黩武的战争。《太史公自序》云"自三代以来，匈奴常为中国患害；欲知强弱之时，设备征讨，作《匈奴列传》第五十"，故《匈奴列传》以实录史事的手法谴责匈奴侵扰中国，司马迁肯定了汉武帝反击匈奴，认为"汉兴五世，隆在建元，外攘夷狄，内修法度"，应是作《今上本纪》的主要内容。但是汉武帝由反击而走上黩武主义，务要臣服匈奴，从而导致了后期战争的失败，受到司马迁的讥刺。《律书序》极力赞美汉文帝偃武修文，而有意不论汉武帝之用兵，用沉默以寓讽。这一手法也说明了《律书序》正是司马迁之思想，亦正是司马迁之手笔。

（三）认为战争"用之有巧拙"，要兴建功业，必须慎择将相，认真研究用兵作战的方略。《史记》载述古代帝王将相善战者六十余人，给众多的兵家人物作传。司马迁高度评价司马穰苴、太公、孙子、吴起等人的兵法，称赞他们的兵法学"切近世，极人变"，既切合近世社会的实用，又是人类最高智慧的结晶。《律书序》列举晋用咎犯、齐用王子成甫、吴用孙武等人强兵克敌的功用，与那些不识时务的世儒相较，真是有过之而无不及。

从上述三个方面来看，司马迁十分精通兵略，娴于权谋，故载述兵事战阵有声有色。《律书序》所阐述的战争观，说明司马迁是立于治国平天下的政治高度来总结历史上的战争和兵略理论的，目的是"志古自镜"，供治国者借鉴。《史记》断限，上起黄帝，下迄太初，从战争角度看，即从黄帝的统一战争起叙事，至汉武帝兵征大宛而结，示历史进程与战争密不可分。司马迁十分注重战争，研究兵略，记载战史，颂扬兵谋，号召自强，抗暴御侮。他对兵政关系作了辩证的理论概括，认为兵与政是保国安民不可缺一的两件工具。他借主父偃《谏伐匈奴疏》引《司马法》曰："国虽大，好战必亡；天下虽平，忘战必危。"（《平津侯主父列传》）用司马迁的话说，就是战争如同"教笞不可废于家，刑罚不可捐于国"一样，"诛伐不可偃于天下"；但"用之有巧拙，行之有逆顺"，决不能搞黩武主义。这些思想在今天看来，无疑也是值得肯定的。

天官书

本篇选自《天官书》。《天官书》集中"究天人之际"，这是司马迁"一家之言"的一个重要组成部分。天官，即天文学。古代人们认为天上的日月列星与人间君臣相对应，亦有尊卑等级，"若人之官曹列位，故曰天官。"（司马贞：《天官书·索隐》。）实际上天官等级是人间等级的投影。本篇选评《天官书》中"太史公曰"云云三段，一千余字，是司马迁及其父司马谈直接评论他们所认为的天文学理论。

中国古代天文学有两个分支：一为星占家，观测恒星流彗的隐现，用于占验，《周礼》中保章氏传其学；一为历家，推步日月五星之行义，用于制历法，《周礼》中冯相氏传其学。古代天文学与迷信混杂，星占家讲天人感应，历家讲禁忌。但天象观测和历法推步又是实学，来不得半点虚假。《史记·天官书》总结星占学，《历书》总结历法推步，把古代天文科学知识向前大大推进了一步，同时又保留了天命论的地盘。因此《天官书》中记载一些天人感应的例证，也就不足为奇了。但《天官书》的主要内容是总结天象观测，获得了多方面的杰出成就，达到了古代天文学的最高水平。司马迁不愧是杰出的天文学家。《天官书》记载天象记录的杰出成就，举其大端主要有以下六项：其一，记载了大一统结构的558颗恒星；其二，认识了月食现象的周期规律，"月食，常也，凡百一十三月而复始"；其三，认识了五大行星运动中的逆行和留的规律；其四，记录了恒星的颜色；其五，对灾变恒星作了记录；其六，对异常天象作了观测记录。此外，还对极光、黄道光、风、云、雷、电等地球物理现象作了观测记录。从天文学角度来看，《史记·天官书》可以说是中国最早的天文学百科全书，也是世界上罕见的天文学史文献。

太史公曰：自初生民以来①，世主曷尝不历日月星辰②？及至五家③三代，绍而明之④，内冠带⑤，外夷狄，分中国为十有二州⑥，仰则观象于天，俯则法类于地。天则有日月，地则有阴阳。天有五星⑦，地有五行⑧。天则有列宿，地则有州域⑨。三光者⑩，阴阳之精，气本在地，而圣人统理之⑪。

幽、厉以往，尚矣。所见天变⑫，皆国殊窟穴⑬，家占物怪⑭，以合时应，其文图籍讥祥不法⑮。是以孔子论六经，纪异而说不书⑯。至天道命，不传⑰；传其人，不待告；告非其人，虽言不著。

昔之传天数者⑱：高辛之前⑲，重、黎；于唐、虞，羲、和；有夏，昆吾⑳；殷商，巫咸㉑；周室，史佚、苌弘㉒；于宋，子韦㉓；郑则裨灶㉔；在齐，甘公㉕；楚，唐眜㉖；赵，尹皋㉗；魏，石申㉘。

夫天运，三十岁一小变，百年中变，五百载大变；三大变一纪，三纪而大备㉙：此其大数也。为国者必贵三五㉚。上下各千岁，然后天人之际续备。

太史公推古天变，未有可考于今者。盖略以春秋二百四十二年之间㉛，日蚀三十六㉜，彗星三见㉝，宋襄公时星陨如雨㉞。天子微，诸侯力政㉟，五伯代兴㊱，更为主命。自是之后，众暴寡，大并小。秦、楚、吴、越，夷狄也，为强伯㊲。田氏篡齐㊳，三家分晋㊴，并为战国。争于攻取，兵革更起㊵，城邑数屠，因以饥馑疾疫焦苦，臣主共忧患，其察讥祥候星气尤急㊶。近世十二诸侯七国相王㊷，言从衡者继踵，而皋、唐、甘、石因时务论其书传，故其占验凌杂米盐^㊽。

二十八舍主十二州^㊹，斗秉兼之^㊺，所从来久矣。秦之疆也，候在太白，占于狼、弧^㊻。吴、楚之疆，候在荧惑，占于鸟衡^㊼。燕、齐之疆，候在辰星，占于虚、危^㊽。宋、郑之疆，候在岁星，占于房、心^㊾。晋之疆，亦候在辰星，占于参、罚^㊿。

及秦并吞三晋、燕、代，自河、山以南者中国⁵¹。中国于四海内则在东南，为阳；阳则日、岁星、荧惑、填星⁵²；占于街南，毕主之⁵³。其西北则胡、貉、月氏诸衣旃裘引弓之民⁵⁴，为阴；阴则月、太白、辰星；占于街北，昴主之。故中国山川东北流，其维⁵⁵，首在陇、蜀⁵⁶，尾没于勃、碣。是以秦、晋好用兵，复占太白，太白主中国⁵⁷。而胡、貉数侵掠，独占辰星，辰星出入躁疾，常主夷狄：其大经也。此更为客主人⁵⁸。荧惑为孛⁵⁹，外则理兵⁶⁰，内则理政⁶¹。故曰"虽有明天子，必视荧惑所在"⁶²。诸侯更强，时灾异记，无可录者。

秦始皇之时⁶³，十五年彗星四现⁶⁴，久者八十日，长或竟天⁶⁵。其后秦遂以兵灭六王，并中国，外攘四夷，死人如乱麻，因以张楚并起⁶⁶，三十年之间兵相骀藉⁶⁷，不可胜数。自蚩尤以来⁶⁸，未尝若斯也。

项羽救巨鹿⁶⁹，枉矢西流⁷⁰，山东遂合从诸侯，西坑秦人⁷¹，诛屠咸阳⁷²。

汉之兴，五星聚于东井⁷³。平城之围⁷⁴，月晕参、毕七重⁷⁵。诸吕作乱，日蚀，昼晦。吴楚七国叛逆⁷⁶，彗星数丈⁷⁷，天狗过梁野⁷⁸；及兵起，遂伏尸流血其下。元光、元狩，蚩尤之旗再现⁷⁹，长则半天。其后京师师四出，诛夷狄者数十年，而伐胡尤甚。越之亡，荧惑守斗⁸⁰；朝鲜之拔，星茀于河戍⁸¹；兵征大宛，星茀招摇⁸²；此其荦荦大者⁸³。若至委曲小变，不可胜道。由是观之，未有不先形见而应随之者也。

夫自汉之为天数者，星则唐都⁸⁴，气则王朔⁸⁵，占岁则魏鲜⁸⁶。故甘、石历《五星法》⁸⁷，唯独荧惑有反逆行⁸⁸；逆行所守⁸⁹，及他星

逆行^⑩，日月薄蚀^⑨，皆以为占。

余观史记，考行事，百年之中，五星无出而不反逆行，反逆行尝盛大而变色^⑨；日月薄蚀，行南北有时：此其大度也。故紫宫^⑨、房心^⑨、权衡^⑨、咸池^⑨、虚危列宿部星^⑨，此天之五官坐位也^⑨，为经，不移徙^⑨，大小有差，阔狭有常。水、火、金、木、填星，此五星者，天之五佐，为纬^⑩，见伏有时，所过行赢缩有度^⑩。

日变修德^⑩，月变省刑^⑩，星变结和^⑩。凡天变，过度乃占。国君强大^⑩，有德者昌；弱小，饰诈者亡。太上修德，其次修政，其次修救，其次修禳^⑩，正下无之^⑩。夫常星之变希见^⑩，而三光之占亟用^⑩。日月晕适，云风^⑩，此天之客气，其发、现亦有大运。然其与政事俯仰^⑪，最近天人之符。此五者，天之感动。为天数者，必通三五^⑫。终始古今，深观时变，察其精粗，则天官备矣。

【注释】 ①生民：人类。②世主：历代君主。③五家：指五帝，即黄帝、颛顼、帝喾、唐尧、虞舜。④绍：继承。明：使之有进步，指历法日益精密。⑤冠带：与下文"夷狄"相对，借指中原华夏民族。冠，礼帽。带，穿礼服时束在腰间的大带，叫绅。⑥十有二州：传说黄帝划九州，为冀、兖、青、徐、荆、扬、豫、梁、雍。虞舜分冀之西北为并州，东北为幽州；又分青州之辽东为营州，于是有十二州。按，据山川之自然形势划分州域是西周以后人的认识。传说五帝、夏禹布划州域是托古立说。司马迁记载其说而不书明时代，表现了他作史的审慎态度。⑦五星：又称五纬，指古人用肉眼所观察到的金、木、水、火、土五大行星。五星与五方相配，各有专名。金星，古称启明星，又称西方太白。木星称东方岁星。水星称北方辰星。火星称南方荧惑。土星称中央镇星，镇星又写作填星。而古人所称水星是指恒星营室，所称火星是指恒星大火。⑧五行：金、木、水、火、土。⑨列宿、州域：天上的群星称列宿，地上的区划称州域。在春秋战国时，人们将列宿与州域相联系，把天上的星宿与地上的州域相配，叫分野。例如冀州，昴毕之分野；也可倒过来说昴毕，冀州之分野。全中国州域的分野，在《天官书》中有详载。⑩三光：指日、月、星，在远古时代依赖它们照明。⑪统理：总管，统治。这里为认识奥秘，掌握规律的意思。⑫天变：天象变异，如日蚀、月蚀、行星逆行、彗星现、流星雨等。占人认为天变是人事变化的先兆。⑬窟穴：归宿，指对天变的解释旨趣。⑭物怪：地上的各种自然变异。⑮不法：不经，不可信从。⑯纪异而说不书：这句是说孔子不讲天人感应。例如《春秋》就记载了日蚀、月蚀及水灾、蝗灾等变异，但对其感应却不记载。这也是司马迁对变异与天人感应说的取舍原则。异，天变灾异，是自然现象。说，对天人感应的解说，人们的认识。不书，不记载。⑰至天道命，不传：孔子不讲天道性命。《论语》卷五《公冶长》第十三章，子贡曰："夫子之文章，可得而闻也；夫子之言性与天道，不可得而闻也。"⑱天数：天象术数之学，又称天官。现代天文家即孕育其中。⑲高辛：五帝之一，即帝喾，黄帝之孙，号高辛氏。下文重、黎、羲、和四人，为上古颛顼、唐尧时掌天文历法之官。⑳昆吾：传说的夏代掌天文之官，己姓，名樊。㉑巫咸：商王大戊之臣。㉒史佚：西周成、康时太史尹佚。苌弘：周敬王时大夫，孔子曾向他问乐。㉓子韦：宋景公时司星之史，《汉书·艺文志·阴阳家》有《宋司星子韦》三篇。㉔神灶：春秋时郑大夫，《左传》说他明天文占候之术，能预知吉凶。㉕甘公：名德，战国时著名占星家，著《天文星占》八卷。《正义》引《七录》"谓甘公为楚人"。㉖唐昧：战国时楚大将。㉗尹皋：赵人。㉘石申：石申夫之省称，与甘公齐名的占星家，著有《天文》八卷。据研究，甘石著作成书约在公元前370年至公元前270年之间，比希腊著名天文学家伊巴谷的活动年代早两个世纪。但甘石著作已佚，今传《甘石星经》系宋人所辑录。㉙三纪：中历以十九岁为一章，四章七十六岁为一蔀，二十蔀一千五百二十年为一纪，三纪四千五百六十年为一元。纪，历法周期。㉚贵：重视，研究。㉛春秋二百四十二年：《春秋》记事起鲁隐公元年，迄鲁哀公十四年，即从公元前722年至公元前481年，共二百四十二年。㉜日蚀三十六：《春秋》所载日食共有三十六次，兹从略。㉝彗星三见：文公十四年（前613年）七月有星入于北斗，昭公十七年（前525年）冬有星孛于大辰，哀公十三年（前482年）有星孛于东方。共三次。㉞星陨如雨：鲁庄公七年（前687年）夜半，星陨如雨，即今称陨石雨。鲁僖公十六年，即宋襄公七年（前644年），宋国陨星五。㉟政：读"征"。㊱五伯：即春秋五霸，有两说。《孟子·告子》篇赵岐注引孟子说谓齐桓公、晋文公、秦穆公、宋襄公、楚庄王为五伯。《荀子·王霸》篇则以齐桓公、晋文公、楚庄王、吴王阖闾、越王勾践为五伯。《史记》并存其说，下文谓秦、楚、吴、越皆为伯主。㊲秦、楚、吴、越句：秦祖非子，初封秦邑，地在西戎；楚子鬻熊，始封丹阳，地属荆蛮；吴太伯属勾吴；越祖少康之子，初封于越，地东越，都是夷狄之地。春秋时秦穆公、楚庄王、吴王阖闾、越王勾践先后称霸，得封为伯，号称强国。㊳田氏篡齐：周威烈王二十二年（前404年）田和代姜齐，被周天子立为诸侯。㊴三家分晋，周定王十六年（前453年），韩、赵、魏三家分晋；至周威烈王二十三年正式为诸侯。㊵兵革：兵器甲胄，借指战争。㊶星气：即占星望气，就是观测星宿的变化隐现和云气以预卜人事的吉凶，古称占星术。㊷近世：指战国时代。十二诸侯：齐、楚、秦、晋、鲁、卫、陈、蔡、宋、郑、曹、燕。七国相王：秦、韩、赵、魏、楚、燕、齐。㊸凌：通"鳞"，杂乱。米盐：喻琐屑细碎之事。㊹二十八舍主十二州：即天上的二十八宿分别对应地上的十二州，称分野。二十八宿为：东方苍龙七宿，角、亢、氐、房、心、尾、箕；南方朱雀七宿：井、鬼、柳、星、张、翼、轸；西方白虎七宿：奎、娄、胃、昴、毕、觜、参；北方玄武七宿：斗、牛、女、虚、危、室、壁。角、亢，郑之分野，兖州。氐、房、心，宋之分野，豫州。尾、箕，燕之分野，幽州。斗、牛，吴、越之分野，扬州。女、虚，齐之分野，青州。危、室、壁，卫之分野，并州。奎、娄，鲁之分野，徐州。胃、昴，赵之分野，冀州。毕、觜、参，魏之分野，益州。井、鬼，秦之分野，雍州。柳、星、张，周之分野，三河。翼、轸，楚之分野，荆州。㊺斗秉兼之：北斗七星，从斗口至斗柄顺序：一为天枢，主秦；二为天璇，主楚；三为天机，主梁；四为天权，主吴，五为玉衡，主燕；六为开阳，主赵；七为摇光，主齐。北斗七星在天之中绕北极星而运转，斗柄临制四方，所建十二辰躔，故兼十二州及二十八宿之分野。秉，通“柄”。㊻太白、狼、弧：皆西方之星，所以为秦国占候之星。㊼荧惑、鸟衡：南方之星，为吴楚占候之星。鸟衡，即南方朱雀七宿之柳星。㊽辰星、虚、危：北方之星，为燕齐占候之星。㊾岁星、房、心：东方之星，为宋郑占候之星。㊿辰星、参、罚：北方、西方之星，为晋占候之星。(51)河、山：此指黄河、华山。中国：中原。(52)岁星、荧惑、填星：岁星，即木星，属东方。荧惑，即火星，属南方。填星，即土星，属中央。东、南、中央皆为阳。(53)占于街南，毕主之：毕昴之间为天街。街南毕星，主阳；街北昴星，主阴。中国为阳，毕主之，故毕为中国占候之星。中国西北之夷狄为阴，故下文说“占于街北，昴主之”。(54)旃：通“毡”，毛制品。(55)其维：指山川的源头。(56)首在陇蜀：这是当时人所指的中国范围，以渭水为河源，岷江为江源。渭水、岷江皆源出陇山，因此说源头在陇蜀。(57)太白主中国：秦晋地望在黄河、华山之北，为太白所主，因此秦晋同胡貉之民一样好战。秦晋为统一的中国一部分，故太白也为中国所占。所以下文说，胡貉只独占辰星。(58)此更为客主人：太白主中国，辰星主夷狄，交相为主客。《星经》说：“辰星不出，太白为客；辰星出，太白为主人……若辰星入太白中五日不出，中国胜；及入而上出，破军杀将，客胜……”(59)孛：通勃，变色。(60)理兵：整治兵备，准备打仗。(61)理政：修明政治，防止变乱。(62)故曰二句：引自《春秋纬·文耀钩》，其书已佚。(63)秦始皇之时：秦王嬴政统一六国后才称始皇帝，废除谥法。这里的“始皇之时”是追述，指嬴政开始执秦政之时。(64)十五年彗星四现：指秦始皇十年亲政到二十六年统一六国这一段时间，彗星四次出现。但彗星四现，据《秦始皇本纪》载，是秦始皇七年到十三年这七年之中出现的。秦始皇七年（前 240 年），彗星先出东方，现北方，五月现西方，这是第一次。九年，彗星现，或竟天，这是第二次。同年彗星现西方，又现北方，从斗以南八十日，这是第三次。十三年，正月，彗星现东方，这是第四次。(65)竟天：横贯整个天空。(66)张楚：陈涉称王，号张楚。并起：全国大起义。(67)三十年句：秦始皇十七年（前 230 年）灭韩到汉高祖刘邦五年（前 202 年）称帝是三十年。在这三十年间，历史经历了秦灭六国、秦末战乱、楚汉相争等巨变，战争不断。驰藉：距踏。⑥蚩尤：黄帝时作乱的部落首领。⑥项羽救巨鹿：即公元前207年秦楚巨鹿之战。⑦枉矢西流：矢状的大流星，蛇行西奔，占星术以为象征兵临咸阳。⑦西坑秦人：公元前207年，项羽坑杀秦降卒二十余万于新安城南。⑦诛屠咸阳：公元前206年，项羽入关火烧咸阳，三月不绝。⑦汉之兴句：金、木、水、火、土五行星会聚于井宿星区，又称五星连珠，是天体运行周期性的自然现象。⑦平城之围：汉高祖七年（前200年），刘邦在平城被匈奴围困了七日七夜，突围后与匈奴订和亲之约，暂时恢复了北方的平静。⑦月晕参、毕七重：参星、毕星在天街之南，为中国占星。月为阴，象征匈奴入侵。七重晕示兆汉兵有七日被围之困，这些均是占星家的附会解说。⑦吴楚七国叛逆：景帝三年（前154年）吴王刘濞联合楚、赵、胶东、胶西、济南、淄川共七国，以"清君侧，诛晁错"为名，起兵反汉，不久被平定。史称"吴楚七国之乱"。⑦彗星数丈：景帝二年（前155年）八月，彗星现东北。⑦天狗过梁野：天狗是一种流星，景帝二年下坠梁野。《汉书·天文志》云："天狗，状如大流星，有声，其下止地，类狗。所坠及，望之如火光炎炎中天。……千里破军杀将"。梁国，景帝之弟刘武的封国，治睢阳。吴楚七国连兵西进，梁国首当其冲，发生激战。⑦蚩尤之旗：《汉书·天文志》云："蚩尤之旗，类彗而后曲，象旗。现则王者征伐四方。"这是火星上的黄白光环，古人认为是战争之象。⑩荧惑守斗：火星徘徊在南斗，南方有兵之象。《汉书·天文志》云："元鼎中，荧惑守南斗。占曰：荧惑所守，为乱贼丧兵；守之久，其国绝祀。南斗，越分也。其后越相吕嘉杀其王及王太后，汉兵诛之，灭其国。"⑧茀（fú）：孛星。河戍：指井宿东北之北河星，又称北戍，为胡门；井宿东南之南河星，又称南戍，为越门。元封中，星孛于河戍，示兆汉兵征伐朝鲜、南越。⑧招摇：星名，在北斗七星斗柄之南，为胡人占星。太初中，星孛于招摇，汉武帝兵征大宛。⑧萃萃：明显易见。⑧唐都：著名占星家，司马谈向他学天官。唐都还与司马迁共同制定了太初历。⑧王朔：著名的占候家，善望气。李广曾经向他请教，自己为什么不得封侯。王朔曰：

"祸莫大于杀已降，此乃将军所以不得候者也。"由此可见，王朔是一个思想比较进步的方士。⑧魏鲜：推占岁星运行的历法家。⑧《五星法》：推占金、木、水、火、土五大行星的运行情况，并据此预见吉凶的书，也称《五星占》。⑧唯独句：指甘公、石申的五星占，只把火星的反逆行视为正常。⑧逆行所守：指火星在逆行时的徘徊滞留，如上文所说的"荧惑守斗"就是例证。既然火星的逆行是正常的，则逆行时的滞留就如他星的逆行一样，是不正常的，即被认为是天变。守，徘徊、滞留。⑨他星逆行：指火星以外的其他行星逆行，被认为是天变。⑨日月薄蚀：日月无光。蚀：也写作"食"，日月亏损。⑨五星无出句：地球和行星绕日运动，当地球与行星处在太阳两侧成一直线时，称为"合"；当地球与行星处在太阳一侧成一直线时，外行星称为"冲"，内行星称为"下合"。"合"的前后，行星是和太阳同时出没，行星被太阳遮住，叫"伏"，从地球上看不见，这就是所谓"五星无出"。"合"的前后，行星不逆行。行星逆行只发生在"冲"和"下合"的前后，这时行星离地球最近、最亮、最便观测，所以说"盛大而变色"。⑨紫宫：紫微宫的简称，又名紫微垣，简称紫垣。古人以为紫宫为天帝之中官，是以北极星为中枢，包括东西两列成屏藩状的十五颗星所组成的星区。东藩八星，称紫微左垣，南起为左枢、上宰、少宰、上弼、少弼、上卫、少卫、少丞八星。西藩七星，称紫微右垣，南起为右枢、少尉、上辅、少辅、上卫、少卫、上丞。⑨房心：包括东方苍龙七宿，为东官。⑨权衡：包括南方朱雀七宿，为南官。雀首北面的轩辕为权星。张翼北面的太微为衡星。⑨咸池：包括西方白虎七宿，为西官。天潢五车为咸池。⑨虚危：包括北方玄武七宿，为北官。⑨五官坐位：指紫宫、房心、权衡、咸池、虚危五大星区，位置恒定。古人将天上的列星赋以等级尊卑秩序，故称天文为天官。⑨为经：五部天官都是恒星，不易观察其移动，布满南北天空，是为经。⑩天之句：指五大行星佐天行德，东西运行，为纬。⑩赢缩有度：指行星循柳叶形运行的轨道摆动有一定的度数。赢缩，轨道摆动时的宽狭。⑩修德：反省过失，修养仁德。⑩省刑：减轻刑法，平反冤狱。⑩结和：与邻国交好。⑩国君：代指国家。

⑩修禳：祈求鬼神，消除灾祸。⑩正下无之：指昏暴之君，在天变的谴告下，即危机四伏已经明朗时，仍不闻不问。正下，最差劲。无之，视而不见。⑩常星：恒星。⑩三光之占亟用：凭借日、月、星的变异进行占候吉凶，都很频繁。亟，频繁。⑩日月句：指日月晕、日月食、星孛、兴云、刮风五种天象。适，彗星的色变。⑪俯仰：低头与仰头，喻政事兴衰。⑫三五：这里指本段文章所说的八种天象变化，与前文"为国者必贵三五"中讲天运周期变化的"三五"不同。三，指三光。五，指五气，日月晕适云风。《索隐》释为五星，与本段文不协，非是。

【评析】 《天官书》全文8107字，正文6896字，赞论，即本篇所选部分1211字，在《史记》全书中是唯一的一篇过千字的长篇论赞。本文系统地表达了作者关于天人关系的见解，《天官书》的哲理精义，尽于此论赞中。

本篇可分为三大段落，是司马氏父子相承之作。第一段"太史公曰"至"然后天人之际续备"，是司马迁转述其父司马谈语。接着"太史公推古天变"以下是司马迁的续论和发挥。这一部分又包括两段，即第二段、第三段。第二段"太史公推古天变"至"皆以为占"与第一段，议论重复，但更详细，显系司马迁对父论的阐释、补充和发挥。第三段，"余观史记"以下，是司马迁的总结，直接表示自己的观点。若此篇为司马迁一人所作，在结构上就不会有一、二两段的重复。"太史公学天官于唐都"，司马迁作了郑重其事的记载，说明司马谈是何等的重视天官。因此《天官书》中有部分司马谈的遗稿，是父子两代人相继完成的。

《天官书》集中"究天人之际"，这是司马迁"一家之言"的一个重要组成部分。"天人之际"来自董仲舒的用语。其原话是"臣谨案《春秋》之中，视前世已行之事，以观天人相与之，甚可畏也。国家将有失道之败，而天乃先出灾害以谴告之，不知自省，又出怪异以警惧之，尚不知变，而伤败乃至"（《天人三策》，载《汉书·董仲舒传》）。这就是汉代流行的天人感应学说。"相与"，即天人会合，互相感应。董仲舒的用心，企图用"谴告"说来限制君权为所欲为，免招败亡，维护统治阶级的长治久安。但是统治者是不会用虚妄的"谴告"说来束缚自己的手脚的。相反，恰恰利用天人相与、君权神授的学说来开脱自己的罪责，愚弄人民。董仲舒宣扬"畏天"，走向了他立意的反面，成为反动的神学目的论者，受到了统治者的欢迎，故他的天人相与学说得以泛滥。这是那个时代的思潮。这一思潮也给司马迁打下了时代的烙印，《天官书》中记载了不少天人感应的例证，甚至认为"天变"与"政事俯仰"，最近"天人之符"，这是不必讳言的。

但是，司马迁"究天人之际"的主要思想倾向却是讲天人相分，旨在阐明成败兴衰在于人心向背。"际"，本身有两个方面的意义。《说文》云："际，壁会也。"朱骏声曰："凡两墙相合之缝曰际。"（《说文通训定声》）两墙相合之缝，既是会合，也是分界。天人关系如两墙相合之缝，既是交会，也各自分途，有着明显的界限。司马迁删去董仲舒"天人相与之际"这句话中的"相与"二字，还要"究"它一番，再考之"行事"，这就突出了天人相分的思想。所以《天官书》并不是照录甘、石之传，而是作了一番认真的研究，最大限度地删汰讥祥不经的事例，而只记载经过验证的部分。占星家的理论系统虽然是唯心主义的天人感应，但是他们十分重视历史经验的总结，进行形势分析，对局势作种种预测，有时也能言中。如果我们对星占条文，剥去感应的迷信外衣，作为星占家对历史预言的资料来研究，也就有了一定的意义。

尊重事实，承认自然界和社会活动的客观现象，这是一个科学家和历史学家取得成就的立足点。在这一点上，本篇有生动的表现。司马迁十分强调观测的重要性，并亲自考察百年以来的"行事"，得出"五星无出而不反逆行，反逆行，尝盛大而变色；日月薄蚀，行南北有时"这样的承认自然界客观规律的科学结论，这是相当进步的。又，司马迁载天人感应，强调重人事，而不宣传"畏天"。在结尾"日变修德"一段中，强调统治者在"天变"面前要修德、修政，重视人心向背，这是一个了不起的进步。此外，在天官的研究方法上，司马迁比司马谈更重视现实。"为国者必贵三五"，这是司马谈之言。三五是讲长周期的天运变化，三十年一小变，五百年一大变。这样的天运周期比较虚渺。"为天数者必通三五"，这是司马迁的观点。他认为三光五气这八种天象变化，是经常发生的，更要注重观察研究。司马谈讲"天人之际续备"，司马迁说"则天官备矣"。这反映了父子两人研究天官的倾向有很大的差异。司马谈注重天人相与，而司马迁更注重天文科学本身规律的探索。也就是说，本篇留下了司马谈、司马迁父子两人思想差异的痕迹。司马迁比其父司马谈的唯物主义思想更多一些，历史观也更进步一些。

表

表

除《汉兴以来将相名臣年表》无序外，《史记》十表共九序，每一篇都是简洁的史论。

司马贞曰："《礼》有《表记》，而郑玄云'表，明也。'谓事微而不著，须表明也，故言表也。"（《三代世表·索隐》）。赵翼说："《史记》作十表，仿于周之谱牒，与纪传相为出入，凡列侯、将、相、三公、九卿功名表著者，既为立传，此外大臣无功无过者，传之不胜传，而又不容尽没，则于表载之，作史体裁，莫大于是。"（《二十二史札记》卷一）。准上，则"表"之义：

1. 表隐微之事，使之鲜明。

2. 扩大纪、传的记事范围。

3. 表与纪、传互为经纬，是联系纪、传的桥梁。

《史记》十表，用以反映历史发展的线索和阶段性，建立了古代的年代学理论，最有章法义例。十表序列如次：（一）三代世表、（二）十二诸侯年表、（三）六国年表、（四）秦楚之际月表、（五）汉兴以来诸侯王年表、（六）高祖功臣侯者年表、（七）惠景间侯者年表、（八）建元以来侯者年表、（九）建元以来王子侯者年表、（十）汉兴以来将相名臣年表。本书选评两篇年表序。

六国年表序

《六国年表》表名六国，实谱八国。第一栏周，尊天下共主。第二栏秦，列于六国之前，日食灾异载于秦表而不载于周表，其义即以秦系天下之存亡，褒美秦统一之业。因此周、秦均不在"六国"数中，故表名"六国年表"。小国附属于宗主国。蜀与义渠附于秦表，因两国为秦所并。同理，郑附于韩表，代、中山附于赵表，鲁、蔡、莒、吴、越附于楚表。韩、赵、魏三家分晋，残存之晋仅有绛、曲沃，其后为魏所并，故尽附于魏表。

《六国年表》断限，上接《十二诸侯年表》之后，起周元王元年，下迄二世之灭，表序又从秦始封诸侯讲起，完整地勾勒了秦朝一代兴亡的历史线索，突出地表现了秦统一中国的历史地位。

　　太史公读《秦记》①，至犬戎败幽王，周东徙洛邑，秦襄公始封为诸侯②，作西畤用事上帝③，僭端见矣④。《礼》曰⑤："天子祭天地，诸侯祭其域内名山大川。"今秦杂戎、翟之俗，先暴戾，后仁义，位在藩臣而胪于郊祀⑥，君子惧焉。及文公逾陇⑦，攘夷狄，尊陈宝⑧，营岐雍之间⑨，而穆公修政⑩，东竟至河，则与齐桓、晋文中国侯伯侔矣。是后陪臣执政，大夫世禄，六卿擅晋权，征伐会盟，威重于诸侯。及田常杀简公而相齐国，诸侯晏然弗讨，海内争于战功矣。三国终之卒分晋，田和亦灭齐而有之，六国之盛自此始。务在强兵并敌，谋诈用而从横短长之说起⑪。矫称蜂出⑫，誓盟不信，虽置质剖符犹不能约束也⑬。秦始小国僻远，诸夏宾之⑭，比于戎翟，至献公之后常雄诸侯⑮。论秦之德义不如鲁卫之暴戾者，量秦之兵不如三晋之强也，然卒并天下，非必险固便形势利也，盖若天所助焉。

　　或曰"东方物所始生，西方物之成孰"⑯。夫作事者必于东南，收功实者常于西北。故禹兴于西羌⑰，汤起于亳⑱，周之王也以丰、镐伐殷，秦之帝用雍州兴，汉之兴自蜀汉。

　　秦既得意⑲，烧天下《诗》《书》，诸侯"史记"尤甚，为其有所刺讥也。《诗》《书》所以复见者，多藏人家，而"史记"独藏周室，以故灭。惜哉，惜哉！独有《秦记》，又不载日月，其文略不具。然战国之权变亦有可颇采者，何必上古。秦取天下多暴，然世异变，成功大⑳。传曰"法后王"㉑，何也？以其近己而俗变相类，议卑而易行也㉒。学者牵于所闻㉓，见秦在帝位日浅，不察其终始，因举而笑之，不敢道，此与以耳食无异㉔。悲夫！

余于是因《秦记》，踵《春秋》之后㉕，起周元王㉖，表六国时事，讫二世㉗，凡二百七十年㉘，著诸所闻兴坏之端㉙。后有君子，以览观焉。

【注释】　①秦记：系秦国一部很简略的史书。②襄公：秦之兴始于襄公，公元前777年至公元前766年在位。③西畤（zhì）：秦襄公在西垂建置的祭祀白帝的神祠。畤，止也，神灵所栖止之处所。畤建于西垂邑，故名西畤。汉置西县，故城在今甘肃天水西南一百公里处盐关堡东南的西汉水南岸。④僭端见矣：越礼称王的苗头出现了。白帝是五天帝之一，秦襄公祭白帝表示直接继承了天命，为称王做准备，所以说“僭端见矣”。⑤《礼》曰二句：见《礼记·曲礼》，原文是“天子祭天地，祭四方，祭山川；诸侯方祀，祭山川。”⑥胪于郊祀：陈列祭天的礼仪。⑦文公：公元前765至公元前716年在位。陇：指陇山，又称陇坂、陇坻、陇首。陇山绵亘在陕西陇县、宝鸡以及甘肃的清水、秦安一带。⑧尊陈宝：陈宝是神雉名。秦文公在陈仓北坂，即宝鸡山北坡建置宝鸡神祠，制造神话说，有一只神雉化成了宝石，秦得宝石当为帝王。宝鸡地名由此而得。⑨岐雍：岐，即岐山，在陕西凤翔县东。雍，即雍山，在凤翔县西。⑩穆公：春秋五霸之一，公元前659年至公元前621年在位。⑪谋诈句：这句是说战国时，列国间钩心斗角，用奇谋诈骗取胜，从而产生了纵横家。史称纵横家之说为长短说，西汉刘向校书时汇编成《战国策》。⑫矫称蜂出：假传命令的事件层出不穷。如信陵君窃符救赵，就是假传王命夺了晋鄙军。⑬置质剖符犹不能约束：这句是说战国之世，尽管诸侯之间置质、君臣之间剖符，都不起约束作用。质，抵押。两国间结约，常交换太子或大臣到对方以示信守叫置质。被质的太子叫质子，被质的大臣叫质臣。⑭宾：同“摈”，排斥。⑮献公：公元前384年至公元前362年在位。⑯或曰二句：按五行理论，木火金水土五行应东南西北中五方，并与春夏秋冬闰相配合。因东与春相配，西与秋相配，所以说"东方物所始生，西方物之成孰"，用以解释秦汉兴起于西方。这是从历史现象中绌出的唯心主义历史观。⑰禹兴于西羌：古史中的一种传说。《夏本纪·正义》引《帝王纪》谓禹"本西夷人也"。扬雄《蜀王本纪》云："禹本汶山郡广柔县人也，生于石纽。"汶山郡，汉武帝置，郡治汶江，在今四川茂汶县西北，本冉駹族地。冉駹族以氏羌为主。⑱汤起于亳（bó）：亳有四地，一在关中，三在河南。河南商丘东南之南亳，西北之北亳，偃师县西之西亳是河南三亳。关中亳亭在今西安市东南。舜封契于商。《殷本纪》三家注谓为上洛之商，即今陕西商洛市。可见这里是以关中之亳为汤兴之地。⑲秦既得意：指秦得遂统一之志。《秦始皇本纪》载，始皇二十八年东巡，上琅邪山刻石颂功，"明得意"。⑳世界变，成功大：指秦顺应事变，获得成功。其语化自《韩非子·五蠹》，原文是："时异则事异，事异则备变。"㉑传曰"法后王"：传，指《荀子·儒效篇》："法后王，一制度。"又《非相篇》："欲观圣王之迹，则于其粲然者，后王是也。"孔孟主张宪章尧舜，而荀子主张法后代贤王是一大进步。但荀子主张的"法后王"又有所保留，只是法三代。《王制篇》说："王者之制，道不过三代，法不贰后王，道过三代谓之荡，法贰后王谓之不雅。"司马迁引此是强调重视近现代史，要对秦朝作正确的评价。㉒议卑而易行：议论平易浅近容易遵行。㉓学者牵于所闻：学者，主要是指那些高谈法先王、循仁义的儒生博士们，局限在自己的旧说里跳不出来。牵，局限。㉔耳食：用耳朵吃饭（听食）不知味，喻不切合实际。㉕踵《春秋》之后：接续在孔子所著的《春秋》之后，即接《十二诸侯年表》之后，因该表是表现《春秋》的。踵，脚后跟，引申为跟着、接续之意。㉖周元王：名姬仁，公元前475年至前469年在位。㉗讫二世：指《六国年表》下限不止于秦统一的公元前221年，而讫于秦二世之亡的公元前207年，正是司马迁"综其终始"历史观的反映，以表现其凭恃暴力不能守国的观点。㉘凡二百七十年：此举成数。公元前475年至公元前207年，实际为二百六十九年。㉙兴坏之端：成功与失败的头绪，即兴亡经过及其原因。

【评析】　《六国年表序》是一篇专论秦朝兴亡的史论。要点有二：一是讨论秦统一中国的原因；二是评价短命秦朝在历史上的地位。

司马迁以读《秦记》发论，指出"秦始小国僻远，诸夏宾之，比于戎翟"，"论秦之德义，不如鲁卫之暴戾者；量秦之兵，不如三晋之强也"。但是，天下一统归于秦国，这是什么原因呢？"然卒并天下，非必险固便形势利也，盖若天所助焉。"秦据关中，居高临下与六国争衡，进可攻，退可守，这是秦取得胜利的原因之一。但司马迁认为，地利形势并不是秦并天下的主要原因，所以说"非必"也。秦国是依靠暴力手段统一天下的，这与三代之君积德累善得天下迥异。秦取天下多暴而能得所欲，好像是天要这样做似的，所以说"盖若天所助焉"。

"天"在古人头脑中是一个既神秘而又复杂的哲学概念，没有人能够确切地把它说清楚。《史记》中的"天"，也有多种意义。单就《天官书》所论就有三种含义：一、指自然之天，如"日月星辰"，"三光""五气"之"天变"。二、指命运之天，即运数周期，如"三十岁一小变，百年中变，五百载大变"。三、指意志之天，如天人感应之"形见应随"。司马迁对意志之天既相信，又怀疑，不完全肯定，也不完全否定。"或曰"云云的一种观点就是宣扬天命，司马迁予以引录备载以存其说。但这并不是司马迁谈"天"的主流。《殷本纪》批评纣王依恃"天命"而亡国，《项羽本纪》批评项羽引"天亡我"为"谬"，《伯夷列传》质问惩恶佑善之天道为虚无等都是司马迁不信天命的例证。

秦得天之助，司马迁反复言之。《魏世家赞》云："天方令秦平海内，其业未成，魏虽得阿衡之佐，曷益乎？"这里的"天"与"盖若天所助焉"之"天"为同一含义，是指天下形势之变，非个人之力所能够挽回。秦国虽非"德义"之邦，但东方各国礼坏乐崩，兼并征伐不已，秦国却在献公之后，"常雄诸侯"，东方贤人竞相奔走于秦。战国之世，司马迁写了二十一传，秦国人物九传，差不多占了一半，而多数贤才非秦所产，岂非是天之所助？可见秦灭六国是一种必然的趋势，即历史之变的事势，它是一种客观存在的运动力量。这种力量是长期历史的积累所形成的物质的和人为的力量总和。古代的司马迁不可能具有这样的认识，故用一"天"字来说明，带有神秘的色彩。

读《六国年表序》当与《秦本纪》《秦始皇本纪》以及秦国人物传记并读，也可以说这篇表序就是秦国传记的一个总论。汉代学者拘于耳食之见，诋毁秦朝是"余朝闰位"，说什么汉朝是"上继周统"，这都是违反历史事势之变的狂惑之言。司马迁反对暴政，批判了秦朝焚书坑儒等严刑酷法，但对秦朝"法后王"，革新政治而富强，终于一统天下的历史功绩却作了高度的评价和肯定，颇具辩证的眼光。司马迁认识到，在"强国相王""务在强兵并敌"的形势下，"秦取天下多暴"是必然的事势。司马迁的这一认识，在当时既是卓绝的，也是进步的。

秦楚之际月表序

《秦楚之际月表》起陈涉发难，迄刘邦称帝，即公元前209年—公元前202年，共八年。《太史公自序》云："八年之间，天下三嬗，事繁变众，故详著《秦楚之际月表》第四。"表序云"五年之间，号令三嬗"，系指从秦亡至西汉统一是五年。表序重点讲楚汉相争，所以说"五年之间，号令三嬗"。三嬗，指陈涉、项羽、刘邦相继称王，政权由秦嬗楚陈涉，再由涉嬗项羽，三由项羽嬗刘邦。

《秦楚之际月表》由两部分组成。第一部分为秦表，表陈涉发难，六国纷起，以接《六国年表》，秦表分秦、楚、项、赵、齐、汉、燕、魏、韩九栏。第二部分为楚表，表项羽分封。秦表以秦二世纪年，楚表以义帝纪年，示为天下共主。义帝死，第一栏留空，因项羽只号霸王，未称帝。但"政由羽出"，故于项王表中云："西楚主伯，项籍始，为天下主命，立十八王。"汉王五年刘邦称帝，但不升为第一栏，仍载汉王表，故表名"秦楚之际月表"，名实相符。

秦楚之际，事繁变众，扰攘僭篡，运数又促，故创月表。如陈涉称王六月而死；武臣王赵，四月而亡；魏咎、田儋十月而终，皆不及一年。项梁起兵十三月而败亡，项羽继业，另起纪月。由此可见，创为月表，形势使然。秦表起陈涉，迄项羽入关，凡三年，只纪月，不纪年。楚表起项羽分封十八王，迄刘邦称帝，凡五年，纪年又纪月。在楚表中项羽及十七王纪年皆不书"元年"及"正月"。刘邦入关即书"汉元年"以承秦之灭，又书"正月"且早诸王一月以接秦王子婴之死，这是寓意汉承正统，故序云："此乃传之所谓大圣乎？"但全表结构创为"秦楚之际"而不名"秦汉之际"，乃是突出陈涉、项羽灭秦功绩。《史记》十表，纪实正名，义例严密，首推此表。

表序追溯三代以来天下一统的艰难历程，分析秦楚之际"号令三嬗"的原因，结论"乡秦之禁，适足以资贤者"，具有独到的见解。

太史公读秦楚之际，曰：初作难，发于陈涉；虐戾灭秦①，自项氏；拨乱诛暴，平定海内，卒践帝祚②，成于汉家。五年之间，号令三嬗③，自生民以来，未始有受命若斯之亟也。

昔虞、夏之兴，积善累功数十年，德洽百姓④，摄行政事⑤，考之于天，然后在位。汤、武之王，乃由契、后稷修仁行义十余世⑥，不期而会孟津八百诸侯，犹以为未可，其后乃放弑⑦。秦起襄公，章于文、穆、献、孝之后，稍以蚕食六国⑧，百有余载，至始皇乃能并冠带之伦⑨。以德若彼，用力如此，盖一统若斯之难也。

秦既称帝，患兵革不休，以有诸侯也，于是无尺土之封⑩，堕坏名城⑪，销锋镝⑫，钮豪杰⑬，维万世之安。然王迹之兴，起于闾巷⑭，合从讨伐，轶于三代⑮，向秦之禁，适足以资贤者为驱除难耳⑯。故愤发其所为天下雄，安在无土不王。此乃传之所谓大圣乎？岂非天哉，岂非天哉！非大圣孰能当此受命而帝者乎？

【注释】　①虐戾灭秦：指项羽用残暴手段灭掉秦国。②践：登。帝祚：帝位。③嬗：更换。④昔虞、夏之兴句：《五帝本纪》说舜试职二十年，然后受尧禅位；禹试职十七年，然后受舜禅位。舜、禹在试职期间尽心办事，得到了人民的拥戴，因而获得了天命。洽，润露，恩泽施及的意思。⑤摄：代理。⑥汤、武之王二句：商的祖先契佐禹治水，功业著于百姓，传十三世至汤灭了夏朝而有天下。周的祖先后稷为帝尧农师，天下得其利，传十五世到了周武王，才灭殷纣而有天下。⑦放弒：指汤放桀，武王伐纣事。⑧稍：逐渐。⑨并冠带之伦：指统一六国。冠，帽子。带，腰带。冠带之伦指东方六国华夏民族，与披发左衽的四方夷狄民族相对称。⑩无尺土之封：指秦行郡县制，不实行分封。⑪堕：通"隳"（huī），毁坏。⑫镝：箭头。⑬钽豪杰：铲除豪强。秦始皇为了巩固中央集权，迁移东方六国贵族十二万户于咸阳，"钽豪杰"指此。钽，古锄字。⑭闾巷：闾阎街巷，这里指民间。陈胜、项羽、刘邦均起自民间。⑮轶于三代：指秦末农民起义推翻暴秦的统治，其威力之大，收功之速超过了三代。轶，超过。⑯向秦之禁，适足以资贤者：原来秦朝的苛法禁忌成了贤者的凭借。向，原来，从前。贤者，指刘邦。

【评析】 《秦楚之际月表序》论述秦楚之际的历史事势，说明汉得天下的原因。序文分三段，第一段概述秦楚之际政治形势的特点，即陈涉发难，项羽灭秦，刘邦称帝，发生在短暂的时间里，是中国历史上一个剧烈的变革时期。第二段，追溯虞夏商周秦五代兴起之难，说明秦楚之际"天下三嬗"是历史事势的重大转折。第三段，分析刘邦起于布衣，"无土而王"的原因。一方面是秦朝废分封，销锋镝，除豪杰，主观上"维万世之安"，而客观上"适足以资贤者为驱除难耳"，说明暴力不可恃。另一方面，刘邦是一个"贤者""大圣"，得天之助，"故愤发其所为天下雄"，说明了汉之兴，因顺应了历史事势的发展趋向，所以获得了成功。

《秦楚之际月表》详载"天下三嬗"的经过，用"秦楚之际"为表名，旨在突出陈涉发难，项羽灭秦之功；而《秦楚之际月表序》却是盛赞汉高祖刘邦成就帝业的功绩。表序称刘邦为"大圣"，叠句感叹"岂非天哉，岂非天哉"，赞颂之情，溢于言表。对这里"天"字的解释历来有很大的分歧。有的认为"天"及"大圣"云云是对刘邦竖子成名的极大讥讽，说明刘邦实无本事，只是在干戈扰攘中捡了个大便宜；也有的认为"天"及"大圣"是从天命论的立场赞颂刘邦，反映了司马迁的唯心史观。我们认为这两种看法都不免偏激。读《秦楚之际月表序》不仅要作首尾的连贯分析，而且应与《项羽本纪》《高祖本纪》，以及汉初功臣传记联系思考，方不失其旨。表序述陈、项、刘之兴起，有着明显的抑此扬彼的思想倾向。"初作难，发于陈涉"，肯定了陈涉的反暴作难。"虐戾灭秦自项氏"，虽然肯定了项羽的灭秦之功，但其手段"虐戾"，违反历史事势，败亡是必然的。"拨乱诛暴，平定海内，卒践帝祚，成于汉家"，显然是对刘邦的肯定。"拨乱"是扫灭群雄，而"诛暴"则是指灭项羽。《太史公自序》云："子羽暴虐，汉行功德；愤发蜀汉，还定三秦；诛籍业帝，天下惟宁，改制易俗。作《高祖本纪》第八。"这里的抑扬之情不容有歧义。故"愤发其所为天下雄"，是指刘邦除暴安民的一系列措施。这在项、刘两纪中有着鲜明的对比记载。刘邦西进咸阳，"诸所过毋得掠虏，秦人喜，秦军解"。入关后，封府库，约法三章，秦人大喜，"唯恐沛公不为秦王"。这说明刘邦深得民心。相反，项羽西进，"夜击坑秦卒二十余万人于新安城南"。入关后，"屠咸阳，杀秦降王子婴，烧秦宫室，火三月不灭"。项羽大失民心，众叛亲离。故韩信亡楚归汉，论项羽必败。其言曰："项王所过无不残灭者，天下多怨，百姓不亲附，特劫于威强耳，名虽为霸，实失天下心，故曰其强易弱。"事势一步步按着韩信的预言演进，楚亡汉兴。民心向背起了决定性的作用。司马迁赞刘邦诛暴而成帝业与赞陈涉、项羽之反暴秦的立场、观点是一致的，即肯定人民的反暴斗争，大声赞美革命行动。所谓"革命"，即革膺天命，有道伐无道。秦楚之际的"三嬗"，乃有道胜无道，刘邦理应得到赞颂，称为"大圣"，当之无愧。

但是，刘邦取得天下，既非积"德"，亦非用"力"，五年之间，卒践帝祚，司马迁还不能作出科学的解释。以今天的唯物主义观点来看，秦楚之际阶级斗争的急剧变化，突破了积"德"与用"力"的固有格局，创造了布衣登极的奇迹，使得刘邦这样一个泗上亭长扮演了英雄的角色。古代的司马迁自然不会有阶级斗争论的认识水平和分析方法，所以对"无土而王"的现象用一个"天"字作结，保留了天命论的地盘，这是不必讳言的。但表序的基调却是惊奇感叹秦楚之际历史事势变化之强烈，肯定刘邦的统一之功，应该说这是不凡的见识。

表序只有二百八十七字，而内涵义理却极为深厚。司马迁没有空发议论，而是在序事之中把所论之理寓于言外，使读者深思而自得之，十分精妙。行文曲折，层层说理，正反相映，对比强烈。秦楚之际天下三嬗之"易"，与古代王迹兴起之"难"，一正一反，构成历史纵向的强烈对照，提出悬案，启人思索。秦之失与汉之得，项羽之暴与刘邦之仁，一反一正，构成历史横向的强烈对照，以不容置疑之问作结，首尾呼应，回答悬案，言尽而意不穷。表序的构思之妙，乃是司马迁历史纵横比较研究方法的生动运用，在比较之中易于阐明义理。用古今得天下难易作对比，并不是说刘邦得天下轻而易举，恰恰是以古之难衬映刘邦取天下之不易。因"天下三嬗"表象是"易"，实质是历史事势变化之"剧"，反映斗争之"酷"，秦朝"驱除"于前，项氏"虐戾"于后，才有刘汉"愤发"之得以成功。虞、夏、商、周积德而有天下，秦朝用力而成帝业，或积善累功"数十年"，或修仁行义"十余世"，或蚕食兼并"百有余载"，说明一统天下十分不容易。

太史公自序

　　本篇选自《太史公自序》。《太史公自序》是《史记》一书的总序，《史记》原名《太史公书》，故称《太史公自序》。《自序》概述了司马氏世系、家学渊源、《史记》成书经过、著述动机和全书意旨，是一篇内容丰富、学术价值很高的自传自注体论文。《自序》对于我们研究《史记》成书的历史条件和司马迁的"一家之言"，是极其重要的资料。

　　自序全文可分为两大部分七个段落。第一部分司马迁传略，有六个段落：（一）司马迁的家世；（二）司马氏父子论《六家要旨》；（三）司马迁二十壮游；（四）司马迁受父遗命；（五）司马迁答壶遂问论"史记写作宗旨"；（六）司马迁发愤著书。第二部分史记序目，为一个段落，是对全书一百三十篇的内容提要。这里选录了（一）、（三）、（四）、（六）四个部分，分为四段，略见其大旨，与全书呼应。

　　昔在颛顼①，命南正重以司天②，北正黎以司地③。唐虞之际，绍重黎之后④，使复典之，至于夏商，故重黎氏世序天地。其在周，程伯休甫其后也⑤。当周宣王时，失其守而为司马氏⑥。司马氏世典周史⑦。惠、襄之间⑧，司马氏去周适晋。晋中军随会奔秦⑨，而司马氏入少梁⑩。

　　自司马氏去周适晋，分散，或在卫，或在赵，或在秦。其在卫者，相中山⑪。在赵者，以传剑论显，蒯聩其后也⑫。在秦者名错，与张仪争论，于是惠王使错将伐蜀，遂拔，因而守之。错孙靳⑬，事武安君白起。而少梁更名曰夏阳。靳与武安君坑赵长平军，还而与之俱赐死杜邮⑭，葬于华池⑮。靳孙昌，昌为秦主铁官。当始皇之时⑯，蒯聩玄孙卬，为武信君将而徇朝歌⑰。诸侯之相王⑱，王卬于殷。汉之伐楚，卬归汉，以其地为河内郡。昌生无泽，无泽为汉市长[19]。无泽生喜，喜为五大夫[20]，卒，皆葬高门[21]，喜生谈，谈为太史公[22]。

太史公既掌天官，不治民。有子曰迁[23]。

迁生龙门[24]，耕牧河山之阳[25]。年十岁则诵古文[26]。二十而南游江、淮，上会稽，探禹穴[27]，窥九疑[28]，浮于沅、湘[29]；北涉汶、泗[30]，讲业齐鲁之都[31]，观孔子之遗风，乡射邹、峄[32]；厄困鄱、薛、彭城[33]，过梁、楚以归[34]。于是迁仕为郎中[35]。奉使西征巴、蜀以南，南略邛、筰、昆明[36]，还报命[37]。

是岁，天子始建汉家之封，而太史公留滞周南[38]，不得与从事，故发愤且卒。而子迁适使反，见父于河洛之间。太史公执迁手而泣曰："余先周室之太史也。自上世尝显功名于虞夏，典天官事。后世中衰，绝于予乎？汝复为太史，则续吾祖矣[39]。今天子接千岁之统[40]，封泰山，而余不得从行，是命也夫，命也夫！余死，汝必为太史；为太史，无忘吾所欲论著矣。且夫孝始于事亲，中于事君，终于立身。扬名于后世，以显父母，此孝之大者[41]。夫天下称诵周公，言其能论歌文、武之德，宣周、邵之风，达太王、王季之思虑，爰及公刘，以尊后稷也[42]。幽厉之后[43]，王道缺[44]，礼乐衰，孔子修旧起废，论《诗》《书》，作《春秋》，则学者至今则之[45]。自获麟以来四百有余岁[46]，而诸侯相兼，史记放绝。今汉兴，海内一统，明主贤君忠臣死义之士，余为太史而弗论载，废天下之史文，余甚惧焉，汝其念哉！"迁俯首流涕曰："小子不敏[47]，请悉论先人所次旧闻，弗敢阙。"

卒三岁而迁为太史令[48]，䌷史记石室金匮之书[49]。五年而当太初元年[50]，十一月甲子朔旦冬至，天历始改，建于明堂[51]，诸神受纪。

太史公曰[52]："先人有言[53]：'自周公卒五百岁而有孔子。孔子卒后至于今五百岁[54]，有能绍明世，正《易传》，继《春秋》，本《诗》《书》《礼》《乐》之际？'意在斯乎！意在斯乎！小子何敢让焉。"

七年而太史公遭李陵之祸㊳，幽于缧绁㊱。乃喟然而叹曰："是余之罪也夫！是余之罪也夫！身毁不用矣。"退而深惟曰："夫《诗》《书》隐约者，欲遂其志之思也。昔西伯拘羑里，演《周易》；孔子厄陈、蔡，作《春秋》；屈原放逐，著《离骚》；左丘失明，厥有《国语》；孔子膑脚㊲，而论兵法；不韦迁蜀㊳，世传《吕览》；韩非囚秦，《说难》《孤愤》；《诗》三百篇，大抵贤圣发愤之所为作也㊴。此人皆意有所郁结，不得通其道也，故述往事，思来者。"于是卒述陶唐以来，至于麟止，自黄帝始㊵。

太史公曰㊶：余述历黄帝以来至太初而讫㊷，百三十篇。

【注释】 ①颛顼：上古传说的五帝之一，继黄帝为帝，号高阳氏。②南正重：天官重。南正，传说中的上古天官，职掌天文，观星象，定历法。史墨说，重，少昊氏之子。③北正黎：地官黎，北正，地官，职掌农事。史墨说，黎，颛顼之子。④重黎：《史记·楚世家》云："高阳生称，称生卷章，卷章生重黎。"上文以重、黎为二人，此以重黎为一人。《史记志疑》卷二十六，梁玉绳认为，黎之后以地官兼天官，故号重黎氏。⑤程：古国名，在今洛阳东。休甫：人名。⑥司马氏：司马，掌军事的官。司马氏以官为氏。⑦典：职掌。⑧惠襄之间：指周惠王姬阆和周襄王姬郑在位期间。惠王时有子颓作乱，襄王时有叔带作乱。史官职掌机要，故司马氏在惠、襄之间的王室内乱中去周适晋。⑨晋中军随会奔秦：随会，晋大夫。公元前621年晋襄公卒，随会入秦迎立公子雍。赵盾立襄公子夷皋，是为晋灵公，发兵拒公子雍。随会奔秦避难，后来回到晋国做了中军统帅。这里称"中军"是追书。⑩司马氏入少梁：卷入晋公室内乱的司马氏入秦避难，其后为秦民。少梁，古梁国，公元前641年秦灭梁，改称少梁。过了四年，前617年，晋伐秦，取少梁，三家分晋属魏。至前328年，秦人又从魏国手中夺回少梁，更名夏阳，在今陕西韩城南。⑪其在卫句：司马氏流入卫国的一支，后代中有人做了中山国的相，指司马喜。《战国策·中山策》云："司马喜三相中山。"1974年至1978年在河北平山县出土了带有长篇铭文的铁足大鼎，是中山王赐给国相司马𱍼的，从而证实了司马迁的记载。⑫在赵者句：司马氏分散时，赵国还没有建立，这里是说后代在赵。《史记·刺客列传》载荆轲在赵国榆次与盖聂论剑。《自序·正义》引如淳说，盖聂就是蒯聩。⑬靳（jìn）：《汉书·司马迁传》作"蕲"，二字音近互转。⑭杜邮：地名，在今陕西咸阳市东。⑮华池：地名，在今韩城市西南十七里。⑯当始皇之时：应作"当始皇死时"解，指公元前209年秦末农民起义之时。西汉人认为，秦之亡，祸成始皇，故云"当始皇之时"。⑰武信军：武臣的封号，陈胜起义派他北定赵地，他又派司马卬攻取了朝歌。徇（xùn）：攻取。朝歌：古为殷都，在今河南淇县。⑱诸侯之相王：诸侯互相称王，指公元前206年项羽封十八王，卬为殷王，都朝歌。⑲无泽：《汉书·司马迁传》作"毋泽"。"毋"与"无"，古字通。市长：汉高祖六年（前201年）改咸阳为长安，立四市长及四市丞，管理商业运输。⑳喜为五大夫：五大夫是秦汉二十级封爵制的第九级。汉文帝十二年（前168年）推行卖爵制，五大夫售价为入粟四千石。《汉书·食货志》载，五口之家，耕地百亩，全年收入一百石。四千石相当于四十户自耕农的全年收入。《自序》未叙司马喜做官或其他功劳，他的爵位当是买来的。㉑高门：地名，是高门原的简称，又叫马门原，在华池西三里。㉒谈为太史公：《史记》全书称"太史公"凡一百五十二见，为司马谈、司马迁父子相共。《汉书·百官公卿表》有太史令，为太史府之长官，秩六百石。《自序·集解》引臣瓒曰："《茂陵中书》司马谈以太史丞为太史令。"《索隐》引《博物志》云："太史令茂陵显武里大夫司马迁，年二十八，三年六月乙卯除，六百石。"据此，"太史公"不是官名，此称"太史"为官名，"公"字为尊称，乃是司马迁尊称其父，署官以名其书曰《太史公书》，意为太史公所著之书，用以祭奠父亲，因《史记》是司马谈发凡起例的。书名既为《太史公书》，故一百三十篇论赞皆称"太史公曰"，而"太史公"遂为父子共名。旧解多以"太史公"为官名，殊误。《茂陵中书》，乃茂陵县的户籍档案簿。茂陵，在长安西北八十里，今陕西兴平东北，为汉武帝陵。元朔二年（前127年），武帝徙郡国豪杰及家资三百万以上者实茂陵，司马迁一家徙置茂陵，故属籍《茂陵中书》。㉓有子曰迁：司马迁，字子长，《自序》和《汉书》本传都失载，也没有载生卒年。司马迁之字见于扬雄《法言》和王充的《论衡》。㉔龙门：山名，在今陕西韩城东北五十里，横跨在黄河两岸。司马迁生在韩城南二十二里的芝川镇，两者相距七十里。"迁生龙门"是举家乡名胜而言，是一个大略的说法。㉕耕牧河山之阳：指司马迁童年在家乡度过。耕牧，一般用以表示未仕宦，家居。河山之阳，指司马迁的故乡所在，即龙门山南麓河曲。㉖古文：先秦历史典籍用古体字书写，故《史记》称其为古文。如《五帝本纪赞》称《春秋》《国语》《五帝德》《帝系姓》为古文。《自序·索隐》引刘伯庄说：古文指《左传》《国语》《世本》等。㉗禹穴：在浙江绍兴市东南会稽山上，传说夏禹南巡时曾大会诸侯于此。㉘窥（kuī）：考察。九疑：山名，在今湖南宁远县境。传说舜南巡，死后葬九疑。㉙沅、湘：湖南境内的两条大江，注入洞庭湖。屈原放逐，曾在两江上漫游。㉚汶、泗：山东境内水名，古代注入淮河，今注入运河。孔丘的出生地曲阜就在泗水中游的南岸。㉛讲业：研究学问。业，是大书板，代指书籍。这句是说，司马迁壮游，在齐鲁之都，研究学问。㉜乡射：是古代练武选贤的一种礼仪活动。一是地方官于春秋二季召集人民练武习射。一是举行选贤习射。邹：古国名，今山东邹县，是孟轲的出生地。峄：山名，在邹县南，秦始皇东巡，在峄山刻石颂功。㉝厄困鄱、薛、彭城：司马迁在蕃、薛、彭城如何受厄困，史事不详。鄱，《史记志疑》认为是蕃（fān）字之误，汉县名，在今山东滕州市东南四十四里。薛，齐孟尝君田文的封邑，故城在今山东滕州市东。彭城，即今江苏徐州市，是西楚霸王项羽的都城。㉞过梁、楚以归：司马迁从彭城向西经沛、丰、砀（刘邦的出生地及起义地区）到梁，回长安。梁，今河南开封，魏国后期的都城。楚，泛指楚地。㉟迁仕为郎中：司马迁二十壮游，在元朔三年（前126年）回到京师，受学于董仲舒，问故于孔安国。仕为郎中在元狩五年（前118年）。㊱奉使二句：元鼎六年（前111年）春，武帝命驰义侯遗率巴、蜀之兵平定西南夷，以为牂柯、越巂、沈黎、汶山、武都五郡。司马迁奉命监军，并设郡置吏。

㊲还报命：司马迁奉使还报，是在元封元年（前110年）春。是时汉武帝东巡泰山封禅，司马迁于是东赴行在所，于洛阳见到垂危的父亲。㊳周南：即下文的“河洛之间”，实指洛阳。西周成王时，周公与召公分陕（今河南三门峡市）而治，陕以东为周南，陕以西为召南。这里指司马谈从巡武帝东上泰山至周南地方病倒而停滞下来。㊴则续吾祖矣：就可以继续我祖上的事业了。㊵接千岁之统：据《封禅书》载西周成王曾登封泰山，下距武帝其间九百余年，此云“千岁”，是约举成数。本来秦始皇亦上泰山封禅，不得言“接千岁之统”。由于汉人自视上接周朝，视秦为闰统，故不承认秦始皇的封禅。㊶此孝之大者：《孝经》云：“身体发肤，受之父母，不敢毁伤，孝之始也。立身行道，扬名于后世，以显父母，孝之终也。夫孝始于事亲，中于事君，终于立身。”㊷夫天下称诵周公六句：这里略举的人物都是对周代的兴起作出贡献的历史人物，事迹详见《周本纪》和鲁周公、燕召公两世家。后稷是周始祖，为帝尧农师，三传至公刘，公刘九传至太王古公亶父。太王传季历，即王季。季历传周文王姬昌，姬昌传武王姬发而有天下。周公姬旦武王之子，召公姬奭周之宗室。周公、召公是西周开国时的两个辅政大臣，二公并为周王室世卿。“宣周邵之风”，意谓周公、召公能使自己的风教大行于天下。邵，即“召”之本字，召读邵。㊸幽厉之后：即为东周之世。㊹王道缺：指文武之道衰微。㊺则之：效法它。㊻自获麟以来四百有余岁：鲁哀公十四年获麟至武帝元封元年只有三百七十一年（前481年—前110年），而说“四百有余岁”是概略的说法，为的是与下文“五百岁”相呼应。按五行学说，五百年为历史变化的一个小周期。㊼小子：下对上的自称。㊽卒三岁而迁为太史令：指司马谈死后的第三年，元封三年，（前108年）六月初二日，司马迁任太史令。㊾紬(chōu)：阅读，缀集，抄撮。石室金匮：均指国家藏书馆、档案室。㊿太初元年：即元封七年（前104年）。这年十一月甲子日朔（即初一）冬至，颁布了太初历，于是改元封七年为太初元年。太初历的颁布仪式在明堂举行，历中明确规定了山川鬼神的祭祀日历，故下文说“建于明堂，诸神受纪”。(51)明堂：天子举行隆重庆典的礼堂。(52)太史公：

至此以下太史公为司马迁自题。(53)先人有言：前辈说过。这里先人指司马谈。(54)五百岁：周公生卒年不可考，但他是西周初人，从公元前十一世纪，至孔子卒年（前479年）超过了五百年。孔子卒年（前479年）至司马谈卒年（前108年）只371年。《孟子·尽心下》云："由尧至于汤五百有余岁，由汤至于文王五百有余岁，由文王至于孔子五百有余岁……"，这里司马谈以继承孔子自居，所说五百并非确数。司马谈祖述其意，鼓励司马迁继《春秋》作《史记》。意思是历史已经过了几百年了，应该作总结了。(55)七年：指上距太初元年为七年，即天汉三年（前98年）。(56)缧绁：捆绑犯人的绳索，借指监狱。(57)孙子：先秦有两孙子。春秋时孙子名孙武，著有《孙子兵法》。膑脚的孙子是战国时齐人孙膑，孙武之后，著有《孙膑兵法》，汉后失传。1972年在山东临沂银雀山出土的汉简中重新发现了《孙膑兵法》，已由文物出版社整理出版。(58)不韦：秦相吕不韦，他召集门客撰《吕氏春秋》，又称《吕览》，熔诸子百家学说于一炉，为秦国的统一事业打下了舆论基础。秦王亲政以后，吕不韦受到嫪毐谋反案的株连，被免相，公元前235年被判流放到蜀，忧惧自杀，《吕览》更见重于世。(59)发愤：吐发自己的思想和不平，指为实现成一家之言的理想而努力著书。(60)于是卒述三句：这里是交代司马谈发凡起例的《史记》断限计划，为上起陶唐，下讫麟止；后来司马迁修正断限，上限从黄帝起，下限至太初四年，详下"至太初而讫"条注。陶唐，帝尧的号。麟止，至获麟而止。获麟，即汉武帝元狩元年，前122年。(61)太史公曰：这节文字是《太史公自序》之评赞，总括《太史公书》的最后断限和总的篇数。(62)至太初而讫：司马迁修正后的《史记》下限至太初四年，故太初以后封侯不列入年表，太初以后显赫人物不予立传。

【评析】　本篇节选《太史公自序》各段内容及意蕴简述如次。

司马迁的家世　此为《自序》第一段，司马迁追叙远祖至唐虞之际的重黎氏。颛顼之世，重为南正司天，黎为北正司地。《左传》《国语》《山海经》等书都有关于重、黎司典天地的传说。重为少昊之后，黎为颛顼之后，本是两个人。到了唐虞时代，黎之后兼管天地，号重黎氏，周代的程伯休甫就是重黎氏的后代，为司马，于是姓司马氏。所以《正义》引《司马彪序》云："南正黎，后世为司马氏。"也就是说司马氏为帝颛顼高阳氏之后。屈原《离骚》自述其祖先也说："帝高阳之苗裔兮，朕皇考曰伯庸。"《史记·楚世家》也记载了楚为颛顼之后。颛顼，黄帝之孙，是继黄帝统治天下的上古五帝之一。追叙祖先出颛顼之后，是一个光荣的家谱。至于这一传说是否为可靠的信史，则是无须考实的，也是不可能考实的。

司马氏世典周史，因惠襄之间，王室内乱，司马氏分散到三晋、卫、中山、秦。在秦国的一支，秦惠王时出了一个司马错，为秦伐蜀并留守在那里。其后代转化为官僚地主世家，建功立名。到了汉代，武帝时司马谈为太史令，重新职掌天文地理，继承了祖先世守的事业。

在古代，卜史巫祝是天子的侍从。许慎《说文》云："史，记事者也。从又，持中。中，正也。""史"字的构造就是象征手持中正之德以记事的人。手所持应为具体事物，而中正之德是抽象的事物，为心之所有而非手之所持。后世学者产生了怀疑。江永撰《周礼疑义举要》，解释中为官府簿书，史象征手持簿书。吴大澂《说文古籀补》则谓"史象手执简形"。章太炎、范文澜申证此说，两人均谓中为简策之省形。因此，范文澜在《正史考略》绪言中说："'史'则仅从一'又'，示执简侍君，记言记动之义，盖'册'与'中'二形以繁省见义，非别有一物象中也。"近世学者虽然通过地下文物考证，纠正了许慎释字构造的错误，但是不能否定许慎所记录的古人观念。"中，正也"，这是对史官的要求。也就是说，记事的史官是公正无私的。司马谈以祖先世世代代为史官而自豪，他以这一"光荣家谱"教导司马迁，希望他发扬祖德，确立修史壮志。司马迁郑重其事地记载了祖先世为史官的传说，也就意味着对他们父子来说修撰一部贯通古今的通史是义不容辞的历史使命。

司马迁二十壮游　司马迁自幼刻苦学习，十岁时就能诵读古文。幼年的司马迁住在家乡龙门之阳。龙门山两岸壁立，激流怒涛奔腾其间，岩鸣谷应，气势雄伟，大自然的壮丽景色和磅礴气势，培养了他对祖国河山的热爱之情。汉武帝元朔三年(前 126 年),在司马迁二十岁的盛壮之年,他胸怀凌云之志,进行了一次漫游全国的学术旅行。司马迁壮游是走出书斋,面向社会作调查,"网罗天下放失旧闻",了解和搜求古代和近现代的历史传说故事及各种史料。此行是在司马谈的决定和指导下进行的,也是父亲对儿子的一场考验。司马迁圆满地完成了这次学术旅行,求得了许多闻所未闻的知识,他在《史记》许多篇章的论赞中一再论及壮游的收获。这次壮游标志着司马迁已经成为一个成熟的青年史学家,是父亲的好帮手了。

司马迁壮游的范围主要在南方,故自述为"二十而南游江、淮"。司马迁从京师长安出发,东南行,出武关至宛。南下襄阳到江陵。渡江,溯沅水到湘西,然后折向东南到九疑。窥九疑后北上长沙,到汨罗屈原沉渊处凭吊,越洞庭,出长江,顺流东下。登庐山,观禹疏九江,辗转到钱塘。上会稽,探禹穴,还吴,游观春申君宫室。上姑苏,望五湖。之后,北上渡江,过淮阴,至临淄、曲阜,考察了齐鲁地区的文化,观察了孔子留下的遗风。然后沿着秦汉之际叱咤风云的历史人物的故乡,楚汉相争的战场,经彭城,历沛、丰、砀、睢阳至梁(今开封),回到长安。

这次壮游是司马迁一生中的一件大事,他不满足于"天下遗文古事,靡不毕集太史公"的书本知识,有目的的、有计划地到全国各地作实地考察,去接触伟大祖国壮丽的河山和勤劳的人民。司马迁"浮于沅、湘",追寻屈原的足迹,思考古往今来的历史变迁,想着屈原的为人,禁不住悲伤流涕。司马迁在长沙还凭吊了贾谊的遗迹,感到他的遭遇和屈原有些相似,后来写了《屈原贾生列传》,创造了把不同时代人物合传的形式,这是历史比较法的雏形,《史记》中的类传则是历史比较法的集中表现。这种方法使《史记》别开生面,大约就是司马迁在壮游过程中受到民间传说的启发孕育而成的。司马迁"上会稽,探禹穴,窥九疑",搜集了关于五帝三代的古史传说,为他后来写《五帝本纪》和《夏本纪》做了准备。最值得称赞的是,司马迁在淮北对近现代史作了深入细致的寻访调查,比如陈涉少时为人庸耕即有鸿鹄之志的慨叹,樊哙屠狗,曹参为狱掾,萧何为主吏,张良亡下邳,陈平为社宰,周勃织薄曲,韩信贫居葬母高敞地,刘邦好酒及色等,都是书本上没有的知识。两千年前的司马迁具有这样的实践精神，真是难能可贵。

司马迁的游历考察，兼有史家和文学家的兴趣。对于历史事件，大至秦始皇的破魏战争，小至战国时的一个城门名字，他都要力求掌握第一手资料。除历史事件外，对于有关人物遗事，生动的民间歌谣俚语，他也都作了广泛的记载。至于山川地理，古今战场更是了然胸中。顾炎武评论说："秦楚之际，兵所出入之途，曲折变化，唯太史公序之如指掌。山川郡国不易明，故曰东曰西曰南曰北，一言之下，而形势了然。盖自古史书兵事地形之详，未有过此者。太史公胸中固有一天下之势，非后代书生之所能讥也。"这是司马迁在史事方面所得到的游历之助。苏辙云："太史公行天下，周览四海名山大川，与燕赵间豪俊交游，故其文疏荡，颇有奇气。岂尝执笔学为如此之文哉？其气充乎其中而溢于其貌，动乎其言，见乎其文，而不自知也。"这是司马迁在文章辞采风格方面所得到的游历之助。总之，司马迁二十壮游，带着问题去按察山川，接触社会，实地考察古今历史，这种求实精神，在两千多年前是难能可贵的，在今天也是值得我们学习的。此外，司马迁还有奉使巴、蜀以南之游，以及几十年的扈从之游。司马迁的这些游历，不仅使他获得了广博的社会知识，搜求了遗文古事，而且使他开阔了视野，扩展了胸怀，增长了见识和才干。这是《史记》成功的条件之一。司马迁详今略古的述史原则，幽明探微的历史见解，生动翔实的文章辞采，褒贬人物的鲜明感情，都与司马迁的游历，特别是二十壮游有着密切的联系。毫不夸张地说，二十壮游是司马迁青年时代所谱史诗中最壮丽的一章。

司马迁受父遗命 元封元年，司马谈从巡武帝东上泰山封禅，因病留滞周南，不得与从事。恰好司马迁奉使回来要向武帝报告，追随而来，见父于洛阳。司马谈临终嘱命司马迁继承他的事业，司马迁垂泣听教。司马谈的遗命有两个重大的内容：一、用家谱和封建伦理的孝道来教育司马迁，勉励他一定要继承自己的著述事业。二、阐明自己的写作理想是继承《春秋》，以历史人物为中心内容总结历史。司马迁接受了父命。当他后来从事写作遇到困难的时候，就想到了父亲的遗命，从而鼓起了勇气。元封三年(前108年),司马迁继其父为太史令,绌史记石室金匮之书,创造了继承父志的条件。当时汉武帝的事业正在发展,司马迁处于得意之秋,"务一心营职,以求亲媚于主上"(《报任安书》)。宏阔昂扬的时代精神,"事亲","事君""立身"的父教,建功立名的青年壮志,这些都是司马迁的创作动力。太初元年改历,司马迁亲自参与了这一工作,这是一个划时代的大事件,它标志着汉武帝事业的鼎盛,象征天下一统。司马迁决定以太初元年为述史的下限,加速了《史记》的撰写工作。

司马迁发愤著书 太初历颁布后第七年,司马迁的撰述工作进入了高潮,正当"草创未就"之时,突然飞来了横祸,司马迁遭受李陵案的株连,而被下狱受腐刑。这场灾祸,对司马迁来说,是他个人生活的悲剧,但却是《史记》增色的新起点,也就是司马迁思想发生飞跃的转折点,他从"以求亲媚于主上"的立场,转而"发愤著书"。司马迁在《报任安书》中有着生动翔实的自述。他说:

> 祸莫憯于欲利,悲莫痛于伤心,行莫丑于辱先,而诟莫大于宫刑。

司马迁认为"最下,腐刑极矣",曾多次想到自杀。但是《史记》还没有完成,父亲的遗愿还没有实现,他的身躯是属于《史记》的,也是属于父亲和自己的理想的。"人死或重于泰山,或轻于鸿毛",一个人若不能对社会作出贡献待后人评说,而仅仅以一死来对黑暗进行抗争,岂不是"若九牛亡一毛,与蝼蚁何异!"司马迁在痛苦中懂得了人生的意义,他坚强地活了下来,决心以最大的毅力来完成《史记》。他引古人自况,认为只有那些能够经受得起艰难环境磨炼的人才能做出一番事业来。西伯拘羑里演《周易》,孔子厄陈蔡作《春秋》,屈原放逐赋《离骚》,左丘失明著《国语》,孙子膑脚论《兵法》,不韦迁蜀传《吕览》,韩非囚秦有《说难》《孤愤》,《诗》三百篇,大都是圣贤发泄愤懑的作品。这些人都是因为心里有所郁结,又得不到通达,所以才叙述往事,寄情后人。司马迁引述的这些古人的事迹与历史事实有出入,例如韩非的《说难》《孤愤》作于入秦之前,吕不韦的《吕览》写成在放逐之先,这都是《史记》在他们的本传中明白地作了记载的。我们不能钻牛角尖,司马迁引述古人旨在说明他决心发愤著书。他效法古人,把自己全部的精力和热血倾注在《史记》之中，成为"一家之言"，表达了鲜明的爱憎感情。《史记》的人物有个性，有血有肉，栩栩如生。《史记》的议论寓于叙事之中，不虚美，不隐恶，据事实录，闪耀着民主性的光辉，具有深厚的人民性。鲁迅称誉《史记》是"史家之绝唱，无韵之《离骚》"，是十分中肯的。《史记》之所以获得这样高的成就，正因为它是司马迁发愤所著之书，字字句句都用血和泪写成。

史记序目 这是《太史公自序》的后半篇，它是全书一百三十篇的序目提要。提要内容丰富，形式多样，有的是对一篇史传的内容作撮述，有的则是作补充，有的又是对历史人物的行事提出某一点来加以强调等。总括起来说，序目是用极简练的文字来概括为什么要写某篇某传的理由，夹叙夹议，集中反映了司马迁对历史事件和人物的褒贬观点，对《史记》全书作了很有价值的自注和补充。本文省去序目提要，只节选了末段总论。

《史记》全书一百三十篇，五十二万六千五百字，由十二本纪、十表、八书、三十世家、七十列传五体构成，总体是一个宝塔形的结构，形象地照映了封建统治的等级序列。《自序》在末段作了直接的点题。本书在书前序论及五体说明中对司马迁匠心独运的这一史学结构作了详细的阐释，这里就从略了。

《史记》完成后，司马迁定名为《太史公书》，用以祭奠父亲发凡起例之功。司马迁尊称父谈之官"太史令"为"公"并以为书名。司马迁还把自己的工作看作是继承父亲完成了未尽之功，所以在论赞中均标为"太史公曰"。从这里可以看出司马迁对父亲充满了尊敬。但是司马迁的伟大就在于他不是一个墨守成规的教条主义者，他大胆创新以成"一家之言"。司马谈发凡起例，"述陶唐以来，至于麟止"，司马迁修正了这一断限，使《史记》的主题更加鲜明，故在《自序》中特地加以说明。最后在全书的结尾中说："太史公曰：余述历黄帝以来至太初而讫，百三十篇。"